zfm

1/2024
GESELLSCHAFT FÜR MEDIENWISSENSCHAFT (HG.)

[transcript]

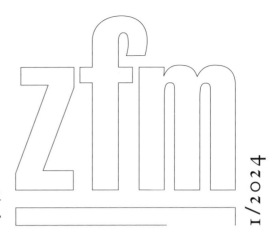

ZEITSCHRIFT FÜR
MEDIENWISSENSCHAFT

1/2024

WAS UNS AUSGEHT

DREIßIG

EDITORIAL

Medienwissenschaft zu betreiben bedeutet immer auch, sich zu fragen, was die Voraussetzungen und Bedingungen der eigenen Forschung sind. Die Medialität von Dingen und Ereignissen wird häufig erst in der Beschäftigung mit ihrer Theorie und Geschichte, ihrer Technik und Ästhetik freigelegt. In diesem Sinne betreibt die *ZfM* eine kulturwissenschaftlich orientierte Medienwissenschaft, die Untersuchungen zu Einzelmedien aufgreift und durchquert, um nach politischen Kräften und epistemischen Konstellationen zu fragen.

Unter dieser Prämisse sind Verbindungen zu internationaler Forschung ebenso wichtig wie die Präsenz von Wissenschaftler*innen verschiedener disziplinärer Herkunft. Die *ZfM* bringt zudem verschiedene Schreibweisen und Textformate, Bilder und Gespräche zusammen, um der Vielfalt, mit der geschrieben, nachgedacht und experimentiert werden kann, Raum zu geben.

Getragen wird die *ZfM* von den Mitgliedern der Gesellschaft für Medienwissenschaft, aus der sich auch die Redaktion (immer wieder neu) zusammensetzt. Es gibt verschiedene Möglichkeiten, sich an der *ZfM* zu beteiligen: (1) die Entwicklung und redaktionelle Betreuung eines Schwerpunktthemas, (2) die Einreichung von Aufsätzen und Reviewessays für das Heft und (3) Buchrezensionen und Tagungsberichte für die Website. Alle Beiträge sind im Open Access verfügbar. Auf *www.zfmedienwissenschaft.de* befinden sich das Heftarchiv, aktuelle Besprechungen und Web-Extras, Blog-Beiträge sowie genauere Hinweise zu Einreichungen.

MAJA FIGGE, MAREN HAFFKE, TILL A. HEILMANN, KATRIN KÖPPERT,
FLORIAN KRAUTKRÄMER, ELISA LINSEISEN, JANA MANGOLD, GLORIA MEYNEN,
MAJA-LISA MÜLLER, BIRGIT SCHNEIDER, THOMAS WAITZ

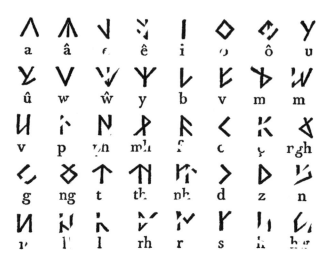

INHALT

WAS UNS AUSGEHT

a b g d ie e j

th j i l ch dz k h

ds co tc m n sch t

tsch p dsch rr s w t r

ts y ph kh o

A_

ABC Heft 30 der *Zeitschrift für Medienwissenschaft* ist ein Glossar, ein unvollständiges und undiszipliniertes Wörterbuch, das auf Erweiterbarkeit angelegt ist. Unter 52 Lemmata versammelt es in alphabetischer Reihenfolge kurze Beiträge von Autor*innen aus der Medienwissenschaft und verwandten Disziplinen, die wir anlässlich des Heftjubiläums eingeladen haben, darüber nachzudenken, was uns ausgeht. Der Titel ist ein Bekenntnis zur (Dis-)Kontinuität.

Wir knüpfen damit an Überlegungen an, die unsere letzte ‹runde› Ausgabe beschäftigten. Im Frühjahr 2019 fragte Heft Nr. 20 unter dem Titel «Was uns angeht» danach, worum es ‹uns› als Forscher*innen, als Schreiber*innen, als Gestalter*innen und als Redakteur*innen einer medienwissenschaftlichen Zeitschrift geht, welches ‹Wir› sich so konstituiert, welche Verantwortung für Wissenschaft und Wissenschaftspolitik unser Tun übernimmt. Fünf Jahre später resituiert die Reformulierung «Was uns ausgeht» dieses Anliegen mit besonderem Augenmerk auf die Leerstellen und Fluchten, auf Erschöpfung und Engpässe, auf die Verluste und Unterbrechungen, aber auch auf die Produktivität von Abwesenheiten, die unsere Arbeit und unser Forschungsfeld in vielfacher Weise prägen.

Das Glossar ist kein Abgesang. Wir schlagen ein Nachdenken über das vor, was uns ausgeht – weder als melancholische Geste noch als Mangelerzählung, sondern als Beitrag zu einer Gegenwartsbestimmung, die mit der Frage nach den Verknappungen und Enden explizit die Bedingungen von Zukunft einbezieht. Verantwortung für das, was (aus-)geht, zu übernehmen, heißt auch, darüber nachzudenken, was kommt, hätte kommen können oder noch kommen kann. Viele der Beiträge fragen, wie es weitergeht, wenn etwas verloren geht, verbraucht wird oder fehlt. Wir

begreifen die Problematisierung einfacher Fortschrittsnarrative, die Adressierung von Krisen und Instabilitäten, von Obsoleszenz und auch von Trauer als Öffnung für Austausch und Gestaltung. In diesem Sinne: blättern statt doomscrollen!

Das Format des Glossars bietet die Offenheit einer unvollständigen Liste. Vielleicht fallen Ihnen bei der Lektüre Einträge ein, die dem Glossar noch fehlen. Schicken Sie uns Ihre Ergänzungen (dazu scannen Sie einfach den QR-Code). Denn eines wurde beim Konzipieren dieses provisorischen Wörterbuchs deutlich: Die Einträge werden vorerst nicht ausgehen.

DIE ZFM-REDAKTION

ADAPTER Auf den ersten Blick ist der Adapter ein banaler Alltagsgegenstand: Selten beachtet, vermittelt er zwischen unterschiedlichen Ein- und Ausgängen von technischen Apparaten. Er übersetzt Standards, stellt Verbindungen her. Und er modifiziert das Übertragene in spezifischer und manchmal eigensinniger Weise. Zwar existieren in fast allen technischen Bereichen die unterschiedlichsten Gegenstände, die als Adapter bezeichnet werden oder zumindest so bezeichnet werden könnten. Doch die meisten von uns denken beim Wort Adapter vermutlich an die kleinen, oft mit kurzen Kabeln und mannigfaltigen Steckern versehenen Computeradapter, die dafür sorgen, dass sich das Smartphone mit der Ladebuchse im Zug verbindet, dass von einem USB-C-Anschluss ein Signal an den HDMI-Eingang des Videoprojektors geführt wird oder dass auf einer Tagung der eigene Rechner an das bereitliegende Netzteil angeschlossen werden kann. In der gegenwärtigen IT-Landschaft, in Büros, an Universitäten und an privaten Arbeitsplätzen dominieren vor allem solche Adapter, die gleich mehrere Anschlüsse offerieren. Hubs oder ihre etwas klobigeren Geschwister, die sogenannten Docks, fungieren nach dem Prinzip Schweizer Taschenmesser, die alle denkbaren

Funktionen anbieten, dabei jedoch zumeist – auch hier trifft die Analogie zu – eher schale Kompromisse darstellen und im Alltagsgebrauch oftmals enttäuschende Unzulänglichkeiten aufweisen.

Computeradapter, so lautet eine wichtige Faustregel mobiler Wissensarbeiter*innen, kann man nie genug haben. Denn egal, ob auf der Dienstreise oder im Alltag: Nur zu gerne verschwinden die kleinen Helfer in eigenen und fremden Taschen, werden versehentlich an den Enden von Kabeln vergessen oder bleiben schlicht im Trubel am Ende der Lehrveranstaltung im Seminarraum zurück. Einsam auf dem Pult liegen sie dort jedoch nicht lange, denn die nächste Person freut sich und greift beherzt zu. Der Fund eines mit aktuellen Standards kompatiblen Adapters im mehr oder weniger öffentlichen Raum vermag jedoch nur ein kurzes Glücksgefühl hervorzurufen, denn wir können sehr wohl wetten, dass auch dieser Adapter wieder verschwinden wird wie am Meeresufer ein Gesicht im Sand.

Adapter existieren in einer solchen Fülle, dass es reine Glückssache ist, wenn wir die richtige Ausführung zur Hand zu haben. «Aber bitte wiederbringen», ruft mahnend der Kollege, der mir schweren Herzens seinen gut gehüteten Adapter – «Das ist mein privater!» – leiht. Und die EDV-Beauftragte muss am Ende des Rechnungsjahres konstatieren, dass ein erheblicher Teil des IT-Budgets nicht für Laptops, Drucker oder Displays verausgabt wurde, sondern für Hubs, Portreplikatoren, Dongles und Steckaufsätze. Ihre kostbaren Adapter verschließt sie in einem kleinen Schrank; den Schlüssel (es gibt nur den einen) nimmt sie jeden Abend mit nach Hause. Eine etwaige Aushändigung von Adaptern an Mitarbeiter*innen erfolgt grundsätzlich erst nach mehrfachem Bitten und bei glaubhaft gemachtem Bedarf, und auch dann nur höchst widerwillig und mit trotziger Geste. Die Übergabe – ein strenger Blick mahnt – geht mit der peniblen Dokumentation von Datum und Uhrzeit einher.

Tatsächlich sind Adapter alles andere als günstige Produkte. Besonders die charakteristisch matt-

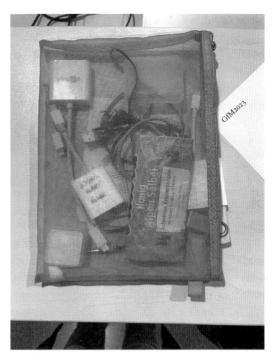

Abb. 1 Erste Hilfe für Vortragende: Tasche mit Adaptern am Empfangstresen der Jahrestagung der GfM, Bonn 2023 (Foto: Thomas Waitz)

A

weißen Ausführungen von Apple, trotz unterschiedlicher Funktionen äußerlich kaum voneinander zu unterscheiden, sind ob der dafür aufgerufenen Preise berüchtigt. Wer nachlässigerweise einen Adapter verliert, der beispielsweise nicht viel mehr leistet, als den Anschluss des nur dürftig mit Schnittstellen ausgestatteten Laptops an Projektor und Strom zu ermöglichen, hat seiner Alma Mater und der IT-Beauftragten, die es persönlich nimmt, einen Schaden von 80 Euro verursacht. Das ist der Moment, in dem sich die genaue Dokumentation auszahlt, denn aus ihr folgt unmissverständlich: Einen neuen gibt es erstmal nicht.

Zum Teil rechtfertigen sich die hohen Preise dadurch, dass Adapter, ja selbst gewöhnliche Kabel – der Übergang zwischen beiden Produktkategorien ist angesichts der digitalen Signalverarbeitung fließend – technisch keineswegs trivial sind. Anders als analoge Adapter, die allenfalls Widerstände enthielten und ansonsten eher mechanische

Übersetzung leisteten, weisen digitale Adapter stets Chips und komplexe, oft mit Lizenzgebühren verbundene Bauteile und Software auf. Auch hier stammt ein besonders augenfälliges Beispiel von Apple: Ein Thunderbolt-4-Pro-Kabel mit einer Länge von gerade mal 1,80 m wird in Apples Online-Store für 149 Euro verkauft – nicht, ohne seine Wertigkeit und vermeintlich hervorragende Verarbeitung zu betonen.

Dass die Europäische Union kürzlich USB-C zum verbindlichen Standard bei Smartphones erkoren hat, löst dabei keineswegs die allfälligen Probleme und dürfte gerade nicht dazu führen, dass der Bedarf an Adaptern künftig zurückgehen wird. Denn bei der EU-Verordnung geht es zum einen nur um eine Versorgung mit Ladestrom, nicht um die technische Operationalität in Bezug auf Daten (wobei das genau genommen nicht stimmt: Lade- und Endgeräte tauschen sehr wohl Daten aus, etwa um Spannung und Stromstärke festzulegen). Zum anderen sind es gerade die rein auf Rechenoperationen und Softwarestandards bezogenen Funktionen einer Verbindung, die Adapter notwendig werden lassen. Die HDMI-Schnittstellentechnik etwa, die zur Verbindung von Computern, Spielekonsolen, Set-Top-Boxen, Fernsehern und Displays verwendet wird, definiert nur vordergründig eine mechanische Verbindung. Ihre verschiedenen Fassungen beinhalten so viele technische Spezifikationen, dass inzwischen Adapter auf dem Markt sind, die auf beiden Seiten die gleichen mechanischen und elektrischen Anschlüsse aufweisen, aber zwischen verschiedenen Standards übersetzen oder Teile der übertragenen Daten entfernen (etwa den im Datenstrom integrierten HDCP-Kopierschutz).

Im Massenmarkt erweisen sich Adapter wie auch Kabel inzwischen als Produkte, die jenseits ihres technischen Zwecks mit Lifestyle-Versprechen verkauft werden. Weltweit führend dürfte in dieser Hinsicht der chinesische Anbieter Anker sein, dem es gelungen ist, aus einem schnöden Zubehörprodukt, das im stationären Handel einst zu übertreuerten Preisen in der Greifzone der Kasse feilgeboten wurde, ein stylisches Gadget zu machen, das in einem stetig sich verändernden, bewusst verwirrenden und unüberschaubaren Sortiment voll absurder *unique selling points* an die Käufer*innen gebracht wird.

Der Adapter in seinen unzähligen Erscheinungen ist somit nicht nur ein technisches Ding. In seiner apparativen Erscheinung ist er Teil eines soziotechnischen Gefüges, das politische, ökonomische und alltagsweltliche Bezüge aufweist und miteinander verschränkt. Eine Medientheorie und -geschichte des Adapters – anders als die des Kabels (Gethmann / Sprenger 2015) – steht derweil noch aus. Scheinbar beiläufig stellen Adapter in Aussicht, was das Ziel jeder wissenschaftlichen Arbeit ist und doch oft ausbleibt: Anschlussfähigkeit.

THOMAS WAITZ

Lit.: **Gethmann, Daniel / Sprenger, Florian** (2015): *Die Enden des Kabels. Kleine Mediengeschichte der Übertragung*, Berlin. • **Otto, Isabell** (2023): Anschließen, in: dies. / Anne Ganzert / Philip Hauser (Hg.): *Following. Ein Kompendium zu Medien der Gefolgschaft und Prozessen des Folgens*, Berlin, 181–182.

ALBEDO-EFFEKT Was hier folgt ist keine Lektion in Glaziologie, der Wissenschaft von den Gletschern, weshalb ich den Albedo-Effekt mithilfe der Tennis-Ikone Serena Williams zu erklären versuche. Ich selbst interessiere mich nicht für Tennis, doch Sportmetaphern werden von vielen Menschen als unkompliziert erhellend empfunden. Mensch stelle sich also ein Tennismatch zwischen der Sonne und dem Eis dieser Erde vor. Frischer Schnee gilt dabei als Endgegner der Sonne und ist imstande, 90 Prozent aller Lichtstrahlen zu parieren. Also 200.000 Mal (die ungefähre Zahl noch existierender Gletscher an den Polkappen, in Grönland und den Gebirgsregionen) Serena Williams bei den US Open 1999, der wichtigste Sieg ihrer Karriere. Dieses Reflexionsvermögen einer nicht selbst leuchtenden Oberfläche wird mit der Einheit Albedo bemessen, und der sich

A

einstellende Effekt des Lichts und der Wärme, die zurück in die Atmosphäre geworfen werden, nennt sich Albedo-Effekt (lat. *albus* für ‹weiß›). So weit, so weiß.

Die Gletscher, die ich in den Schweizer Alpen, in Norwegen und in Washington State in den USA besucht habe, existierten vielleicht noch, waren jedoch alles andere – nur nicht weiß. Gewünscht hatte ich mir, dass sie mich blenden mögen. Unbedingt hatte ich meine spezielle Gletschersonnenbrille tragen wollen, die den Albedo-Effekt sozusagen in einer Art doppeltem Counterstrike davon abhält, ihre*n Träger*in schneeblind zu machen. Die Brille lässt mich dank ihrer runden Gläser und der Stoffaufsätze an ihren Seiten aussehen wie eine Südpol-Abenteurerin unterwegs in fragwürdiger Mission (die*der Erste sein müssen, Nationalflagge hissen und so weiter). *Howdy, Shackleton!* Doch die Gletscher, mit denen ich Zeit verbrachte, der Findel in der Schweiz, Jostedalsbreen in Norwegen und die Gletscher an den Hängen des Mount Rainier / Tacoma in Washington, hatten dunkle Oberflächen, durchzogen von Rußpartikeln und Feinstaub. Best-Case-Szenario war noch eine Art Stracciatella-Musterung, doch wenn das Eis sich zudem noch tief ins Felsgestein eingegraben und mit dessen zermalmten Sedimenten vermischt hatte, ging die Gletscherfarbe in Richtung Kaffeebraun. Schmutziges Eis, müde und matschig. Ich setzte meine Albedo-Brille ab, rieb mir die Augen.

Wer einmal an einem heißen Sommertag komplett Schwarz getragen hat – ich nenne es das Berliner Kurator*innen-Outfit –, weiß, wie gnadenlos die Sonne eine*n zum Schwitzen bringen kann. Den Gletschern dieser Welt geht es nicht anders. Mit ihrem immer rapideren Abschmelzen geht uns der Albedo aus, der für eine wohltemperierte Erde unverzichtbar ist. Je weniger Eis, desto weniger Albedo, desto mehr Hitze, desto weniger Eis. Es ist eine dieser sehr beunruhigenden Rückkoppelungsschleifen, von der wir noch nicht wissen, wie sie sich weiter auswirken wird. Abgesehen von einer natürlichen Klimaanlage

A

Abb. 1 Gletscheransicht an den Nordhängen des Mount Rainier (Foto: Anne-Sophie Balzer)

sind Gletscher ein Archiv, das uns dank winziger Luftbläschen zwischen den Eiskristallen Auskunft gibt über die Geschichte des Planeten. Wir verdanken Gletschern, Gesteinen und dem Erdreich wesentliche Erkenntnisse über die Tiefenzeit, darüber, was hier vor sich ging, bevor wir uns Notizen auf Felswänden, Schiefertafeln und Papier machen konnten.

Was mich sehr interessiert, ist unsere scheinbar über alle Kulturen hinwegreichende Obsession mit der Farbe Weiß. Wird Weiß idealisiert, weil es so schwer reinzuhalten ist? Ich besitze ein Paar cremeweißer Jeans und trage sie fast nie, denn in dieser Hose fürchte ich mich davor, der Welt

Abb. 2 Filmstill aus *Að Jökla – Becoming Glacier* von Anne-Sophie Balzer 2023 (Foto: Julian Stettler)

A entgegenzutreten: vor dem zu hastig getrunkenen Schwarztee, der Kürbissuppe essenden Freundin, der Mittagspause draußen auf einer modrigen Bank. Ich kann in dieser Hose nicht leben und so hängt sie teuer und einsam im Schrank. Vielleicht darf ich eines Tages der Königin von Norwegen die Hand schütteln, die Hose wäre dann genau das richtige Outfit dafür.

Die Französin Eva Heller hat mit *Wie Farben wirken* (2004) eine Art Standardwerk der Farbpsychologie geschrieben. Was Menschen laut Heller in Europa und den USA mit der Farbe Weiß assoziieren: Perfektion, das Gute an sich, Aufrichtigkeit, Reinheit, Anfänge, das Neue, Neutralität, Jungfräulichkeit, Genauigkeit (ebd.: 145–164). Alle Weltreligionen lieben Weiß. Der Papst bevorzugt es bereits seit 1566, und ja, die Farbe reflektiert leider Gottes auch das rassistische Erbe und die zahlreichen Genozide der Kirche und anderer Institutionen. Keine weißen Lämmer nirgendwo, keine Friedenstauben. Im Islam und in der japanischen Shinto-Religion tragen Pilger*innen Weiß, Jüd*innen tragen es an Jom Kippur.

Wer und was noch weiß ist oder Weiß trägt: Gespenster. Der weiße Wal in der Literatur. Kundalini-Yogis. Brautkleider. Babys. Der Ku-Klux-Klan. Die White-Supremacy-Bewegung. Diese Aufzählung ist das Ergebnis eines willkürlichen Brainstormings und verfolgt keinerlei rassistische, anti-Schwarze Agenda. Was wir auch davon halten mögen, Menschen scheinen der Farbe Weiß fast ausschließlich positive Attribute zuzuschreiben. Ein Gemälde von Georgia O'Keeffe mit dem Titel *Jimson Weed / White Flower No. 1* wurde 2014 bei einer Auktion für eine Rekordsumme von mehr als 44 Millionen Dollar von der Walmart-Erbin ersteigert. Zahnpasta. Wolken. Matratzen.

In einer Welt, in der die Gletscher der Sonne immer weniger Paroli bieten können, müssen wir Menschen mit unserer Weiß-Fixierung, so mein Vorschlag, als Alliierte für das schwindende Eis einspringen. Zum Zweck planetarischer Klimaregulierung muss die Welt in einer hellen neuen Farbe erstrahlen und somit zu einem gigantischen Sonnenreflektor werden. Das Schwarz bestehender

Asphaltstraßen, Autobahnen und Fahrradwege wird mit Kalkfarben übermalt. In den Gärten, an Wegrändern und den Wäldern werden weiß blühende Robinien, Apfel- und Zwetschgenbäume sowie Mandelsträucher und Ebereschen gepflanzt. Ihre Blüten bilden polsterartige Teppiche auf dem Boden, auf denen die Menschen spazieren gehen. Kleidung ist nicht mehr gefärbt, stattdessen dominieren Segeltuchweiß, Alabaster und Ocker, die meisten kleiden sich, als würden sie in den 1920er Jahren einer Regatta beiwohnen. Zu Vollmond trifft sich alle Welt zum Mondbaden. Bestimmte weiße Motten, Falter und Schmetterlinge werden als Krafttiere verehrt, und nur jene oft ebenfalls weißen Blumen in den Gärten gepflanzt, die etwa Kohl- und Baumweißlinge bevorzugen. Albedo ist seit Jahren der beliebteste Kindername (er funktioniert für alle Gender, Koseformen sind u. a. Ali, Alibi, Albo, Aldo und Alba). Die Produktion von jeglichen schwarzen und Hitze erzeugenden Fortbewegungsmitteln wird eingestellt, stattdessen steigen die Menschen auf von Schimmel-Gespannen gezogene Kutschen um. Technische Geräte werden allesamt in Leinwandfarben hergestellt. Nach und nach werden unsere Haare weiß, was in früherer Zeit ein Zeichen reifen Alters war und nun einfach eine der vielen organischen Anpassungserscheinungen in dieser neuen, weißen Welt ist. Auf unseren einst dunklen Hausdächern wachsen wiesenartig Margeriten, wilde Möhren und weiße Polsterstauden. In nachbarschaftlicher Zusammenarbeit tünchen wir unsere Häuser weiß, die Solarzellen gleich mit. Die meisten von uns haben ihre Ernährung auf eine Mischung aus weißen Bohnen, Rettich, Zuckerwatte und Popcorn umgestellt, in manchen Regionen der Welt dominieren auch Reis und Tofu. Da weiße Schokolade bisher praktisch ungenießbar war, wird die Produktforschung staatlich subventioniert. Kokos-Kardamom und Hafer-Sesam-Crunch heißen die neuesten Sorten, und sie schmelzen nicht einmal in der prallen Sonne. Schneeeulen sind das offizielle Wappentier einer nationslosen Weltgemeinschaft, in den Baumwipfeln der Weißtannen kann

man sie in der Abenddämmerung ihre geheimnisvollen Schreie ausstoßen hören. Der Konsum und die Herstellung schwarzen Pfeffers sind verboten, genauso das Fördern von Kohle, Öl und Teersand. Die Menschen sind glücklich in dieser angenehm temperierten, hellen Welt, im Winter gehen sie im Schnee spazieren, manche führen seltsam anmutende Tänze auf Gletschern auf. Sie fühlen sich gut und rein und neu. Ein wenig so, als träumten sie, oder stünden am Anfang einer neuen Zeit.   ANNE-SOPHIE BALZER

Lit.: **Heller, Eva** (2004 [1989]): *Wie Farben wirken. Farbpsychologie, Farbsymbolik, kreative Farbgestaltung*, Reinbek bei Hamburg.

ALTER Das Akronym AGE steht für *advanced glycation end-product*, die unauflösliche Verbindung von Proteinen und Zucker, die bei einer Glykierung entsteht. AGEs sind zwar mit den leckeren Röstprodukten der nach dem französischen Biochemiker Louis Maillard benannten Maillard-Reaktion verwandt, die den Geschmack von Brotkruste und Bier mitbestimmen, sie spielen aber auch eine wichtige Rolle im Alterungsprozess und werden dabei als mögliche Risikofaktoren für chronisch-entzündliche und altersbedingte Erkrankungen identifiziert, u. a. Atherosklerose und Alzheimer. Der menschliche Körper reagiert auf AGEs wiederum mit RAGE (*receptor advanced glycation end-products*), mit Rezeptoren in der Zellmembran. Deren Interaktion löst entzündlichen Dauerstress aus. Zugleich gibt es Versuche, RAGEs zu entwickeln, die von der Zellmembran losgelöst AGEs abfangen und keinen Zellstress auslösen. Mobile Wuteinheiten gegen das Altern also.

Wieso aber Wut? «Getting older is a bitch!», mit diesen Worten der afroamerikanischen Künstlerin Faith Ringgold beginnt Yvonne Rainers Film *Privilege* (USA 1990), zu dem ich noch komme. Und Bette Davis wird die Phrase «Old age is not for sissies» zugeschrieben. Alter ist eine Zumutung, die vor allen Dingen vergeschlechtlicht

A

daherkommt und dabei seltsam queer anmutet, nicht zuletzt weil auch cis Körper dann transitionieren, teils begleitet von der sprechend als HET bezeichneten Hormonersatztherapie, die im Grunde dieselbe ist für cis und trans* Frauen. Aber auch cis Männer bewegen sich plötzlich auf denselben informellen Märkten, auf denen mit Testosteron gedealt wird, wie trans* Männer, die sich den gewaltvollen Zumutungen ärztlicher, staatlicher und psychiatrischer Übergriffe auf ihre Identitäten entziehen wollen. Die Queerness ist hier eine unbequeme und zugleich vielversprechende. Wenn Alter wahlweise mit sexistischen (*bitch!*) oder homophoben (*sissy!*) Begriffen belegt wird, die aber eben auch selbstermächtigend verwendet werden, verweist das auf die Geschichte der Menopause, die diese als pathologisch, als Krankheit und als Problem betrachtet, das es zu behandeln gilt, damit die Frau als solche ‹vollkommen› bleibt, so die deutsche Übersetzung von Robert Wilsons Bestseller *Feminine Forever* (1966), was schlicht heißt:

A   *weiblich* und damit auf eine spezifische Weise sexualisiert (Robertson 2018). Das Vielversprechende, Queere liegt aber gerade darin, die Exit-Option von den Zumutungen der Vergeschlechtlichung mit und durch das Alter ernst zu nehmen.

Das Alter bzw. das Älterwerden ist im Kontext der Medienwissenschaft zunächst vor allem Datierung, aber eine, die sich erstaunlich wenig in Theoretisierung, Begriffen und Konzepten niedergeschlagen hat. Während die Debatten um die sogenannten Neuen Medien nicht nur zur Großschreibung der adjektivischen Beschreibung (‹neu›) geführt haben, sondern damit auch die Frage danach nahelegen, wann ein Medium nicht mehr neu ist, gibt es zwar das *Dead Media Project* (deadmedia.org), aber die ‹alten› oder gar ‹veralteten› Medien haben es nicht bis zur Großschreibung geschafft. Die *ZfM* hat jedenfalls nur ‹Neue Medien› verschlagwortet, alte Medien sind nicht dabei, weder groß- noch kleingeschrieben.

Die (digitalen) ‹Neuen Medien› datieren ungefähr aus der gleichen Zeit wie die Institutionalisierung der Medienwissenschaft (1990er Jahre).

Das Altern von Medien ist der Umschlagpunkt, an dem sie traditionalisiert, obsolet oder auch remediatisiert werden. Sie sind Geschichte und Projektionsfolie, vor der das ewig Neue beschworen wird, das oft nur das Alte in neuem Gewand ist; zumindest zeigt sich der Kapitalismus in seiner neoliberalen Gegenwart wenig erfindungsfreudig. Innovation ist nicht neu, vielmehr redundant, weil im Modus der Wiedererkennbarkeit konzipiert. Auch wenn Wendy Hui Kyong Chun diese Formulierung etwas anders gemeint hat: *Updating to Remain the Same* (2017) sei das Credo der neuen (also gegenwärtigen) Medien. Wie und wo entsteht tatsächlich mal etwas Neues anstelle einer Zukünftigkeit, die uns im Update der Gegenwart gefangen hält?

Alter interessiert mich hier aber eigentlich nicht als Fachfrage, sondern als Frage an das Fach, also als Einsatz und Figuration, über die Fragen wie die folgenden verhandelt werden: Wer bestimmt, was Sache des Fachs ist, wer entscheidet über Strukturen? Gibt es sie noch, die Kittler-Jungs, und wie alt sind die jetzt eigentlich? Oder etwas präziser: Wie steht es um die Genealogie, also das Geschlecht der Medienwissenschaft?

Die, die sich nie der Zumutung des Identifiziertwerdens ausgesetzt gesehen haben (aber anderen gerne zumuten, sich zu Identifizierungen als ‹Frau›, ‹Migrant*in›, ‹Behinderte*r› usw. zugleich affirmativ und aufgeräumt gelassen, distanziert zu verhalten), durchleben seit den 1990er Jahren einen wahren Affekttaumel. Diese Zumutung, als *alt* und *weiß* und *als Mann* adressiert zu werden: *Meinen die wirklich mich, meint das mich, wieso meint das mich, ich bin doch solidarisch / feministisch / aufgeklärt, das ist altersdiskriminierend, als Mann hat man ja gar keine Chance mehr, die Stelle hat die doch nur bekommen, weil sie eine Frau ist …* Die gefühlte Empirie regiert das Aufbäumen der Hegemonie samt ihren Abwehrreflexen, die die bürgerlichen Institutionen (dazu zählen auch Universitäten und Verlage sowie ‹die Medien›) gegenwärtig mit zu Durchlauferhitzern der globalen Faschisierung macht (Strick 2021). Dabei sind Alte Weiße Männer (AWM) natürlich nicht einfach nur identisch mit empirischen Personen (= Grundlage, die in jedem Seminar zu Gender Studies oder Queer-Theorie vermittelt wird), zumal diese Positionalität auch andere Personen (Frauen, junge Männer, *nichtweiße* Männer wie Frauen) besetzen können, auch wenn ihnen stets die Heimsuchung durch die ihnen zugedachte Identifizierungen droht und sie für AWM-Verhalten eher sanktioniert werden.

1990 ist das Jahr, in dem Yvonne Rainer ihren Film *Privilege* fertiggestellt hat. Darin geht es um sexistische Medizin, um sexuelle Gewalt, um das Verhältnis von Filmemachen und *race*, den Zusammenhang von Sexismus und Rassismus, von Feminismus und Antirassismus. Es geht um Klasse, Dis / Ability, psychoanalytische vs. historisch-ökonomische Rassismusanalysen, unterschiedliche Medien und filmische Formate. Und alles das wird gerahmt von, vermittelt über und inszeniert durch die Menopause. In den medialen Schichtungen, die den Film durchziehen, spiegelt sich wider: Es gibt sie nicht, *die* Menopause. Sie steht stets zur Verhandlung, und zwar in *Verbindung mit Vorstellungen von Weiblichkeit*, die wiederum nicht von Klassenfragen und von Rassismus zu trennen sind:

> Und so stehen die Medien der Vermittlung und der Aushandlung ebenfalls im Zentrum von *Privilege*, jene des Filmemachens selbst, die TV-Archive, ein Apple Computer der ersten Generation, die Funktion der Nachrichtensprecherin, das Zitat, das Aufnahmegerät, die Erinnerung. Wobei das keine Erinnerungen sind, in denen der Film schwelgt: Stattdessen erfindet der Film die Funktion des Hotflashbacks: Geschichten als Aktivierungen in der Gegenwart. (Heidenreich 2023, 44)

Der Film von Yvonne Rainer (die *weiß* ist) wird *im* Film von einer anderen Yvonne realisiert, Yvonne Washington, gespielt von Novella Nelson, die Schwarz ist, wozu die Regisseurin ausführt:

> […] there are two Yvonnes. I use my physical presence as a kind of hit-and-run driver and wild goose, as a diversion and diversionary tactic. I don't feel that Y.R. has to be foregrounded as the mover and shaker

of the film. There is a real and a fictional director, just as there are real and fictional interviewees. Yvonne is a common African-American name, and Washington is too. I liked the idea of the primal father-figure of our country transfigured as the mother of the film. (Rainer 1999, 234 f.)

In den Hotflashbacks erinnert sich eine der von Yvonne Washington Interviewten, Jenny (gespielt von Alice Spivak, ebenfalls *weiß*), an ihre Zeuginnenschaft hinsichtlich eines vermeintlichen Vergewaltigungsversuchs eines rassisierten Mannes an einer *weißen* Frau. Ihre Falschaussage bezeugt vielmehr, was zeitgleich als Intersektionalität benannt wurde, also die Verstrickungen von Rassismus und Sexismus, die eben nicht bedeuten, dass das eine im anderen aufgeht oder sich lediglich dazuaddiert (Crenshaw 1989). Rainers Film wurde von Michelle Wallace allerdings dafür kritisiert, dass den Schwarzen Frauen im Film nicht die gleiche Autorität in der Theoretisierung von ‹Rasse›, Klasse, Geschlecht zugestanden wurde. Wallace benennt auch die in *Privilege* namenlos bleibende Künstlerin Faith Ringgold – ihre Mutter –, deren Kontakte zu anderen Schwarzen Frauen in der Menopause für Rainers Film ebenso bedeutsam waren wie Novella Nelsons Einflüsse auf das Skript (Wallace 2004). Eine Kritik, die Rainer im Sprechen über den Film dann auch aufgegriffen hat. In einem frühen Interview beschreibt sie, wie mit der Figur von Jenny die Menopause als soziales, nicht als medizinisches Phänomen gefasst wird, um damit *weißen* Rassismus zu thematisieren (Rainer 1999, 241). Die Menopause wird als Gefüge gezeigt, in dem die Dinge sich nicht mehr richtig anfühlen, um damit Vorstellungen von dem, was real, was richtig ist, zu perspektivieren. In *Privilege* realisiert Jenny, dass sie nicht richtig liegt, dass ihr Bedürfnis danach, etwas zu berichtigen (ihr Schuldgefühl zu ihrer Falschaussage 30 Jahre zuvor, an der Kreuzung von Sexismus und Rassismus), sowohl wichtig als auch problematisch ist. Die Menopause fungiert hier als Medium der Auseinandersetzung mit Rassismus und der eigenen Verstrickung darin.

A

Die Erinnerung als Medium der Selbsterzählung, die wiederum die Perspektive des Älterwerdens voraussetzt, trifft auf das Medium der Perspektive: Was wird wie von wem wahrgenommen, angenommen und wer schweigt wozu? Und welche Gewalt wird wie geahndet, was gilt als Wahrheit, was ist Realität (und wessen)? Das Alter – hier durch das soziale Gebilde der Menopause kadriert und als Zustand des «out of whack» – ermöglicht / erzwingt zu (er-)klären, «what your stakes are» (Rainer 1999, 241 f.), also was uns angeht, auch wenn es uns ausgeht. Und dies gilt schließlich auch für die Medienwissenschaft im deutschsprachigen Raum, wo sich das Fach gemäß seinem Älterwerden *in transition* befindet. Dazu zählt die erzwungene Transformation durch die Neoliberalisierung von Lehre und Forschung, aber auch die zunehmend ungeraden Lebensläufe, die erst recht erforderlich machen, die Frage nach der Zugehörigkeit explizit zu stellen. Wen sortiert das Wissenschaftssystem aus, was wird eigentlich vorausgesetzt, welche Biografien kommen zur Geltung? Ganz klar, das sind Klassenfragen – die unmittelbar auf meine weiter oben formulierte Frage zurückloopen: Wie steht es um die Genealogie, also das Geschlecht der Medienwissenschaft? Beziehungsweise etymologisch erweitert: Wie steht es um die Abstammung? Diese Frage auf Deutsch zu formulieren, verweist zudem auf den ganzen Bedeutungshaufen von ‹Rasse›, Staatsangehörigkeit, Aufenthaltsstatus etc. Es steht also an, als Medienwissenschaftler*innen (peri-)menopausal zu fragen: *What is at stake?*

NANNA HEIDENREICH

Lit.: **Chun, Wendy Hui Kyong** (2017): *Updating to Remain the Same. Habitual New Media*, Cambridge (MA). • Crenshaw, Kimberlé W. (1989): Demarginalizing the Intersection of Race and Sex: A Black Feminist Critique of Antidiscrimination Doctrine, Feminist Theory and Antiracist Politics, in: *University of Chicago Legal Forum*, Bd. 1989, Nr. 1, Art. 8, 139–167, chicagounbound.uchicago.edu/uclf/vol1989/iss1/8 (15.11.2023). • **Heidenreich, Nanna** (2023): Hot flashbacks. Über Yvonne Rainers *Privilege*

(USA 1990), in: *kolik.film*, Sonderheft 39, 42–46. • **Rainer, Yvonne** (1999): Declaring Stakes: Interview by Kurt Easterwood, Laura Poitras, and Susanne Fairfax, in: dies.: *A Woman Who. Essays, Interviews, Scripts*, Baltimore, London, 230–243. • **Robertson, Lisa** (2018): *Proverbs of a She-Dandy*, Paris, Vancouver. • **Strick, Simon** (2021): *Rechte Gefühle. Affekte und Strategien des digitalen Faschismus*, Bielefeld. • **Wallace, Michelle** (2004): Multiculturalism and Oppositionality (1991), in: dies.: *Dark Designs and Visual Culture*, Durham, 249–263.

ARBEITER*INNENKINDER

… aus dem Osten. Vielleicht war es die Erschöpfung zum Ende dieser Jahrestagung, die uns als Organisationsteam sehr viel mehr Kraft gekostet hatte, als wir es uns zu Beginn hätten ausmalen können. Ich spürte, wie mir heiß wurde und die Nase zu kribbeln begann, im Versuch, die Tränen auf der Schwelle meiner Netzhaut zu halten. Bloß nicht kullern lassen. Nicht jetzt.

Wir saßen in der Galerie der Burg Giebichenstein Kunsthochschule Halle. Das letzte Podium vor dem Konzert lief. Im Publikum herrschte eine angespannte Konzentration, als würde niemand im Raum auch nur ein Wort, auch nur eine Gebärde verpassen wollen. Trong Duc Do, Tania Kolbe und Okan Kubus unterhielten sich, moderiert von Mehmet Arbag, über «P_Ostdeutsche Perspektiven. Dis_Kontinuitäten der Grenzziehung zwischen Ost und West». So hatten wir das Abschlusspodium von *membra(I)nes*, der 12. Jahrestagung der Fachgesellschaft Gender Studies, genannt. Es war Absicht, dieses Gespräch im Programm so zu platzieren, dass die Bedeutung, die es für uns als Team hatte, zum Ausdruck kommen konnte. Der Raum, so schien mir, spürte das. Auf einmal ging es um alles auf dieser Tagung, die aufgrund der vielen Angebote (Vorträge, Workshops, Ausstellung, Radio, Karaoke, Performances) manchmal den Fokus zu verlieren drohte. Do, Kolbe, Kubus und Arbag machten deutlich, dass sie in diesem von asymmetrischen Machtverhältnissen durchzogenen Rahmen nur

A

bis zu einem gewissen Grad erzählen wollten, was ihre Perspektiven als Schwarze Ostdeutsche, als ‹Ossi of Color›, so Dos Selbstbezeichnung, als Vertragsarbeiter*innenkinder, als queere, taube Migrant*innen in Ostdeutschland hinsichtlich aktueller Verhandlungen der Erinnerung an die DDR und der Politisierung des ‹braunen Ostens› sind und was ihre Alltagsrealität angesichts der rechten Hegemonie in Ostdeutschland ist.

Die Stille im Raum zwischen Okan Kubus' Gebärden und dem Einsetzen der Verdolmetschung; die Ruhe des Moderators Mehmet Arbag, jede Frage vorsichtig abwägend; die Kraft Tania Kolbes, mit Humor Gewalt sichtbar zu machen; Trong Duc Dos Verzweiflung im Versuch, auch Zuversicht auszustrahlen. Jedes Wort, jede Geste, jede Gebärde: eine Erschütterung. … Panik, angesichts meiner dem Weinen nahen Ergriffenheit, die den von den Podiumsgästen problematisierten Voyeurismus veranschaulichte. Ein Blick zu meiner Partnerin im Publikum und ich wusste – mir ihre Geschichte vergegenwärtigend –, dass es nicht nur Tränen der Bestürzung, Trauer und Traurigkeit waren. Es waren auch Tränen der Scham.

Gleich mit den ersten Sätzen dieses Podiums war eine Saite in mir angeschlagen, die meine eigene DDR-Kindheit wie im Wörterbuch des Kitschs vor dem inneren Auge aufscheinen ließ: Meine Mutter in Dederon-Kittelschürze; wir mit Lampions beim Gartenfest; ich in der Schlange vorm Fleischer; Sauerkrautsaft, der aus der Papiertüte tropft; mein Vater, der mir das Fahren seines selbstgebastelten Mopeds beibringt. Das ganze Panorama der vielbesprochenen DDR-Nostalgie durchblitzte meinen Körper und überkreuzte sich mit diesem, seit dem Erscheinen von Didier Eribons *Rückkehr nach Reims* (2016) neu erwachten Gefühl der Dringlichkeit, mich nach Jahren der auch strukturell bedingten Verdrängung bewusster mit meiner Herkunft hinsichtlich des politischen Systems der DDR und der Arbeiter*innenklasse auseinandersetzen zu müssen, auch um die Differenzerfahrungen zu

verstehen, die ich innerhalb der deutschsprachigen Kunst- und Medienwissenschaften wie auch in den Gender und Queer Studies erlebe.

Dass diese angeschlagene Saite in diesem Moment in mir vibrierte und ich zuhörte, als würde ich im DDR-Familienfotoalbum blättern, gaukelte mir auf körperlicher Ebene eine kollektiv geteilte Erfahrung vor, die es entgegen den Bemühungen der AfD, die diese Saite bewusst bespielt, nicht gibt. Die rechte Konstruktion des Ostens als homogen *weiß*, um basierend auf einem solchen Bild die emanzipatorischen Diskurse der 68er*innen im Westen, den Feminismus und die Ökologiebewegung zu delegitimieren (Hürtgen u. a. 2003), zerbröckelte auf diesem Podium. Die rechte Vorstellung, die Authentizität eines *weißen* Ostdeutschseins zurückholen zu können, wurde als Trugbild entlarvt. Umso beschämender war es, an diesem Punkt zu spüren, dass ich nicht frei war von dem Impuls, in das Gefühl einer vermeintlich geteilten Sprache oder kollektiven Identität tränenverkörpert einzustimmen.

Die Scham darüber, gedacht zu haben, dieses Podium könne auch etwas über das sich im Hochschulkontext als Klassismus und Antikommunismus formulierende Ost-Stigma berichten, über die Kontinuität des Ausschlusses Ostdeutscher aus der Wissenschaftselite (Universität Leipzig, 2023), die Absenz spezifischer Medienhistoriografien der DDR in den Medienwissenschaften (ZfM 27 [2/2022]: *Reparaturwissen: DDR*) – also darüber, was der (Medien-)Wissenschaft (analytisch, epistemologisch, personell und strukturell) ausgeht –, verriet etwas über mein Scheitern, am ‹Klassen-Übertrittspunkt› die Differenzen im Blick zu behalten, die aufgrund von Migration, Vertragsarbeit, Rassismus zwischen mir und den Podiumsgästen einen Abstand herstellten. Die Scham zeugte von den Lücken in meiner Aufarbeitung und meiner Erinnerung an die DDR, von der ich nichts wusste. Wusste ich nichts?

Als ich vor Kurzem meinen Eltern aufgeregt von der Ausstellung *Re-Connect. Kunst und Kampf im Bruderland* im Museum der bildenden Künste

A

Leipzig und insbesondere von dem Teil erzählte, der die Geschichte der Vertragsarbeiter*innen anhand von Archivmaterial, Interviews und Angelika Nguyens Film *Bruderland ist abgebrannt* (1991) zu umreißen suchte, spiegelte sich meine Scham in ihrer. Ich meinte, ihre Scham darüber zu sehen, dass ich – die Einzige in der Familie, die promoviert ist – ihnen etwas aus ihrem Leben in der DDR erzählen wollte. Ich spürte ihre Scham darüber, dass auch ihre Deprivilegierungserfahrung, die mit der Wende, der ewig drohenden Angst vor Arbeitslosigkeit und der berechtigten Sorge über die Abwanderung ihrer Kinder und Geschwister einherging, die Erinnerung daran überdeckt haben mag, wie ungleich das DDR-Regime zur Sicherstellung seines Überlebens Unrecht entlang von *race*, ethnischer Herkunft, Religion und Geschlecht verteilte. Dabei existiert das Wissen über die Lebensbedingungen der Vertragsarbeiter*innen auch in ihrem DDR-Archiv. Auf einmal erzählte meine Mutter, dass sie

A sich an den Zahltag erinnere und daran, wie sehr sich die mosambikanischen Kolleg*innen über das Geld, das sie ihnen als Buchhalterin auszahlte, freuten. Auf einmal erzählte sie von dem Heim, in dem sie abseits der Stadt untergebracht waren. Warum hörte ich diese Geschichte das erste Mal? Hörte ich sie das erste Mal?

Ich weiß noch, wie sich der Moment eines betretenen Schweigens über die Situation legte, verwundert darüber, dass wir uns gerade über etwas ausgetauscht hatten, was einen Abzweig darstellte von den ausgetretenen Pfaden der Erinnerung, auf denen sich meine Familie, sich die ewig gleichen Anekdoten erzählend, bislang bewegt hatte.

Scham, so schreibt Ulrike Bergermann im Anschluss an queer-theoretische Verhandlungen politischer Gefühle im Sinne von unter anderem Eve Kosofsky Sedgwick, «ist eine freie Radikale, deren ansteckende Zirkulation alles verändern kann» (Bergermann 2024, 23) und, so fährt sie auf Andrea Seier Bezug nehmend fort, als Markierung von Verletzbarkeit mögliche Bedingung von Handlungsfähigkeit bzw. Handlungsgetrie-

benheit. Im Bewusstsein, dass ich meine auf ein nur bedingt souveränes Autor*innensubjekt verweisenden Tränen in diesem Text aus dem Privileg meines *Weißseins* heraus beschreibe, möchte ich Scham als Bedingung der Fähigkeit betrachten, zu handeln, den Abzweig zu nehmen und an der Weiche, an der ich in diesem Moment mit meinen Eltern stand, abzubiegen. Das bedeutet, Scham als eine Bewegung zu verstehen, die sich gegen die Individualisierung und «Privatisierung der Existenz» (Seier 2020, 79) richtet und sich in eine kollektive Politik auffaltet.

Laura Boemke, Tine Haubner und Mike Laufenberg sprechen sich in der *Luxemburg*-Ausgabe *Was blüht im Osten?* Für eine lokale Sozialpolitik aus, «die sich vom Credo neoliberaler Austerität, kapitalistischer Wachstumsorientierung» verabschiedet, um der inneren Peripherisierung in Ostdeutschland und der (affektiven) Landschaft abgehängter Räume entgegenzuwirken (Boemke / Haubner / Laufenberg 2023, 64). Eine solche Sozial- und Arbeitsmarktpolitik kann, wie David Begrich und Oliver Preuss im gleichen Heft zum Ausdruck bringen, als Präventionsmaßnahme gegen Rechts verstanden werden, weil der AfD zumindest ein affektives Feld genommen würde, anhand dessen sie nationalistische und rassistische Politik betreibt (Begrich / Preuss 2023, 77). Sie würde mittels unter anderem der Stärkung des Tarifsystems und der Aufwertung dessen, was ‹gute Arbeit› (teilhabeorientierte, gemeinschaftsbasierte Formen des Wirtschaftens und – ich ergänze – Wissenschaftens) ist, nicht nur der Auslagerung sozialer Gerechtigkeitsfragen in zivilgesellschaftliches Engagement vorbeugen, sondern die solidarische Organisation von Arbeitskämpfen inmitten von Betrieben, Unternehmen und – ich ergänze – Hochschulen ermöglichen (ebd.).

Wenn die Scham auf dem schmalen Grat zwischen Annäherung an meine soziale Herkunft und gleichzeitiger Entfremdung angesichts rassifizierter Differenzen für mehr als nur Nabelschau gut sein soll, dann für die handlungsgetriebene

Platzierung dieser einen Frage: Wie können wir uns (in der Medienwissenschaft) für eine Sozial- und Arbeitsmarktpolitik einsetzen, die – in der Aufarbeitung der kolonialen Kontinuitäten, die sich in dem Euphemismus der ‹Vertragsarbeit› in der DDR durchgesetzt haben (Ha 2021, 3) – solidarische Kämpfe ermöglicht und rassistische wie auch sich unter anderem als Antikommunismus reproduzierende anti-ostdeutsche Ressentiments gleichermaßen beseitigt? Wie? Vielleicht angetrieben von der Scham zu handeln. Mit ‹Schamgetriebenheit› geht's sich aus, eventuell.

KATRIN KÖPPERT

Lit.: **Bergermann, Ulrike** (2024): Klasse Haltung, in: Julia Bee / Irina Gradinari / Katrin Köppert (Hg.): *digital:gender – de:mapping affect. Eine spekulative Kartografie*, Leipzig (im Erscheinen). • **Begrich, David / Preuss, Oliver** (2023): Handfeste Partnerschaften. Was tun gegen die rechte Hegemonie?, Gespräch mit Sebastian Bähr, in: *Luxemburg*, Nr. 1: *Was blüht im Osten?*, 74–79, zeitschrift-luxemburg.de/artikel/handfeste-partnerschaften (21.11.2023). • **Boemke, Laura / Haubner, Tine / Laufenberg, Mike** (2023): Land am Rand. Solidarische Ökonomie statt neuer Gutsherrenschaft, in: *Luxemburg*, Nr. 1: *Was blüht im Osten?*, 62–69, zeitschrift-luxemburg.de/artikel/landamrand (21.11.2023). • **Eribon, Didier** (2016 [2009]): *Rückkehr nach Reims*, Frankfurt/M. • **Ha, Kien Nghi** (2021): Gegenwart und Konzeption asiatisch-deutscher Präsenzen, in: *IDA-NRW*, Jg. 27, Nr. 2: *(De)Thematisierungen von anti-asiatischem Rassismus. Asiatisch-deutsche Repräsentationen und Widerstandsformen*, 3–9, ida-nrw.de/fileadmin/user_upload/ueberblick/Ueberblick022021.pdf (21.11.2023). • **Hürtgen, Renate u.a.** (2023): Mehr als DDR-Erfahrung, in: *Luxemburg*, Nr. 1: *Was blüht im Osten?*, 36–41, zeitschrift-luxemburg.de/artikel/ost-iden titaet (21.11.2023). • **Seier, Andrea** (2020): Schamoffensive: Zur Mikropolitik der Betroffenheit bei Didier Eribon, in: Karolin Kalmbach, Elke Kleinau, Susanne Völker (Hg.): *Eribon revisited – Perspektiven der Gender und Queer Studies*, Wiesbaden, 65–84. • **Universität Leipzig u.a.** (2023): Elitenmonitor, in: *Research Universität Leipzig*, research.uni-leipzig.de/elitenmonitor (23.11.2023). • **ZfM = Zeitschrift für Medienwissenschaft**, Jg. 14, Nr. 27 (2/2022): *Reparaturwissen: DDR*, hg. v. Ulrike Hanstein / Manuela Klaut / Jana Mangold, doi.org/10.25969/mediarep/18936 (27.11.2023).

ATEMLUFT «Heute ist die Luftqualität besser als gestern zu dieser Zeit.» Seit 2018 gibt die Wetter-App des iPhones unterhalb der 10-Tage-Vorschau Hinweise zur aktuellen Luftqualität am Standort. In Deutschland wurden die Angaben mit Apples Betriebssystem iOS 12 zur Wetter-App hinzugefügt – damals kamen die Daten vom US-Unternehmen The Weather Channel. Heute werden die Informationen für große Teile Europas und die USA von BreezoMeter bereitgestellt, einer vom gleichnamigen israelischen Start-up entwickelten API (*application programming interface*), die 2022 von Google übernommen wurde. Sie ermittelt die Belastung durch Luftschadstoffe und gibt auch Hinweise zu möglichen Gesundheitsrisiken von Kopfschmerzen über geminderte Leistungsfähigkeit oder Konzentrationsstörung bis hin zu schweren Atemwegserkrankungen.

Für die Anwendung gilt, was für eine solche Medientechnik generell vermutet werden kann, nämlich dass der Zuwachs an Kontrolle auf der einen Seite den Kontrollverlust auf der anderen spiegelt: «Air Quality Now. Taking Control of the Air We Breathe. Street-level Air Quality, Pollen & Wildfire intelligence means we can all make healthier choices to protect ourselves and our loved ones.» Gerade indem sie eine Entscheidungsmöglichkeit suggeriert, offenbart die Selbstbeschreibung von BreezoMeter eine beunruhigende Entwicklung: Abgesehen davon, dass nicht alle eine Wahl haben, welche Luft sie atmen wollen, liegt Luftqualität in vielerlei Hinsicht außerhalb unseres Einflussbereichs. Angesichts der Unbeeinflussbarkeit von Phänomenen wie Waldbränden löst die Datafizierung der Atemluft daher erstmal keine Probleme, dafür aber neurotisches Verhalten aus. Ich mache also den Test und überprüfe meine Exposition gegenüber Luftverschmutzung an verschiedenen Orten. Den Ergebnissen zufolge liegt die monatliche Feinstaubbelastung durch PM2,5 (*particulate matter*) an meinem Standort über den empfohlenen Werten der Luftqualitätsrichtlinien der WHO. Das heißt, wenn die Belastung für ein Jahr so weitergeht,

A

kann dies ein Gesundheitsrisiko darstellen. Zum Glück gibt es auch Tipps: «Reduzieren Sie Aktivitäten im Freien, wenn die Luftqualität niedrig ist. Ziehen Sie die Verwendung eines Luftreinigers in Betracht, wenn Sie sich in Innenräumen aufhalten. Überprüfen Sie die Luftqualität täglich, als Teil Ihrer Routine.» Andernorts ist die routinierte Auswertung der Daten von BreezoMeter schon bittere Realität: «The fires here in California have made the air quality very poor. Only this app properly reflected this fact […]. Needed a much clearer idea of what's happening here in Montana! It'll be a great help for my family.» Wo Waldbrände wüten, kennzeichnet BreezoMeter dies durch kleine digitale Lagerfeuer. Zoomt man auf der Karte des Anbieters auf eine globale Ansicht, entsteht der beunruhigende Eindruck fast flächendeckender, schwer löschbarer Feuer. Es verdichtet sich das Bild: Die Luft wird dünn. «Einatmen und Ausatmen ist ja das Grundverhältnis unserer Weltbeziehung», schrieb jüngst Hartmut Rosa, «und selbst das ist jetzt also fragil geworden» (Rosa 2023, o. S.).

A

Für viele Menschen war, was sich metaphorisch mit Atmung verbindet – Unbeschwertheit, Freiheit, Leichtigkeit, Ruhe –, historisch überhaupt keine Selbstverständlichkeit. Entsprechend gab es lange vor der ‹neuen› Prekarität der Atmung, die mit Corona und den zahlreichen Waldbränden einherging, ein breites Wissen um Atmung, das in der feministischen Philosophie, der Medientheorie und insbesondere in den Black Studies zirkulierte. Schwerpunkte lagen hier auf der Verunmöglichung von Atmung (Fanon 1970), der historischen Rassifizierung von Atem (Braun 2014) und der physischen und sozialen Atemnot im Alltag (El-Tayeb / Thompson 2019). In der Medienwissenschaft hat John Durham Peters – der in seinem Text «The Media of Breathing» (2018) bereits Grundlagen zur Medialität der Atmung erarbeitet hatte – jüngst diese kolonialgeschichtlichen Aspekte aufgegriffen (2023); ebenso hat Magdalena Górska (2016) aus intersektionaler Perspektive über Atmung im Kontext der Medientheorie nachgedacht. Auch jüngere Forschungsfelder der Medienwissenschaft, die an das Thema der Atmung angrenzen, etwa die Thermowissenschaften (Starosielski 2021; Hobart 2022), stellen einen Zusammenhang zwischen Atmung und Kolonialismuskritik her. Als Anwendungsfeld der Atemforschung kann in dieser Hinsicht nicht zuletzt die Filmwissenschaft gelten (Quinlivan 2012). Schließlich durchzieht der Atem nicht allein die Filmgeschichte – viele Filme greifen mediatisierte Formen des Atmens wie das Tauchen oder Rauchen auf (Lettenewitsch / Waack 2022) –, sondern legen insbesondere jüngere kuratorische Arbeiten eine Verbindung von Kino und Atmung nahe. Kinoprogramme wie *Cinema of Breath: Poetics of Migrancy* von Kalpana Subramanian aus dem Jahr 2021 oder die Filmreihe *How does the world breathe now?* von SAVVY Contemporary zwischen 2016 und 2018 denken Atmung, Kino und Migration auf vielfältige Weise zusammen. Der Band *Feminist Worldmaking and the Moving Image*, der begleitend zur 2022 im Haus der Kulturen der Welt in Berlin gezeigten Ausstellung *No Master Territories* erschienen ist, perspektiviert Atmung auf exemplarische Weise: Teresa Castro beginnt ihren Text «The Many Feminist Histories of Documentary» mit einer von Virginia Woolf hergeleiteten Unterscheidung zwischen frischer Luft und gefährlichem Luftzug, der zu Viktorianischer Zeit unter Umständen krankheits- und todbringend war: «The ‹fine art of keeping the breathing air pure without causing a draught› was a skill that every girl should learn» (Castro 2022, 42). Die zu Corona-Zeiten notwendig gewordene regelmäßige Lüftung der Bibliothek ist Castro Anlass über Lis Rhodes' Film *A Cold Draft* (UK 1988) nachzudenken, in dem sie ein Gegenbild zur freien Atmung erkennt – das Bild eines kalten Entzugs von Ressourcen. Die Atmung wird hier zur Metapher für die Neubelebung einer Filmgeschichtsschreibung, die wie ein zu lang abgeschlossener Raum durchlüftet werden soll – aber nicht so, dass sich alle erkälten:

What is it that we look for in these films and the entanglements that surround them? The spirit of revolt? […] An ethical engagement with decolonial practices? Flows of fresh air? Perhaps all of this, perhaps none of this. In any case, drawing on meticulous research and with the wind of global history in their sails, in recent years feminist historians have been enlarging our understanding of cinema and its labors (ebd., 57).

In der Umschreibung von Filmgeschichte, die laut Castro mit dem Rückenwind globaler Perspektivierung vorgenommen wird, kommen die utopischen, hoffnungsvollen Aspekte der Atmung zur Sprache. Sie lassen mich an das schöne schweizerdeutsche Wort *dureschnufe* denken. Noch mehr als das hochdeutsche Durchatmen legt *dureschnufe* körperlich eine Weitung des Körper- und Lungenvolumens nahe und deutet zugleich ein Runterkommen an. Mit dem Wort verbindet sich auch eine Projektion, nämlich dass es doch noch so etwas wie Bergluft geben könnte, mit der ich meine Wetter-App zufriedenstellen würde. Dieser etwas arglose Glaube kommt auch in der Militärsprache zum Ausdruck, wenn jüngst immer wieder auf eine eigenartige Differenzierung hingewiesen wird: Es heißt Flugabwehr und nicht Luftabwehr – was abgewehrt werden soll, ist nicht die Luft, sondern wie Menschen sie besetzen. LINDA WAACK

Lit.: **Braun, Lundy** (2014): *Breathing Race into the Machine. The Surprising Career of the Spirometer from Plantation to Genetics*, Minneapolis. • **Castro, Teresa** (2022): The Many Feminist Histories of Documentary, in: Erika Balsom u. a. (Hg.): *Feminist Worldmaking and the Moving Image*, London, 41–66. • **El-Tayeb, Fatima / Thompson, Vanessa Eileen** (2019): Alltagsrassismus, staatliche Gewalt und koloniale Tradition. Ein Gespräch über Racial Profiling und intersektionale Widerstände in Europa, in: Mohamed Wa Baile u. a. (Hg.): *Racial Profiling*, Bielefeld, 311–328. • **Fanon, Frantz** (1970 [1965]): *A Dying Colonialism*, Ringwood. • **Górska, Magdalena** (2016): *Breathing Matters. Feminist Intersectional Politics of Vulnerability*, Linköping. • **Hobart, Hi'ilei Julia Kawehipuaakahaopulani** (2022): *Cooling the Tropics. Ice, Indigeneity, and Hawaiian Refreshment*, Durham. • **Lettenewitsch, Natalie / Waack, Linda** (Hg.): *Ein- und Ausströmungen. Zur Medialität der Atmung*, Bielefeld 2022. • **Peters, John Durham** (2018): The Media of Breathing, in: Lenart Škof / Petri Berndtson (Hg.): *Atmospheres of Breathing. Respiratory Questions of Philosophy*, Albany, 179–195. • **ders.** (2023): Spirometer, Whale, Slave: Breathing Emergencies, c. 1850, in: *SubStance*, Bd. 52, Nr. 1 (2023), Heft 160 (= *Breathe*), 85–91, doi.org/10.1353/sub.2023.a900533. • **Quinlivan, Davina** (2012): *The Place of Breath in Cinema*, Edinburgh. • **Rosa, Hartmut** (2023): Die To-do-Liste explodiert, Interview mit Max Florian Kühlem, in: *SZ*, Nr. 203, 8.9.2023, sueddeutsche.de/projekte/artikel/kultur/hartmut-rosa-interview-gesellschaft-stress-e870990/?reduced=true (15.11.2023). • **Starosielski, Nicole** (2021): *Media Hot and Cold*, Durham.

AUFMERKSAMKEIT

Achtung, Achtung! Attention! Attenzione! Attention please!

Aufmerksamkeit ist auch nicht mehr, was sie einmal war – ein hehres geistiges Vermögen, mit dem Denken beginnt, die Voraussetzung für Kontemplation und innere Sammlung. Das ist (natürlich) keine neue Erkenntnis: Nicht wenige sehen die Fähigkeit, aufmerksam zu sein, beständig in Gefahr und versuchen (meistens vergebens), sie einzugrenzen, zu messen und zu trainieren. Wenn man Aufmerksamkeit als wünschenswerte oder gar notwendige Selbsttechnik versteht, die sich erlernen und optimieren lässt, unterstellt man sie einem Regime der Zeit: Wann bin ich aufmerksam, unter welchen Umständen und vor allem wie lange? Diese Zäsur vollziehen moderne kapitalistische Gesellschaften, die sich seit dem 18. Jahrhundert herausbilden, strikter zwischen Arbeits- und Freizeit unterscheiden und gesellschaftliche Verhältnisse verdinglichen. In physiologischen Laboren und an psychologischen Instituten, die pädagogische Lern- und kapitalistische Arbeitsverhältnisse modellieren, wurden im 19. Jahrhundert zahlreiche Versuchsanordnungen ersonnen, um Aufmerksamkeit als Reaktionszeit oder Dauer zu messen oder zu untersuchen, durch welche Reize sie abgelenkt wird. Die Schule wurde bereits damals neben der Fabrik

A

zum Versuchslabor, um Aufmerksamkeit als individuelle Leistung zu testen und spezielle Aufmerksamkeitstechniken zu trainieren. In den Testreihen der Arbeitspsychologie kamen dabei neben Chronometer oder Sphygmografen vermehrt moderne optische Medien wie der Film zum Einsatz. Zum eigentlichen (arbeitspsychologischen) Testgebiet wurden jedoch moderne Metropolen mit ihren verdichteten Menschen- und Verkehrsströmen und zunehmend komplexen Wahrnehmungsanforderungen.

Ein wenig überraschend kamen aus diesen Experimentallaboren – ungeachtet der unvermeidlichen Messfehler – der Befund großer individueller Unterschiede sowie die epistemologisch bedeutsame Einsicht, dass sich Aufmerksamkeit nur zu leicht verteilt oder zerstreut und also nicht dingfest zu machen ist. Anders gesagt: Zerstreuung ist nicht die Kehrseite von Aufmerksamkeit, sondern ihre notwendige Voraussetzung. So hat es prominent

A der Psychologe Théodule Ribot konstatiert: Da das wache menschliche Bewusstsein dynamisch und also ständig in Bewegung sei, sei es auch notwendigerweise zerstreut. Aufmerksamkeit sei dagegen ein *état exceptionnel*, «ein abnormer, ein Ausnahmezustand, der nicht lange andauern» könne und, wenn doch, in körperliche Anstrengung und geistige Verkrampfung münde, die den Organismus ermüde und ihm schließlich schade (Ribot 1908, 5). Körperliche und mehr noch geistige Erschöpfung sind so gesehen Krankheitssymptome des vermessenen Homo psychologicus, der permanent unter Stress steht.

Aus den Testreihen der Experimentalpsychologie kann man eben auch die Erkenntnis ableiten, dass Experimentalsysteme nicht nur messen oder schlicht aufzeichnen, sondern wissenschaftliche Tatsachen schaffen und mithin hervorbringen, was sie angeblich nur aufzeichnen. Die Medienwissenschaft hat diesen Gedanken prominent aufgegriffen und explizit auf technische Medien bezogen. Diese Einsicht wurde nicht

umsonst am Kino und dem Sehen von Filmen überprüft und von Walter Benjamin in seinem *Kunstwerk*-Aufsatz auf die schlichte Formel einer «Rezeption in der Zerstreuung» gebracht (Benjamin 1991, 504). Zerstreuung ist so gesehen ein Medieneffekt.

Während ich diese Sätze schreibe, sitze ich im Zug nach Hamburg. Mein Blick (und meine Aufmerksamkeit) wechseln zwischen dem Display meines Computers und dem Fenster, vor dem Städte und Landschaften vorübergleiten. Es ist fast wie im Kino: Meine Position ist stabil und mein Blick durch die Bewegung des Zugs mobilisiert. Hinzu kommen andere Reisende, deren Gespräche meine Aufmerksamkeit in Beschlag nehmen. Ich lenke mich vom Schreiben ab und werde abgelenkt durch Gesprächsfetzen oder Fahrgeräusche, kann mich unterhalten (lassen) und also zerstreuen (denn das ist *ein* Sinn von Zerstreuung) und parallel (genauer: mit kurzen Unterbrechungen) an diesem Text schreiben. Als jemand, die viel mit der Bahn unterwegs ist, fällt mir das nicht schwer. Es ist ein Habitus geworden, den ich mit zahlreichen Vielreisenden teile (unter denen Noise-Cancelling-Kopfhörer und eine ‹Bitte nicht stören›-Einkapselungsattitüde gleichwohl ziemlich verbreitet sind).

Wolfgang Schivelbusch hat mit der *Eisenbahnreise* (2007) ein Wahrnehmungsdispositiv des 19. Jahrhunderts beschrieben, das seitdem vielfach durch moderne Verkehrsmittel und mediale Infrastrukturen erweitert und modifiziert wurde. Medien sind infrastrukturell und mehr noch (sensorische) Umgebungen, wie bereits Marshall McLuhan in den 1960er Jahren gelehrt hat. «Any understanding of social and cultural change is impossible without a knowledge of the way media work as environments» (McLuhan u. a. 1967, 26).

Heute bilden digitale Infrastrukturen und smarte Technologien Medienumgebungen, die das Alltagsleben durchdringen und bestimmen. Aufmerksamkeit (ebenso wie Zerstreuung) ist deshalb nicht einfach eine innere psychische Disposition, sondern vor allem abhängig von äußeren Reizen (bzw. deren Abwesenheit) und eine mehr als individuelle Leistung der Adaption an konkrete Umwelt- und soziale Lebensbedingungen (wie die Trennung zwischen Arbeits- und Wohnort und eine entsprechend hohe Mobilität). Die Diagnose ADHS (*attention deficit hyperactivity syndrom*) ist daher nichts anderes als der Versuch, die gescheiterte Wechselwirkung zwischen menschlichem Organismus und seiner technisch-sozialen Umgebung (Familie, Schule, Arbeitsplatz, mobile Infrastrukturen) in pathologischen statt medienwissenschaftlichen Begriffen zu beschreiben.

Welche Denk- und Handlungsmöglichkeiten gibt es, Körper *nicht* über wissenschaftlich sanktionierte Aufmerksamkeitsnormen zu definieren und zu regieren, Absenzen oder Hyperaktivität gesellschaftlich anders als pathologisch zu betrachten und (immer noch) stillzustellen? Ich schlage vor, das, was Körper in der jeweiligen Wechselwirkung mit ihrer medialen Umgebung vermögen, anders zu denken. Was uns fehlt, ist so gesehen nicht Aufmerksamkeit, sondern ein anderes Verhältnis zu dem, was Körper unter Bedingungen spätmoderner Hochleistungsgesellschaften *nicht* vermögen.   PETRA LÖFFLER

Lit.: **Benjamin, Walter** (1991): Das Kunstwerk im Zeitalter seiner technischen Reproduzierbarkeit, in: ders.: *Gesammelte Schriften*, Bd. I/2, hg. v. Rolf Tiedemann / Hermann Schweppenhäuser, Frankfurt/M., 431–508. • **Löffler, Petra** (2014): *Verteilte Aufmerksamkeit. Eine Mediengeschichte der Zerstreuung*, Zürich, Berlin. • **McLuhan, Marshall / Fiore, Quentin / Agel, Jerome** (1967): *The Medium Is the Massage. An Inventory of Effects*, London, New York. • **Ribot, Théodule** (1908 [1888]): *Die Psychologie der Aufmerksamkeit*, Leipzig. • **Schivelbusch, Wolfgang** (2007 [1977]): *Geschichte der Eisenbahnreise. Zur Industrialisierung von Raum und Zeit im 19. Jahrhundert*, München, Wien.

AUSGEHEN «Berliner Clubs droht die Puste auszugehen», titelt eine im September 2023 von der Berliner Clubcommission auf deren Webseite veröffentlichte Pressemitteilung, die die Ergebnisse einer Befragung des Netzwerks der Berliner Clubkultur vorstellt (Clubcommission 2023). Dieses sogenannte 5. Berliner Clubmonitoring zeigt im Vergleich zum Prä-Covid-Schnitt einen Rückgang der Besuchendenzahlen um 20 Prozent. Unter den befragten Clubbetreibenden melden 73 Prozent einen erheblichen Umsatzrückgang, 89 Prozent berichten von erhöhter Belastung durch gestiegene Betriebskosten. Die Kommission identifiziert dies als «existenzielle[ ] Bedrohung» der Berliner Clubkultur, die insbesondere bereits marginalisierte Gruppen treffe, für die Clubs zu den «Safer Spaces» gehören: «Auswirkungen der Covid-19-Pandemie sind immer noch spürbar – dazu kommen Inflation und steigende Preise, die kulturelle Teilhabe zu einem kostspieligen Privileg werden lassen» (ebd.).

Schon die Lockdowns trafen mit den Clubs als Betrieben zugleich Communitys, für die Ausgehen mitunter überlebenswichtig ist. In ihrem 2023 veröffentlichten Buch *Raving* beschreibt McKenzie Wark den Druck von Pandemie und Ausgangssperren auf Körper, deren Schutz gesellschaftlich nicht selbstverständlich ist: Queere Leute und trans* Menschen, für die kleinfamiliäre Einhegungen weder grundsätzlich zugänglich sind noch notwendigerweise Beheimatung und Sicherheit bedeuten. Erschienen in der Reihe *Practices*, neben Publikationen zum Fliegenfischen, Jonglieren und Laufen, beschreibt Wark das Raven als Praxis – sowohl im Sinne einer spezifischen Körper- und Selbsttechnik als auch in politischer Hinsicht: als Rekonfiguration von Affekten, Subjektivierungsweisen, Architekturen und Gemeinschaft – und als Protest. In der Einleitung der von ihr gemeinsam mit madison moore herausgegebenen Sonderausgabe *Black Rave* des Journals *e-flux* im Dezember 2022 erläutert Wark die Namensgebung der Ausgabe ebenso als Emphase der oft invisibilisierten Schwarzen Wurzeln der Technokultur wie als bewusstes

A

Bekenntnis zu einem immer schon politisch verstandenen Ausgehen: «Back when the Black Lives Matter insurrection was happening in New York, I asked a friend who was going out after the police curfew how it was going. The answer: ‹It's a Black rave›» (moore / Wark 2022).

Dass Feiern als politischer Akt verstanden wird, ist nicht selbstverständlich. Nicht nur im deutschsprachigen Kontext finden wir Identifikationen des Ausgehens als depolitisierende Ersatzhandlung. Laut Philipp Felsch ereignen sich Gründungsmomente der deutschsprachigen Medienwissenschaft innerhalb einer ‹nietzscheanischen Spaßkultur› im Westberlin der 1980er Jahre, wo eine neue «Ausgehfreude eine Kompensation für das Gefühl, am Ende der Geschichte angelangt zu sein», anbot (Felsch 2015, 217). Die Theorie wandte sich Felsch zufolge vom Politischen ab und dem Ästhetischen und Hedonistischen zu – eine Bewegung, die aus subventionierten Westberliner Altbaustuben in die neu entstehende Kneipenszene und schließlich in die Disko führte. Statt am Küchentisch Adorno zu diskutieren, wurde aus Trauer über nicht eingetretene politische Veränderungen Bier getrunken und getanzt. Als einzig denkbare Zukunft unter posthistorischen Bedingungen, so zitiert Felsch Diedrich Diederichsen, blieb der lineare Vektor des «Längeraufbleibens» (ebd.). Felschs Buch, *Der lange Sommer der Theorie*, endet mit dem Fall der Mauer, der im Epilog stattfindet – ein dreiseitiges Kapitel, das «After Theory» mit Fragezeichen heißt.

Fragen nach möglichen Zusammenhängen von Party, Theorie und Utopie werden im Kontext elektronischer Tanzmusik seit jeher intensiv diskutiert – mit oft deutlich melancholischem Einschlag. Seit es Rave gibt, wird er als politische Form totgesagt. Wie bei Geistern üblich betritt er die große diskursive Bühne als Wiedergänger*in und Platzhalter*in: Stellvertreter*in einer Revolution, die nicht gekommen ist, und einer Revolution, die noch aussteht. 1995 beschreibt Ian Penman im Magazin *Wire* in einer der wohl einflussreichsten Plattenkritiken der letzten 30 Jahre das Album

Maxinquaye (1995) des britischen Musikers Tricky als eine Reflexion der britischen Clubkultur, die in ihrer Koinzidenz mit der Deindustrialisierung die Entfremdung der Arbeiter*innenklasse von ihrem revolutionären Potenzial einübe – als Transformation hin zu einer Kultur hedonistischer Eskapismen. Die kollektiven Bewegungen der Körper auf den postindustriellen Tanzflächen der Raves werden als unheimliches Echo eines nicht eingetretenen Aufstands kenntlich gemacht: «Maxinquaye is like an inventory (just as There's A Riot Goin' On was before it) of what happens to a revolutionary class when it subsumes or sublimates or sublimes its ‹failure› into a kind of resplendent sub-cultural closure» (Penman 1995, o. S.). Trotz der pessimistischen Zuspitzung stellt Penman keine einfache Dialektik vor: Elektronische Tanzmusik, deren Schwarze Geschichte er mit Verweis auf Paul Gilroy gleich mit dem ersten Satz des Textes hervorhebt, wird als technologische Intervention in «notions of uncorrupted temporality» vorgestellt, als Medientheorie, die Verhältnisse von Produktion und Reproduktion, Anwesenheit und Abwesenheit, Zukunft und Vergangenheit verkompliziert: «the mistake that all too many too-literal critics still make is to keep ‹music› and ‹theory› separate» (ebd.). Der Hinweis auf Schwarze elektronische Musik als eigenständige Theorie der Temporalität, deren Verwendung zeitlicher Brüche, Pre-Echos und anderer nonlinearer Effekte der Studiotechnik auf den afrodiasporischen Dub verweist, stellt kontinuierlich geradlinige Geschichtsschreibung – ob Fortschrittsnarrativ oder Verlusterzählung – selbst in Frage: Das vermeintliche Ende der Geschichte im Singular war (wenn überhaupt) *ein* Ende *einer* Geschichte, nach der Theorie ist immer schon vor der Theorie, neben ihr, dazwischen.

Verfallserzählungen, die den Konnex von Rave und Revolution, Diskurs und Disko mit Emphase kulturpessimistisch wenden, sehen wir verstärkt in den 2000er und frühen 2010er Jahren. Mit direktem Bezug auf Penmans Tricky-Kritik veröffentlicht am 14. April 2006 der britische Theoretiker

A

Mark Fisher auf seinem Blog *K-Punk* den Post «London after the rave» über das Album *Burial* des gleichnamigen Musikers. Dieses wird zu einer zentralen Referenz für Fishers spezifische und einflussreiche Rezeption der Hauntology, ein Konzept, das er nach eigener Aussage von Jacques Derrida gesampelt hat. Fisher begreift die Hauntology vorwiegend als Trauerarbeit an gealterten Utopien – Utopien, für die nicht zuletzt die elektronische Tanzmusik einstand. So scheinen im London der 2000er mit dem Rave auch die Ersatzhandlungen auszugehen: «Burial is haunted by what once was, what could have been, and – most keeningly – what could still happen. The album is like the faded ten year-old tag of a kid whose Rave dreams have been crushed by a series of dead end jobs» (Fisher 2006).

2014 wird der Eintrag als Kapitel in Fishers Buch *Ghosts of my Life. Writings on Depression, Hauntology and Lost Futures* veröffentlicht. Es gehört zu den wenigen Theoriebüchern, von denen Studierende in meinen Seminaren regelmäßig angeben, dass sie sie privat gelesen haben. Fishers emotionale Anerkennung der Tatsache, dass viele Dinge nicht besser werden, dass sie, ganz im Gegenteil, spürbar schlechter zu werden scheinen, seine offen bekundete Wut darüber und sein Schmerz resonieren offenbar in einer Zeit, deren Zukunftsversprechen angesichts vieler Krisen prekär anmuten. Dass die Wirksamkeit der Trauer um eine nicht eingetroffene Zukunft sich nicht zuletzt im Loslassen zeigt, betont Wark, die Fisher in *Raving* kritisch würdigt. Über die Arbeit des 2019 verstorbenen Kollegen schreibt sie:

> I'll mention here, in passing, my fondness for Mark Fisher, for what I have learned from his writing, and from him in person the few times we met. But the thing I want to take some distance from is the unexamined masculinity in both his aesthetics and politics. That the possibility he heard and felt meant letting go of a lot more than he was willing to discard. (Wark 2023, 32)

Gegenwärtige Publikationen über Techno und Clubkultur fügen in der (Re-)Zentrierung anderer Subjektpositionen nicht nur der melancholischen Diagnose *after the rave* ein historisierendes Fragezeichen hinzu, sondern eröffnen bisher wenig beachtete Felder der Theorie und Praxis. Autor*innen wie moore und Wark betonen die Potenzialität des Ravens, indem sie das Ausgehen als Übung im Loslassen einer progressiven Zeitordnung selbst identifizieren. In der Reaffirmation der Schwarzen und queeren Geschichte der Club- und Technokultur mobilisieren sie ein Archiv alternativer Zeit- und Raumkonzepte als Reservoir an Techniken, die es ermöglichen, im Angesicht einer immer schon prekären Zukunft das eigene Leben auch gegen Widerstände zu behaupten. Dass der Zugang zur Utopie, deren Verlust Fisher betrauert, schon vor dem vermeintlichen Post-Rave-Zeitalter ungleich verteilt war, verdeutlicht moore anhand der Tanzflächen in Londoner Clubs, die für Schwarze Menschen historisch nicht selbstverständlich offenstanden: «Black folks were often unwelcome in London clubs and so took to the long-standing Black tradition of the rent/house party or shabeen to come together.» (moore/Wark 2022, 1) So artikuliert das Ausgehen die Stadt als heterogenen Raum der Diskontinuitäten und Ungleichzeitigkeiten, laut Wark in Bewegung gesetzt durch eine Zeit, die quer zum Strahl des ‹Längeraufbleibens› in die Horizontale geht: «Time becomes stringently horizontal. Neither rising nor falling, just sideways swelling and slimming» (Wark 2023, 19).

Es ist eine Zeit der Vorläufigkeit und Improvisation, der Drift und der synkopischen Taktung – früh ins Bett gehen und den Wecker auf vier Uhr stellen, den Sonntagvormittag abseits von Tageslicht in zwischengenutzten Büros verbringen, auf Abruf und auf Achse sein, die Uhr vergessen und schnelle Beine haben, wenn der Klang der Sirenen die Auflösung der Feier ansagt. Oder keine schnellen Beine haben, schmerzende Füße, Nacken, Karpaltunnelsyndrom und trotzdem ausgehen, mit Einlagen in den Schuhen, mit Knieschienen, mit Ohrenschützern, mit dem Rollstuhl. Es ist eine queere Zeit, die Fragen nach der Jugend

A

als zeitliche Einfassung der Ausschweifung stellt. moore schreibt: «I love the idea of one day being the older queen in the club – fifty, sixty, seventy years old – getting my life and maybe also shading the new children with a cocktail in hand, lol» (moore/ Wark 2022, 2). Neben Soundtechnologien setzt die temporale Horizontale auf – teils illegale – Substanzen wie Ketamin und Ecstasy, Mate und Wasser (in geringerem Maße Alkohol), auf Müsliriegel und auf Medien wie Discord, Signal, Telegram, Google Maps und Grindr, auf E-Roller, Taxis und die öffentlichen Verkehrsmittel, auf QR-Codes und auf Bargeld. Dass der Rave bei Wark als Unterwegssein mobilisiert wird, betont seine Geschichte als liminales Format, das aus der Zwischennutzung von Zwischenräumen schöpft, die oft in Umbrüchen entstehen. Generiert wird dabei auch Wert, der in wirtschaftlichen Progressionslogiken lesbar gemacht werden kann. Dies bildet Spannungen aus, die am Beispiel der Berliner Clubkultur derzeit intensiv diskutiert werden.

A   Schon vor der Pandemie wird die Berliner Clubkultur als (re-)territorialisierender Sonderfall des an sich ‹nomadischen Techno› identifiziert, der laut Kilian Jörg und Jorinde Schulz «von Rave zu Rave wandert und sich überall dort temporär niederlässt, wo Boxen und Plattenspieler einen Stromkreis schließen. Hier ein verlassenes Warehouse, da ein entfernter Parkplatz – Generator, Mischpult, Crowd: Rave» (Jörg / Schulz 2018, 113). Früh totgesagt, gewinnen die aus der Zwischennutzung, insbesondere von Ostberliner Immobilien, entstehenden Berliner Clubs in den 2000er Jahren eine neue Langlebigkeit: «Techno ist tot, zumindest offiziell», heißt es im Klappentext von Tobias Rapps Studie über den sogenannten Berliner «Easyjetset» (Rapp 2009). Schon 2012 wird in Berlin ein Subventionstopf gegen das ‹Clubsterben› eingerichtet. Das Watergate, das Weekend, der neue Tresor konstituieren sich indes als «territoriale Einheiten mit örtlichen Eigenheiten und mehr oder weniger rigiden Grenzregimen» (Jörg / Schulz 2018, 114). Diese Institutionalisierungsbewegung erreicht laut Jörg und

Schulz ihren Höhepunkt 2016 mit der Entscheidung des Finanzgerichts Berlin-Brandenburg, das Berghain als Kulturinstitution zu führen, sodass Veranstaltungen nur noch dem ermäßigten Umsatzsteuersatz von 7 Prozent unterliegen.

Im Jahr 2017 erwirtschaftet die Berliner Clubwirtschaft laut einer Studie der Clubcommission einen Gesamtumsatz von 160 Millionen Euro, dazu gesamtwirtschaftliche Umsatz-Nebeneffekte von 1,48 Milliarden Euro. Dieser für die Stadt wichtige Wirtschaftsfaktor der subkulturellen Ökonomie beruht, wie Guillaume Robin zeigt, zu großen Teilen auf prekärer Beschäftigung. Während das Berghain in der Lockdownzeit vorübergehend tatsächlich zum Museum wird, werden viele befristete Verträge und Minijobs nicht verlängert. Den Zusammenbruch des Sektors verhindert ein 30-Millionen-Euro-Hilfspaket des Berliner Senats, geförderte Teilzeitarbeit, sowie 5.000 Euro Soforthilfe für selbstständige Kulturschaffende. Robin weist darauf hin, dass diese massive Förderung ein latentes strukturelles Problem kaschiert. So sei die Nothilfe auf Seiten der Clubs primär zur Bezahlung der Mietkosten eingesetzt worden und könne im Grunde als indirekte Unterstützung der Vermieter*innen gesehen werden:

> Die Clubbetreiber haben in den Neunzigern nach dem Prinzip der Zwischennutzung zur Aufwertung von wertlosen Grundstücken und baufälligen Gebäuden beigetragen und damit indirekt die Vermieter bereichert, die die Mieten erhöht haben. Trotzdem hat sich die Immobilienlobby nicht an den Kosten der Pandemie beteiligt. (Robin 2021, 136)

Die angesichts der Pandemie-Nachwirkungen gegenwärtig wieder vermehrt problematisierte Gefahr des Clubsterbens, die Tatsache also, dass die Rahmenbedingungen einer bestimmten Art des Ausgehens auszugehen drohen, zeigt die politischen Anliegen um das Tanzen zu elektronischer Musik an Schnittstellen laufender Aushandlungen positioniert, die das Recht auf Diskriminierungsfreiheit, die Sorge um queeres und nicht-*weißes* Leben, das Recht auf Stadt, steigende Betriebs- und Lebenshaltungskosten, Gentrifizierung, Umwelt- und Lärmschutz, Baurecht, eine geplante Autobahn, die Frage danach, was Kultur überhaupt ist, und die generelle Tatsache adressieren müssen, dass unsere Welt – allgemein gesprochen – einer unsicheren Zukunft entgegenblickt. Vielleicht ist es gut, sich daran zu erinnern, dass die Ravekultur, die ihre Abgesänge überlebt, seit es sie gibt, seit 20 Jahren in den Brachen und Lücken gesellschaftlicher Transformationen ein klangliches Archiv immer schon zerbrochener Zeit in Bewegung setzt, das horizontal zu linearen Fortschritts- und Untergangserzählungen Potenziale des Spürens, Versammelns, des Einspruchs und des Loslassens einübt: «Pure, useless labor, churning out the excess of the world in the least harmful way we can make together» (Wark 2023, 20).   MAREN HAFFKE

Lit.: **Clubcommission** (2023): Berliner Clubs droht die Puste auszugehen, in: *Clubcommission*, 22.9.2023, www. clubcommission.de/berliner-clubs-droht-die-puste-auszugehen/ (29.11.2023). • **Felsch, Philipp** (2015): *Der lange Sommer der Theorie. Geschichte einer Revolte 1960–1990*, München. • **Fisher, Mark** (2014): *Ghosts of My Life. Writings on Depression, Hauntology and Lost Futures*, Winchester, Washington. • **ders.** (2006): London after the rave, in: *K-Punk*, 14.4.2006, k-punk.org/london-after-the-rave (24.11.2023). • **Jörg, Kilian / Schulz, Jorinde** (2018): *Die Clubmaschine (Berghain)*, Hamburg. • **moore, madison** (2022): Contents Under Pressure: A (Queer) Techno Manifesto, in: *e-flux*, Nr. 132, Dezember 2022 = Sonderband: *Black Rave*, hg. v. dems. / McKenzie Wark, e-flux.com/journal/132/508431/contents-under-pressure-a-queer-techno-manifesto (24.11.2023). • **moore, madison / Wark, McKenzie** (2022): Editorial: Black Rave, in: *e-flux*, Nr. 132, Dezember 2022 = Sonderband: *Black Rave*, hg. v. dens., e-flux.com/journal/132/508881/editorial-black-rave (24.11.2023). • **Penman, Ian** (1995): Black Secret Tricknology, in: *The Wire*, Nr. 133 (März 1995): *sex, soul & technology*, 36–39, hier eingesehen über Fanwebsite: moon-palace.de/tricky/wire95.html (29.11.2023). • **Rapp, Tobias** (2009): *Lost and Sound. Berlin, Techno und der Easyjetset*, Frankfurt/M. • **Robin, Guillaume** (2021): *Berghain, Techno und die Körperfabrik. Ethnographie eines Stammpublikums*, Marburg. • **Wark, McKenzie** (2023): *Raving*, Durham, London.

AUSSCHALTER Gibt es einen Ausschalter für das Technologische? In unserer aus Elektrizität gespeisten Existenz im gar nicht so globalen Dorf digitaler Medien scheint das kaum vorstellbar. Wohl können wir (und das aus guten Gründen) aus der Atomenergie aussteigen und die Kraftwerke vom Netz nehmen. Unter Strom werden wir aber weiterhin stehen. Strom muss fließen, elektrische und elektronische Installationen und Geräte sollen laufen. Noch die nutzlose Maschine der Informationstheorie, die sich immer nur wieder selbst ausschaltet, sobald sie eingeschaltet wird, benötigt eine elektrische Batterie, aus der sie Energie ziehen kann, um ihren Schalter auf ‹Aus› zu legen.

Ein Schalter, so sagen die Lehrbücher der Technik, stellt einen elektrischen Kontakt her oder unterbricht ihn. Er verbindet und trennt, so wie die damit geschalteten Verbindungen uns mit anderen verbinden oder von ihnen trennen. Denn die allermeisten Schalter, mit denen wir das hochtechnologische Fort-da unseres Alltags spielen, sind eigentlich Fernsteuerungen – und zwar in Miniatur. Die integrierten Schaltkreise auf Mikrochips, die unsere Verkehrsmittel vom Smartphone bis zum PKW beleben und bewegen, gelten im strengen Sinne als Schalter, die aus der Ferne selbst mit Strom geschaltet werden.

A

Die ferngesteuerte Schaltbarkeit der Welt beginnt aber lange vor der Entwicklung von Computerchips, nämlich schon im 19. Jahrhundert: im Großen durch die elektrische Telegrafie und im Kleinen durch die elektrische Türklingel. Damit in die Ferne schreiben und klingeln oder – nach der anderen Richtung gedacht – das Empfangen von Nachrichten oder von Gästen gelingen kann, darf das Schreibgerät in der Telegrafenstation und die Glocke im Hausflur selbstredend nicht ausgeschaltet sein. Nur wenn sie jederzeit ausgelöst werden können, läuft man nicht Gefahr, die unerwartete Kunde oder den ersehnten Besuch zu verpassen. Der technische Imperativ ununterbrochener Erreichbarkeit gilt auch für Technikkritiker*innen. Als Hans Blumenberg die elektrische Türklingel, die ihm Signum einer ferngesteuerten Lebenswelt ist, schon abgestellt hat, hält er die Verbindung mit ausgewählten letzten Freund*innen und Kolleg*innen noch telefonisch aufrecht.

Seit den 1950er Jahren kommen – wenigstens in der sogenannten westlichen Welt – immer mehr Nachrichten mit dem Fernseher und immer mehr Menschen mit dem Auto ins oder nach Hause. Fernbedienungen für TV und Garagentor werden Statussymbole und Schaltstellen des bürgerlichen Lebens. Wer vom Sessel oder Autositz aus, ohne aufzustehen oder auszusteigen, den Fernseher anmachen oder die Garage öffnen will, vertraut darauf, dass TV-Gerät oder Torantrieb im Bereitschaftsbetrieb, d. h. im Grunde schon eingeschaltet sind und nur auf das Signal der Fernbedienung warten, jetzt ‹aufzuwachen›. Mit Videorekordern für die zeitgesteuerte Aufnahme von Fernsehsendungen sowie anderen Haushaltsgeräten mit eingebauten Uhren und weiteren Anzeigen wird Stand-by ab den 1980er Jahren zum Regelfall von Technik, die überhaupt nicht mehr ausgeschaltet werden soll. Die Transformatoren in den externen Netzteilen, welche die an Steckdosen anliegende Wechselspannung für unsere alltägliche Elektronik in Gleichstrom umwandeln, agieren faktisch als *always-on*-Apparate. Auch ohne angeschlossenes Handy hält der Trafo des eingesteckten Ladekabels im Nulllast-Verbrauch den Stromzähler dauernd am Laufen.

Zu den letzten elektrischen Verbrauchern im Haushalt, die regelmäßig komplett ausgeschaltet werden, ohne dann im Dazwischen eines Stand-by zu dämmern, gehören die Lampen, die uns von Zimmerdecken, aus Zimmerecken oder auf Schreib- und Nachttischen leuchten. Der Schalter an der Wand oder der Lampe schließt und öffnet den Stromkreis, um künstliches Licht ganz aufscheinen oder ganz erlöschen zu lassen (und auch das ist ja eine Fernsteuerung im Kleinen). Nicht, dass elektrische Beleuchtung baubedingt einen Ausschalter nötig hätte. Jeder geplanten Obsoleszenz zum Trotz brennt in der Feuerwache Nummer 6 in Livermore bei San Francisco seit 1901

ohne Schalter und fast ununterbrochen die berühmte Centennial-Light-Glühbirne. Allerdings glüht der Kohlefaden in der Lampe mittlerweile nur noch mit vier statt mit 60 Watt, also selbst gewissermaßen im Bereitschaftsbetrieb. Die Webcam, die für die Öffentlichkeit im Netz auf die Lampe gerichtet ist, musste dagegen schon dreimal ausgetauscht werden.

Geht es nach den Wünschen der Elektronik- und der Bauindustrie, dann herrscht die ständige Bereitschaft von Feuer- oder Polizeiwachen und das Monitoring vernetzter Kameras künftig auch in Privathaushalten. Das ‹intelligente Heim› soll die gesamte Gebäudetechnik und alle vorhandenen Geräte zur Automatisierung, Überwachung und Fernsteuerung einbinden – und muss deshalb Schluss machen mit etwaigen Ausschaltern. Nur, was immer läuft, immer an und erreichbar ist, kann zuverlässig geregelt und gesteuert werden. Und vielleicht ist es kein Zufall, dass ausgerechnet LED-Leuchten, die sich automatisieren und im heimischen Funknetz fernsteuern lassen, häufig die ersten Produkte sind, die Einzug in ein Smart Home halten. Damit die ‹intelligenten Lampen› wie gewünscht funktionieren, müssen sie laufend mit elektrischer Energie versorgt werden, dürfen ihre Stromkreise also nicht unterbrochen sein. Wandschalter können daher nicht mehr betätigt oder müssen selbst umgerüstet und smart gemacht werden. Der Ausschalter wird zur Funkstelle, die dauerhaft auf ‹Ein› steht.

Alle Apparate auszuschalten, mag als Wunsch für Einzelne erfüllbar sein. Aber auf gesellschaftlicher Ebene haben wir über das An oder Aus ganzer Technologien zu diskutieren. Sind diese erst am Netz und dann Teil davon geworden, lassen sie sich nicht mehr so einfach stilllegen. Wie das Beispiel Atomenergie zeigt, bedarf es jahrzehntelanger Anstrengungen der globalen Zivilgesellschaft (und wiederholter Katastrophen), um ein großtechnisches System auch nur in einem einzigen Land zurückzunehmen. Mag die jeweilige Technologie noch so unwirtschaftlich und mit unversicherbaren Risiken sowie unkalkulierbaren

Folgekosten behaftet sein: Einmal eingeschaltet, kommt jeder Ausschalter eigentlich zu spät – wie der *kill switch* für eine KI, die uns schon ein- oder gar überholt hat. Dass immer mehr Geräte keinen Ausschalter haben, gibt uns Gelegenheit, über das Einschalten des Technologischen nachzudenken.

TILL A. HEILMANN

Lit.: **Blumenberg, Hans** (1996 [1963]): Lebenswelt und Technisierung unter Aspekten der Phänomenologie, in: ders.: *Wirklichkeiten, in denen wir leben*, Stuttgart, 7–54. • **Burckhardt, Martin** (1994): Metamorphosen von Raum und Zeit, Frankfurt / M., New York. • **Chun, Wendy Hui Kyong** (2016): *Updating to Remain the Same. Habitual New Media*, Cambridge (MA), doi. org/10.7551/mitpress/10483.001.0001. • **Hadfield-Menell, Dylan** u. a. (2017): The Off-Switch Game, in: *Proceedings of the 26th International Joint Conference on Artificial Intelligence (IJCAI'17)*, 220–227, doi.org/ 10.24963/ijcai.2017/32. • **Plotnick, Rachel** (2018): *Power Button. A History of Pleasure, Panic, and the Politics of Pushing*, Cambridge (MA), doi.org/10.7551/mitpress/ 10934.001.0001.

B_

BARGELD «Meinen Sie Kryptowährungen oder Krypto-Assets mit Bezahlfunktion?» Der plötzlich scharfe Ton meines Gegenübers war überraschend. Bis zu diesem Zeitpunkt war der Workshop zur Zukunft des Bargelds, der mitten im Frankfurter Finanzdistrikt stattfand, harmonisch verlaufen. Die offensichtliche Konkurrenz zwischen Bargeld und anderen, internetbasierten Infrastrukturen des Geldes hatte zuvor niemand angesprochen. Es ging an diesem Zeitpunkt im September 2022 um Bargeldakzeptanz, gesprengte Geldautomaten, die Zukunft des Münz- und Papiergelds in den kommenden 15 bis 20 Jahren. Krypto war gewissermaßen der Elefant im Raum, und mir fiel die Rolle zu, den Elefanten zumindest als solchen zu benennen. Die Reaktion eines sehr umgänglichen und seriösen Bundesbankers war *boundary work*, der Versuch einer Grenzziehung. Offenbar war es nicht möglich, umgangssprachlich über ‹Kryptowährungen› zu reden. Ein Krypto-Asset mit Bezahlfunktion ist eben keine echte Währung, geschweige denn ein gesetzliches Zahlungsmittel. Der spekulative Einsatz, der ‹Kryptowährungen› seit dem Bitcoin weit mehr auszeichnet als ihre Nutzung zum Bezahlen, ist das blanke Gegenteil des öffentlichen Auftrags zur Bargeldversorgung, dem die Bundesbank nachkommt. Ich sagte also: «Krypto-Assets mit Bezahlfunktion.»

Kurz blitzte im Workshop die Möglichkeit eines anderen Bargelds auf. Die beauftragte Agentur hatte Mediennutzungsstudien in Fokusgruppen unternommen. Nutzer*innen wünschten sich ein kleineres Bargeld, im Scheckkartenformat. Zwar ist dieser Wunsch medienhistorisch paradox, da das Format der heutigen Karten 1971 explizit für die Bargeldlosigkeit standardisiert wurde. Statt einen historischen Verweis anzubringen, bemerkte ich, dass die Neugestaltung eine wichtige Option sei, Bargeld als öffentliches Medium attraktiv zu halten. Es folgte eine klare Grenzziehung durch die versammelten Akteur*innen des Bargeldsystems: Dann müsse man ja die ganzen Automaten ändern, das wäre viel zu teuer und ginge nun wirklich nicht. Geldmedienmaterialismus und institutionelle Pfadabhängigkeiten sind offenbar keine Freunde sozialer Innovation und gestalterischer Fantasie. Im Vordergrund steht die Aufrechterhaltung des Status quo, was angesichts der öffentlich-rechtlichen Funktion des Bargeldes durchaus beruhigend wirken könnte.

Dennoch hat der Workshop in mir Unruhe geweckt. Wenn das Bargeld in seiner bisherigen Form weiter überleben soll – was ob der stetig rückläufigen Nutzung und dem Wechsel aller Medien- und Datenpraktiken hin zum Smartphone nicht garantiert ist –, dann braucht es mehr als nur Pflege und Wartung des bestehenden

B

Systems. Einig waren sich alle Beteiligten bezüglich der entscheidenden Rolle, die ein digitaler Euro in diesem Szenario spielen kann.

Die Covid-19-Pandemie hat selbst Deutschland in Richtung einer bargeldlosen Gesellschaft driften lassen. Bereits vor der Pandemie wurde der jährliche Rückgang der Bargeldnutzung mit 1,5 Prozent beziffert. Für 2022 wird von einem Minus von 2 Prozent ausgegangen. Seitdem gilt es, Bargeld umfassend zu verteidigen – nicht nur als letztes Massenmedium, sondern auch als Bedingung gesamtgesellschaftlicher Kooperation. Wo bisher Münzen und Scheine für einen Ausgleich in der demokratischen Überwachungsgesamtrechnung sorgten, wird nun mittelfristig jede Zahlung und jede*r Zahlende in digitalen Akten registriert und identifiziert. Die klassifizierende Gesellschaft entsteht im Mikroraum bewerteter und bewertender finanzieller Transaktionen. Gemeinsam müssen wir deshalb nach Mitteln und Wegen suchen, wie die älteren Bargeldeigenschaften in neue Infrastrukturen übersetzt werden können.

«Was weiß der Staat noch?», hat Cornelia Vismann gefragt (2012, 181). «Was kann der Staat noch?», muss die Frage für diejenigen infrastrukturellen Medien lauten, die in besonderem Maße unser öffentliches Leben ermöglichen. Tatsächlich mutet es wie ein fast unmögliches Unterfangen an, inmitten des anscheinend unaufhaltsamen Aufstiegs privaten Datengelds eine öffentliche Alternative zu realisieren, die digitale Souveränität ermöglicht und unsere Bezahlpraxis nicht mit einem Identifikationszwang verbindet. Wenn eine PayPal-basierte Transaktion über 600 Tracker der digitalen Werbeindustrie mit verhaltensorientierten Daten versorgt, wird es schwer, ein Recht zur Nichtidentifizierung einzufordern.

«In drei Wochen ist das Bargeld weg» – sagte Ben zur gleichen Zeit in Corcapalo. Die Chefin der Europäischen Zentralbank hatte die Einführung eines Krypto-Euro bekannt gegeben. Der International Monetary Fund, oder sagen wir der Internationale Währungsfonds, IWF, hatte eine Studie veröffentlicht, in der es hieß, dass eine grenzübergreifende Bargeldabschaffungspolitik einer nationalen eindeutig vorzuziehen wäre. (Berg 2022, 479)

Sibylle Bergs Roman *RCE: #RemoteCodeExecution* (2022) führt mitten in die laufende Kontroverse hinein. Denn wer sich öffentlich für einen digitalen Euro als dritte Bargeldform neben Münzen und Scheinen ausspricht, wird unweigerlich mit Affekten quer durch das gesamte politische Spektrum konfrontiert. Seitdem die Europäische Zentralbank, motiviert durch Facebooks gescheitertes Währungsweltprojekt namens Diem (zuvor Libra), an einer digitalen Zentralbankwährung arbeitet, grassieren Befürchtungen, damit werde das Bargeld in der Eurozone insgesamt abgeschafft. Bereits ein kurzer Blick in die Onlinekonsultation der Europäischen Kommission 2022 zum digitalen Euro genügt, um die kollektiven Ängste in serieller Form nachzuvollziehen, mit denen Berg literarisch geschickt spielt.

Während die *financial surveillance* der neueren privatwirtschaftlichen Apps und Wallets weitestgehend normalisiert worden ist, führt die Intransparenz des Zentralbankhandelns zu großen Befürchtungen hinsichtlich staatlicher Überwachung. Sie reichen in ihrer emotionalen Dimension weit über das normale Maß gebotener politischer Skepsis und kritischer Paranoia hinaus. Tatsächlich wäre eine klug realisierte europäische Central Bank Digital Currency (CBDC), so meine Hoffnung, eine Alternative für alle Bürger*innen. Ohne echtes *digital cash* könnte uns das Bargeld tatsächlich ausgehen. Eine Welt, die allein aus Krypto-Assets mit Bezahlfunktion und digitalkonsumistischen Bezahlsystemen besteht, wäre bürgerrechtlich, ökologisch und ökonomisch keine sonderlich lebenswerte.

Wie jedes im Entstehen begriffene kooperative Medium ist der digitale Euro vor allem ein Grenzobjekt, das aus unterschiedlichen sozialen Perspektiven interpretativ flexibel imaginiert wird. Rechtspopulistische Anfeindungen, libertäre Ablehnung zugunsten von ‹Kryptowährungen›,

B

überhöhte Erwartungen an eine Entmachtung der Geschäftsbanken, enorme Beharrlichkeiten des Finanzsystems, Kriminalitätsbekämpfung, Cybersicherheitsbedenken und generell eine große Skepsis gegenüber den europäischen Institutionen – die neue Bargeldform ist bereits jetzt politisch, publizistisch und lobbyistisch massiv umkämpft. Einsetzen muss sich für ein neues Geld der Öffentlichkeit deshalb zunächst die europäische Zivilgesellschaft. Sind wir noch in der Lage, einen Verordnungsentwurf der Europäischen Kommission ebenso kritisch wie konstruktiv zu lesen und im verteilten, vielstimmigen demokratischen Prozess produktiv zu verändern? Gut möglich, dass wir den digitalen Euro neu skizzieren müssen, damit Amazon nicht mehr als nur einen Prototypen baut: «Dance the ECB, swing die Staatsfinanzen …»

SEBASTIAN GIEßMANN

Lit.: **Berg, Sibylle** (2022): *RCE. #RemoteCodeExecution*, Köln. • **European Commission** (2022): *A digital euro for the EU*, ec.europa.eu/info/law/better-regulation/have-your-say/initiatives/13392-A-digital-euro-for-the-EU_en (8.12.2023). • **European Commission** (2023): *Proposal for a Regulation of the European Parliament and of the Council on the Establishment of the Digital Euro*, COM (2023) 369 final, 28.6.2023, eur-lex.europa.eu/legal-content/EN/TXT/?uri=CELEX:52023PC0369 (8.12.2023). • **Siedenbiedel, Christian** (2023): Bargeld. Auch nach der Pandemie wird mehr mit Karte gezahlt, *Frankfurter Allgemeine Zeitung*, 14.2.2023, www.faz.net/aktuell/finanzen/bargeld-auch-nach-der-pandemie-wird-mehr-mit-karte-gezahlt-18678051.html (8.12.2023). • **Vismann, Cornelia** (2012 [2004]): Was weiß der Staat noch?, in: dies.: *Das Recht und seine Mittel*, hg. v. Markus Krajewski / Fabian Steinhauer, Frankfurt / M., 181–187.

BATTERIEN Batterien begegnet man bisweilen an unerwarteten Orten und in ungewöhnlichen Geräten: Im Fall des SynchroMed II, einem Infusionssystem des US-amerikanischen Medizintechnikunternehmens MedTronic, sitzt die Batterie in einem Implantat unter der Bauchdecke eines Menschen. Das Gerät kommt zum Einsatz,

wenn zu therapeutischen Zwecken langfristig eine Infusion von Medikamenten erforderlich ist, z. B. als Baclofenpumpe bei Menschen mit einer schweren Körperspastik oder als Morphinpumpe bei chronischen Schmerzen. Es wird in den Körper eingesetzt und gibt dort kontinuierlich ein Arzneimittel in jenen Bereich ab, in dem es am besten wirken kann. Ärzt*innen können das Implantat über ein Programmiergerät einstellen, das außen auf den Körper aufgelegt wird und das eine telemetrische Funkverbindung zum Infusionssystem aufbaut: Mikroprozessorgesteuert gibt die batteriebetriebene Pumpe das Mittel dann in der gewünschten Rate ab. SynchroMed II ist also gleichermaßen Medium und Speicher. Einerseits vermittelt das Gerät zwischen Ärzt*in und Körper der Patient*innenkörper. Andererseits ist es in zweifacher Hinsicht ein implantierter Speicher. Im sogenannten Pumpenreservoir befindet sich eine endliche Menge des Arzneimittels (20–40 Milliliter) und in der Batterie eine endliche Ladung elektrischer Energie, welche Pumpe und Mikroprozessor antreibt. Die begrenzte Kapazität der beiden Speicher wirft die Frage auf, was geschieht, wenn das Medikament oder die Energie zur Neige geht. Mit einer Nadel, die durch die Bauchdecke gestochen wird, kann das Pumpenreservoir für das Arzneimittel neu befüllt werden. Je nach Mittel und Bedarf muss dies alle zwei bis drei Monate geschehen. Auf die Frage nach der Stromversorgung antwortet die Bedienungsanleitung des SynchroMed II in der Rubrik FAQs jedoch recht lapidar: «Wie lange hält die Pumpenbatterie? Die Batterie hält normalerweise ca. sechs bis sieben Jahre, je nachdem, wie viel Arzneimittel die Pumpe abgeben muss. Kann die Batterie der Pumpe wieder aufgeladen werden? Nein» (Medtronic 2022, 180).

Am Beispiel des SynchroMed II lässt sich erahnen, welch große Bedeutung Batterien und Akkus mittlerweile für das Leben in digitalen Kulturen haben. In ihnen kreuzen sich alltägliche Praktiken, Materialwege und Verwaltungsprozesse, treffen Infrastrukturen der Stromversorgung, der

B

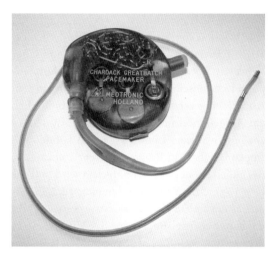

Abb. 1 Herzschrittmacher von Medtronic, erstes massenproduziertes Implantat mit Batterien, seit den 1960ern eingesetzt (Foto: Klinikum Chemnitz gGmbH/Andreas F. Walther)

B Konsumgesellschaft und der Abfallwirtschaft aufeinander. Dabei sind sie nicht nur bloße Hilfstechnologien, die analoge und digitale Geräte am Laufen halten. Sie müssen selbst als Medien beschrieben und verstanden werden. Ihre Medialität ist dabei untrennbar mit dem Umstand verbunden, dass sie immer auch Speicher sind, die sich kontinuierlich entleeren. Oder, um es mit den Worten von Wolfgang Hagen zu sagen: «Batterien gewinnen ihre Wirkung einzig und allein aus ihrem Verlust» (2021, 62).

Mit Blick auf das Zusammenspiel der in den Batterien miteinander reagierenden chemischen Elemente wie Zink, Kobalt, Kupfer oder Lithium kann man Batterien und Akkus erstens als technische Objekte bezeichnen, die Energie speichern, verarbeiten und vermitteln. In Verbindung mit elektrischen Verbrauchern – z. B. Elektromotoren, Prozessoren, Bildschirme oder eben Pumpen in Implantaten – verändern Batterien und Akkus zweitens die Bedingungen unserer Wahrnehmung von Raum und Zeit; sie erweitern und flexibilisieren unsere stationären und kabelgebundenen Netze der Stromversorgung. Drittens gehören elektrochemische Zellen längst zu jenem Netzwerk aus menschlichen und nicht-menschlichen

Elementen, in das wir eingebunden sind und in dem sich unsere alltäglichen Praktiken realisieren. Viertens sind Batterien Vehikel von Utopien und Fiktionen sowie Ausgangspunkt kulturstiftender Metaphern und Semantiken des Auf- und Entladens, etwa des sprichwörtlichen eigenen Akkus. Fünftens verbinden sie unsere alltäglichen Praktiken mit den großen ökologischen Transformationen der Gegenwart; aus mediengeologischer Perspektive vermitteln Batterien und Akkus zwischen einer Kultur der Digitalität und ihren materiellen Voraussetzungen in Form von Metallen, Elektrolyten und anderen endlichen Ressourcen. Da Batterien und Akkus oft am oder, wie im Fall des SynchroMed II, gar im Körper getragen werden, sind sie sechstens in besonderem Maße in geschlechts- und körperspezifisch codierte Prozesse der Subjektivierung involviert; so sind sie als Medien beispielsweise an der Ko-Konstitution von Krankheit, Nicht/Behinderung und (Selbst-) Sorge beteiligt.

Egal aus welcher der genannten Perspektiven man Batterien und Akkus als Medien betrachtet, scheint eine ihrer Eigenschaften von besonderem Interesse zu sein: Batterien und Akkus sind zeitkritische Medien. Selbst wenn kein elektrischer Verbraucher angeschlossen ist, befinden sie sich ständig im Zustand der Selbstentladung. Abhängig von ihrer Energiedichte und ihrer aktuellen Ladung erlauben es Batteriezellen für einen begrenzten Zeitraum, das fest verkabelte Stromnetz zu verlassen. Eine Konsequenz dieser temporären Emanzipation von stationären Infrastrukturen der Stromversorgung ist die Reichweitenangst. «Ihre Pumpe», so die Bedienungsanleitung des SynchroMed II, «besitzt einen Austauschindikator [...]. Dieser Alarm ertönt, wenn sich Ihre Pumpe dem Ende der Lebensdauer (EOS) nähert. Ertönt der entsprechende Alarm, kontaktieren Sie umgehend Ihren Arzt und vereinbaren Sie einen Termin für den Austausch der Pumpe» (Medtronic 2022, 189).

Katherine Ott (2014) hat darauf hingewiesen, dass die Erfahrung von Behinderung im menschlichen Körper begründet ist, aber durch dessen Umwelt vermittelt wird. Diese Umwelt bestehe aus der materiellen Kultur ihrer Zeit und umfasse Architektur, Hilfsmittel, Medien, Kleidung, Lebensmittel, Technologie und alle anderen Gegenstände, die den menschlichen Körper umgeben oder ein Teil von ihm werden. Batterien und Akkus sind zu einem bedeutenden Teil dieser materiellen Kultur geworden. Sie umgeben, begleiten und durchdringen unsere Körper. Deutlich wird dies nicht zuletzt im Moment des Todes, wenn körperfremde Chemikalien und elektronische Bauteile wieder entfernt werden müssen. Auch auf das Ableben von Mensch und Batterie werden Nutzer*innen des SynchroMed II in der Bedienungsanleitung vorbereitet:

> Die Pumpe sollte vor einer Erd- oder Feuerbestattung entfernt werden. In manchen Ländern ist die Entnahme batteriebetriebener Implantate vor Bestattungen aus Gründen des Umweltschutzes gesetzlich vorgeschrieben. Zudem sollte die Pumpe vor einer etwaigen Feuerbestattung entfernt werden, da die Batterie hierbei explodieren würde. (Medtronic 2022, 232)

JAN MÜGGENBURG

Lit.: **Hagen, Wolfgang** (2021): Sind Batterien Medien oder Medien Batterien? Zur Angst vor der Reichweite, in: Jan Müggenburg (Hg.): *Reichweitenangst. Batterien und Akkus als Medien des Digitalen Zeitalters*, Bielefeld, 47–62, doi.org/10.14361/9783839448809-003. • **Medtronic** (2022): *SynchroMed II. Infusion System Patient Manual*, Minneapolis. • **Ott, Katherine** (2014): Disability Things. Material Culture and American Disability History, 1700–2010, in: Susan Burch / Michael Rembis (Hg.): *Disability Histories*, Chicago, 119–135.

BESTÄUBUNG Der Begriff der Bestäubung verweist auf eine Methode, die aus meiner umfassenderen Forschung zu erotischen Beziehungen zwischen Schwarzsein, Ökologie und Kosmologie, d. h. intimen Ökologien (*intimate ecologies*), stammt. Bestäubung ist ein Vorgang, bei dem Blütenstaub von einer Narbe (Stigma), Samenanlage (Ovulum), Blume oder Pflanze zu einer anderen

übertragen wird, um sie zu befruchten – ein Vorgang, der auf einer artenübergreifenden Zusammenarbeit beruht, da Blütenstaub sowohl durch den Wind als auch zahlreiche Lebewesen verbreitet wird, etwa Bienen, Schmetterlinge, Wespen, kleine Vögel, Fledermäuse, Fliegen, Käfer (die als die ersten Bestäubenden der Welt gelten) und sogar Menschen. Die Metapher der Bestäubung bezieht sich daher auf die mannigfaltigen Quellen, aus denen Wissen, Erinnerung und Bedeutung zusammengesammelt werden, um damit ein neues Bild, eine neue Erzählung, neue Episteme befruchten – oder manifestieren – zu können. Dies wiederum durchbricht lineare, koloniale Zeitlichkeiten und macht die *weiterhin gegenwärtigen* Vergangenheiten sichtbar, die durch koloniale Besetzung, Gewalt und Zwangsvertreibung verletzt, zerbrochen, zerstückelt und überlagert worden sind. Befruchtung ist die Methode einer ritualisierten, artenübergreifenden Kollaboration, die auf einen Prozess der Verkörperung hinausläuft: Jede*r Akteur*in beherbergt Erinnerungsfragmente in sich, nährt sie und entwickelt sich dialogisch mit ihnen. Ich entnehme diesen Ansatz dem reichhaltigen Ökosystem Schwarzer, queerer und feministischer Wissenschaft, einer radikalen Tradition des Nachverfolgens von Wahrheit und Erinnerung in der aufgewühlten Landschaft patriarchaler *weißer* Vorherrschaft und neo-kolonialer Auslöschung. Ich behaupte, dass es eben genau das Verteilen dieser ontologischen Fragmente im sogenannten *alterlife* (in Abwandlung zu *afterlife*; nach Murphy 2018, 113) ist, welches die Bestäubung als Methode resilient macht gegenüber der Assimilation und Auslöschung durch Klimakolonialismus und imperiale Vertreibung.

B

Eine Einführung in die einheimischen Bestäubungsinsekten auf den San-Juan-Inseln erklärt:

> Blumen können bei ihren Bestäuber*innen wählerisch sein. Blumen benutzen Lockmittel wie Farbmuster, Aromen, auffällige Staubbeutel und den Geschmack ihres Nektars, und sie benutzen Abwehrmittel wie eingefaltete Blütenblätter, enge Durchgänge, harte Staubbeutel, die aufgeschält oder geschüttelt werden

müssen (Vibrationsbestäubung), sowie Nektar, der für manche ihrer Besucher*innen ungenießbar oder giftig ist. Die Form vieler Blumen zwingt eine*n Besucher*in dazu, den Kopf am Stigma und den Staubbeuteln vorbeizuschieben, um die tief innen liegenden Nektardrüsen zu erreichen. Einige Blumen bilden eine Röhre, die einem Insekt oder Kolibri mit einer langen Zunge den Zugriff verwehrt. Eine komplex eingefaltete Blume sucht sich Hummeln aus, die schlau sind und ihre hakenartigen Klauen dazu benutzen, das Puzzle zu öffnen. Lange Staubbeutel bevorzugen größere Bienen, die diese greifen und einen nach dem anderen durchkauen, wohingegen die Korbblütler (Asteraceae) und Doldenblütler (Apiaceae) einen weiten Teppich aus kleinen Blüten bilden, auf dem kleine Bienen und Fliegen entlanglaufen können. Blumen, die sich über Nacht schließen (Nyktinastie), könnten Nachtfalter zugunsten von tagsüber flugaktiven Insekten ausschließen. (übers. n. «How Do Flowers Attract Pollinators?», o.J.)

B Diese Bestäubungstaktiken könnten in der Folge als Spiegel jener Verteidigungsmechanismen, Prüfungen und Pilgerreisen verstanden werden, mit denen die ontologischen Wahrheiten des Schwarzseins, des Erotischen und der Ökologie erlangt werden können – inmitten einer dominierenden Landschaft der ontologischen Auslöschung, die auf der Erfindung ‹des Menschen› durch eine *weiße* suprematistische Hierarchie lebendiger Organismen beruht, die nach Walter Mignolo auf «die Erfindung von ‹Natur› und die Degradierung des Lebens» angewiesen ist (Mignolo 2018, 158). Bekanntlich wurde diese Abgrenzung des Menschen durch eine theoretisch modellierte Logik der Kolonisation und imperialen Besatzung, der *white supremacy*, des Sexismus, Ableismus, der Versklavung, Eugenik, der Heteronormativität, der Vertreibung (*displacement*) und der Bevölkerungskontrolle entwickelt. Zahlreiche Beiträge der dekolonialen und feministischen Theorie, der Black Asian Studies und Native Studies haben diesen hegemonialen *weißen*, cis-männlichen, europäischen Anthropos rigoros dekonstruiert, und ebenso die sich aus ihm ergebenden geo- und biopolitischen Konsequenzen, mit denen das sogenannte Anthropozän

geschaffen und gerechtfertigt wurde, um nicht nur den rassifizierten und sexualisierten Homo sapiens, sondern auch die Gesamtheit anderer lebender Organismen als minderwertig auszugrenzen (vgl. Sylvia Wynter, Alexander G. Weheliye, Anna Lowenhaupt Tsing, Donna Haraway, Michelle Murphy, Walter Mignolo, Judith Butler, Mel Y. Chen, J. Jack Halberstam, Leah Lakshmi Piezna-Samarasinha).

Wenn wir M. Jacqui Alexanders zahlreiche Texte zu den Überlebensstrategien des Geistes angesichts einer erzwungenen transatlantischen Überquerung zum Ausgangspunkt nehmen, dann könnten wir diese Methoden in die Gegenwart fortsetzen, und wir könnten schlussfolgern, dass intime Ökologien – als eine Form der Selbsterkenntnis – präsent bleiben, sich sogar weiterentwickelt haben, um für diejenigen unter uns mit den ‹richtig geformten› Zungen, Stechrüsseln oder Antennen zugänglich zu bleiben. Alexander fragt: «Mit welchen Schlüsseln werden diese Codes aktiviert? Woraus besteht ihre Arbeit?» (Alexander 2005, 295). Wir könnten so vielleicht mit W. E. B. Du Bois' «doppeltem Bewusstsein» denken (Du Bois 1903), um zu verstehen, wie die intimen Ökologien in der Lage sein müssen, Kodifizierungen von Schwarzsein unter den Augen des Klimakolonialismus und imperialen Epistemizids wahrzunehmen, während sie zugleich Schwarzsein in artenvielfältige Zukünfte (*multispecies futures*) übertragen, die nicht mehr von einer extraktivistischen *white supremacy* determiniert werden.

Gegen den Extraktivismus anarbeiten

In einer Folge von *Night on Earth* (sechsteilige Netflix-Naturdokuserie, UK 2020) sehen wir eine schwangere Waldmaus, der die Nahrungsvorräte ausgegangen sind, die sie im Herbst zusammengetragen hat, und die nun – so berichtet uns die Serienerzählstimme von Samira Wiley im dramatischen Tonfall – der kalten und gefährlichen Nacht trotzen muss, um Nahrung zu suchen. Als die Maus emsig eine hochgelegene Baumaushöhlung untersucht, entdeckt sie darin ein wärmeres, zylinderförmiges Gebilde, das bereits von einer Kolonie aus tausenden von Honigbienen bewohnt wird. Die Bienen vibrieren kontinuierlich mit ihren Flügelmuskeln, um genug Wärme zu erzeugen, damit der Bienenstock warm bleibt und der Honig, der sie durch den Winter bringt, nicht gefriert. Die immense Anstrengung überleben viele Bienen nicht. Der Boden der Baumhöhle ist übersät mit sterbenden, noch zuckenden Bienenleibern, die der Schwarm geopfert hat, um die übrigen zu schützen.

Die Maus trampelt über die Körperhüllen der gefallenen Gefährt*innen, beginnt unten an der Honigwabe zu saugen und stiehlt so den süßen Nektar, den die Bienen so sehr zu bewahren bemüht waren. Die Bienenkolonie ist zu durchgefroren und zu müde, um anzugreifen. Glücklich über dieses warme, nahrungsreiche Versteckloch sammelt die Maus nun Moos und Zweige, um sich im Baumstamm dauerhaft niederzulassen und wahrscheinlich auch ihre Jungen zur Welt zu bringen – weitere hungrige Mäuler, die nach süßem, warmem Honig lechzen. Die Serienfolge geht weiter, ohne dass wir noch erfahren, ob die zusätzliche Nachfrage nach Honig die Kapazitäten der Bienen derart überstrapaziert, dass der Schwarm stirbt (und damit potenziell auch die Mäusejungen). Ebenso wenig erfahren wir, ob die neue Baumhöhlenbewohnerin und ihr Nachwuchs ihrerseits so viel Körperwärme produzieren, dass der Schwarm überleben kann und weniger Bienen geopfert werden müssen. Wir wissen es nicht. Vielleicht ist die Weise, in der *Night on Earth* die Geschichte der gefallenen Bienen erzählt, auch eine Form der Kompensation. Wir wissen es nicht, und wir können sie auch nicht fragen.

Dieser Überlebensaustausch fühlte sich für mich wie eine Einladung (oder ein Test) an, sich den weniger zuckersüßen Beziehungen und Realitäten des Lebens, des Todes, der Nahrungssuche, des Parasitismus und des Kompostierens zu stellen und mit ihnen zu arbeiten. Um kritisch, deko-

lonial und queer über Ökologie, Erotisches und Schwarzsein nachzudenken, war es nötig, meine eigenen Neigungen hin zum Symbiotischen und zur Romantisierung der Metapher der Bestäubung zu hinterfragen. Denn auch Bestäubung ist eine Methode der Extraktion, noch dazu eine, vor der wir uns mit Blick auf den Klimakolonialismus – und unsere eigene Mitschuld daran – in Acht nehmen müssen. Michelle Murphy erinnert uns: «Kein einziges Wesen auf diesem Planeten entkommt den Verstrickungen in Kapitalismus, Kolonialismus und Rassismus, selbst wenn sich ihre gewaltsamen Auswirkungen besonders deutlich in Brennpunkten der Feindseligkeit konzentrieren» (Murphy 2018, 121), und «deswegen ist das *alterlife* bereits wieder umgeschrieben, schmerzhaft und beschädigt, aber trotzdem mit Potenzial» (ebd., 118).

Ich beobachte, wie die Maus am Boden der Honigwabe nagt, die die Bienen mit ihrem Leben vor dem Gefrieren bewahrt haben. Das Nagen lässt sich damit als eine erweiterte Form der Bestäubung – im Sinne einer Extraktion – verstehen, und somit auch als eine andere Art der Expansion. Ich verstehe, wie Ökosysteme funktionieren: Wir werden nicht alle überleben, und so ist das für uns auch nicht vorgesehen. Die Frage, die sich stellt, ist die des Ausmaßes und der Zeitlichkeit: Tausende Bienen schwärmen aus, aber Arbeitsbienen werden höchstens 200 Wintertage überleben; die Waldmaus hingegen wird vier bis sechs Junge bekommen, dafür jedoch unzähligen Fressfeinden aus der Luft und auf dem Boden ausgesetzt sein, gegen die Bienen nicht kämpfen müssen – vielleicht existiert hier also eine Balance. Die Waldmaus versucht auch nicht, den *gesamten* Honig von jedem Bienenschwarm in der Welt in nichtnachhaltigen Ausmaßen zu extrahieren, bis alle Bienen, und somit letztendlich auch alle Mäuse, aussterben. Was könnte uns eine Auseinandersetzung mit der Lebensweise der Maus oder der Honigbiene über die dekolonialen und queeren Prozesse des Wiedererinnerns (*re-memorying*) und des Weltenerschaffens (*worldbuilding*) lehren? Es

B

könnte eine Lektion in Sachen Demut sein. Wenn man Schwarze feministische Interventionen in die Gegengeschichten über die transatlantische Überquerung und Versklavung miteinbezieht, um daraus eine Praxis für die Arbeit mit dem Klimakolonialismus zu entwickeln, bei der Pflege und erotische *alterlife*-Beziehungen im Vordergrund stehen, dann bleibe ich angesichts der Resilienz des Geistes demütig.

Wir können nicht wissen, *wie* wir überlebt haben, wir können nicht wissen, wie wir überleben werden oder wann oder in welchem Ausmaß – als Menschheit, als Individuen oder Gemeinschaften, als Dörfer, als Kontinente oder sogar nur als Erinnerung. Wir können nur unsere Verstrickungen annehmen, die sicherstellen werden, dass die Wahrheiten und Schönheiten des Schwarzseins an Nektarorten aufbewahrt werden, indem wir durch unsere eigenen Anomalien langfristige Erinnerungen schaffen. Gegebenheiten, die auf einer Strömung des Erotischen davongetragen werden. Wir wissen, dass wir nicht alle überleben werden. Aber das Wie, das Wer, das Wann und das Ausmaß der Verwüstung bleiben, zumindest bis zu einem gewissen Grad, noch in der Schwebe. Und zwar nicht nur das Ausmaß unserer Verwüstung, sondern auch das des *alterlife*.

AMA JOSEPHINE BUDGE JOHNSTONE
aus dem Englischen von Mirjam Kappes

Eine deutsche Langversion dieses Textes findet sich unter dem Titel «Bestäubung als Praxis» in: Insert. Artistic Practices as Cultural Inquiries, Nr. 4, 2023: dis/sense in der Anthropozänkritik, hg. v. Katrin Köppert/Alisa Kronberger/Friederike Nastold, insert.art/ausgaben/dis-sense/bestaeubung-als-praxis (28.11.2023). Hier ist auch der englische Originaltext nachzulesen.

Lit.: **Alexander, M. Jacqui** (2005): *Pedagogies of Crossing. Meditations on Feminism, Sexual Politics, Memory, and the Sacred*, Toronto. • **Chen, Mel Y.** (2012): *Animacies. Biopolitics, Racial Mattering, and Queer Affect*, Durham. • **Du Bois, W.E.B.** (1903): *The Souls of Black Folk. Essays and Sketches*, Chicago. • **How Do Flowers Attract Pollinators?** (o.J.), in: *Guide to Native Pollinators in the San Juan Islands* (Website), sites.google.com/site/sjipollinators/polli nators-of-the-san-juan-islands/how-do-flowers-attract-pollinators (22.11.2023). • **Mignolo, Walter D.** (2018): The Invention of the ‹Human› and the Three Pillars of the Colonial Matrix of Power, in: ders. / Catherine E. Walsh (Hg.): *On Decoloniality. Concepts, Analytics, Praxis*, Durham, London, 153–176, doi.org/10.1515/978082237 1779. • **Murphy, Michelle** (2018): Against Population, Towards Alterlife, in: Adele E. Clarke / Donna Haraway (Hg.): *Making Kin not Population*, Chicago, 101–124. • **Tsing, Anna Lowenhaupt** (2015): *The Mushroom at the End of the World. On the Possibility of Life in Capitalist Ruins*, Princeton / Woodstock.

B

C_

COMMONS Durch den planetarischen Klimawandel befinden wir uns alle in einer gemeinen Lage – *a common situation* – in der ganzen Doppeldeutigkeit des Wortes: gemein im Sinne von fies, niederträchtig, unanständig und gemein im Sinne von allgemein, für alle zutreffend, allen gemeinsam. Dass das Gemeine negativ betrachtet wird, scheint, grob formuliert, das Relikt einer feudal-bürgerlichen Auffassung zu sein, die im Laufe der Industrialisierung immer nur auf das Individuum, das Spezifische, das Exzellente aus war und das Gemeine, Gemeinschaftliche eher als ungewollt einstufte. Im englischen Sprachraum ist ein ähnlicher Bedeutungswandel zu verzeichnen. Dort wurden ab dem 13. Jahrhundert Wälder und Felder, die zwar einer feudalen Macht unterstanden, aber nicht von ihr abgeschöpft und folglich den Gemeinen überlassen wurden, als *commons* bezeichnet. Später wurden die gemeinen Leute als *commoner* bezeichnet. Vereinnahmungen der Begriffe *common* und *commons* durch das aufkommende Bürgertum (*House of Commons*) oder durch den imperialistischen britischen Staat und dessen Nachwehen im 20. Jahrhundert (*Commonwealth*) sind einschlägig. Seit der globalen Finanzkrise 2007–2010

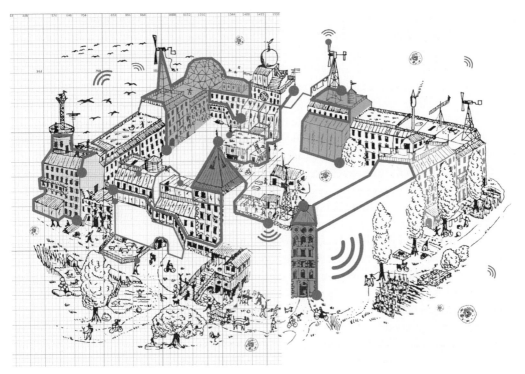

Abb. 1 Illustration von Kayla Bolsinger (2018), gestaltet nach dem Cover von *bolo'bolo* (1983)

C

verbreitete sich jedoch zunehmend die positive Bedeutung der *commons*. Elinor Ostrom, die mit *Governing the Commons* (1990) diesen Diskurs maßgeblich prägte, erhielt 2010 den Nobelpreis für Wirtschaftswissenschaften für ihre Forschung zur *commons*-basierten Produktion, die nicht nur in den Regierungswissenschaften Anklang fand, sondern auch von der freien Software- und Internetkultur der späten 1990er Jahre aufgenommen wurde (*Creative Commons*). Diese positive Wendung gilt es zu multiplizieren, umso mehr angesichts der enormen Profite der Big-Tech-Unternehmen seit 2010, durch die Sozialität, Gemeinschaftlichkeit und Mitgefühl in den Sog sozialer Medien und ihres extraktiven Dispositivs gerieten.

Wenn wir heute feststellen wollen, was uns ausgeht, dann müssen wir das, was uns ausgeht, vor allem erst einmal nicht herauslassen, nicht extrahieren, sondern möglichst in Ruhe lassen. Dabei geht es nicht um das Bewahren oder Still-legen, sondern um Verantwortung, denn die Dinge sind ständig in Bewegung, gehen ein und aus. Was verloren geht, vergessen und verbraucht wird, sollte irgendwann wieder gefunden, erinnert und regeneriert werden. Wo die Grenzen von innen und außen gesetzt werden, bestimmt, was ein- und ausgehen bedeutet. Gase wie Kohlendioxid werden durch Verbrennung freigesetzt. Die Kohle geht aus. Auf planetarischer Ebene jedoch bleibt alles erhalten, und genau darin liegt das Problem. Wir müssen alle zusammen entscheiden, wie wir mit Kohle umgehen und wo wir Grenzen ziehen. Sie geht uns an. Dieser Gedanke hängt mit der Idee der *commons* zusammen, welche die gemeinschaftlich-solidarische Aktivität, das *commoning*, voraussetzen, die ohne oder mit möglichst wenig privatem Eigentum auskommen soll. Privates Eigentum setzt Grenzen und schließt das Eingreifen anderer aus. Nur mit privatem Eigentum können uns Dinge, Ressourcen und Energien für immer ausgehen. Dabei sind nicht das Eingrenzen und Isolieren als solche zu kritisieren, denn Operationen des Aufhebens sind lebenswichtig. Doch Eingrenzung und Inbesitznahmen auf ewig ohne Widerspruchsmöglichkeit sind unzulässig, weil genau solche Operationen dazu führen, dass Dinge einfach so extrahiert, hinaus- oder weggeworfen und zerstört werden. Demgegenüber kämpfen Anhänger*innen der *commons* für verteiltes, gemeinsam organisiertes, solidarisches Eigentum. Gleichzeitig setzen viele Anhänger*innen des Kommonismus auf nicht-profitorientierte, nachhaltige, selbstorganisierende Verfahren, die nicht wie beim freien Markt auf Konkurrenz und Wettbewerb basieren, sondern auf Solidarität und Mitgefühl. Wie wir dies alles operabel machen können, ist auch eine medienwissenschaftliche Frage – vor allem wenn es darum geht, Grenzsetzungen, Markierungen, Festsetzungen und Ähnliches durch einzelne Akteur*innen, aber auch durch Systeme oder Technologien für alle wahrnehmbar, diskutierbar und veränderbar zu machen.

C   Schließlich geht es auch um die altbekannte Frage nach der gesellschaftlichen Vermittlung. Dabei gelten Medien nicht nur als Instrumente und Mittel. Sie prägen vielmehr die Prozesse der Vermittlung mit, vor allem durch unvorhergesehene Potenziale, die über ihre Instrumentenfunktion hinausgehen, weshalb Mediengeschichte sich oft sehr dynamisch entfaltet. Daher ist es wichtig, die Technizität und Medialität medialer Gefüge herauszuarbeiten. Wenn wir die Frage nach dem Zusammenhang von *commons* und Medien stellen, geht es folglich darum, die mit *commoning* einhergehende gemeinschaftlich-solidarische Aktivität – ob diese nun schon existiert oder erst imaginiert wird, sei dahingestellt – hinsichtlich ihrer Operationen und Operativität zu betrachten. Operationsweisen einer alternativen Logistik und nicht-profitgetriebener Produktions-, Reproduktions- und Konsumptionsprozesse sind gefragt. Hier ist etwa der Einsatz der Kulturtechnikforschung nach Bernhard Siegert (2023): Es gibt keine Medien im Sinne eines stabilen Gegenstands. Die Frage, wie Medien definiert werden, zielt vor allem auf die kritischen Bedingungen, die Operativitäten erst zeitigen. Sie ist eine Frage, nicht nach dem Was, sondern nach dem Wann. Wolfgang Ernst erinnert daran, dass Medien nur im Vollzug operativ werden (2012, 15). Operationsketten, die Menschen, Tiere, Welten, Körper, Hirne, Bewegungen, Werkzeuge, Maschinen, Symbole, Komputationen, Materien und Ströme miteinander verbinden, vernetzen oder verkoppeln, bilden Gefüge, die auch Medientechnologien oder Kulturtechniken genannt werden können. Ob dabei gleich ganze Kulturen entstehen, ist meines Erachtens fraglich. Der europäische Kulturbegriff ist dafür zu stark aufgeladen. Die mit den Operationsketten einhergehende Aktivität generiert vielmehr ein lebendiges Mensch-Maschine-Welt-Gefüge.

Um eine Welt greifbar zu machen, in der statt Eigentum, Kapital und Markt die *commons* und das *commoning* unsere Lage prägen und zum *common sense* gehören, müssten wir, so mein Vorschlag, erst einmal wissen, aus welchen Operationen diese Welt bestünde und wie solche Operationen ins Werk gesetzt werden könnten. Es müssten Prozesse, Aktivitäten, Operativitäten, Signale, Rhythmen und Ströme untersucht, erprobt und eingeübt werden. Lebendige Mensch-Maschine-Welt-Gefüge des *commoning* lassen sich auch simulieren, modellieren und spielen – darum ist es kein Zufall, dass in den Technowissenschaften sogenannte agentenbasierte Computermodelle programmiert und genutzt werden, um etwa die Komplexität von Schwärmen zu erforschen. Hochtechnologien sollten schnell in die Sphären des Gemeinen abwandern, und daher plädiere ich für einen allgemeinen Zugang zu Methoden des computerbasierten Modellierens, damit wir neue Operationsweisen mit mehr Zukunft erproben können. Da diese Art der Computersimulation als lebendiges Mensch-Maschine-Welt-Gefüge heute mehr als 30 Jahre alt ist, sollte es hier keine Hürden mehr geben. Und wenn die *commons* und *commoning* eingeübt, gespielt und getestet werden, dann ist es zugleich von größter Wichtigkeit, auf ihre Vergänglichkeit und Flüchtigkeit zu achten. Die Gesellschaften, die sie zeitigen, sollten veränderlich und nicht starr sein. Nur so können wir alles selbstironisch beisammen- und aushalten.

SHINTARO MIYAZAKI

mit Dank an Marie-Luisa Glutsch
für die kritische Hilfe

Lit.: **Ernst, Wolfgang** (2012): *Chronopoetik. Zeitweisen und Zeitgaben technischer Medien.* Berlin. • **Miyazaki, Shintaro** (2022): *Digitalität tanzen! Über Commoning & Computing,* Bielefeld, doi.org/10.14361/9783839466261. • **Ostrom, Elinor** (1990): *Governing the Commons. The Evolution of Institutions for Collective Action,* Cambridge, doi.org/10.1017/CBO9781316423936. • **Siegert, Bernhard** (2023): *Kulturtechniken. Rastern, Filtern, Zählen und andere Artikulationen des Realen,* Baden-Baden.

E_

ENDEN «Wann ist ein chemischer Prozess zu Ende?» Diese scheinbar simple Frage stellte eine Kunststudentin einem Professor für Chemie. Mit Überraschung erfuhr sie, dass dies eine schwierige Frage und gar nicht leicht zu beantworten sei. Nehmen wir an, so der Professor, man ließe zwei chemische Substanzen miteinander reagieren. Dabei entstehen vielleicht turbulente Prozesse mit Wärmeentwicklung, Gasbildung usw. Man könnte also annehmen, ein chemischer Prozess sei beendet, sobald Ruhe im Reagenzglas eintritt. Die eigentliche Crux, so der Chemiker, liegt aber in der Frage, wie sich entscheiden lässt, ob bzw. wann dieses Kriterium erfüllt sei. Verlegt man nämlich die Beobachtung auf das atomare Level, so sieht man stets Elektronen in Bewegung, also niemals Ruhe. Der Beobachtungsrahmen erweist sich mithin als entscheidend in der Frage, ob ein Prozess als beendet betrachtet werden kann.

Ich erfuhr von diesem Interview, als ich an der Kunsthochschule für Medien in Köln ein Seminar mit dem schlichten Titel «Schluss machen» anbot. Die Resonanz war bemerkenswert. Es kamen viele Studierende, und zwar mit den unterschiedlichsten Erwartungen. Manche erhofften Diskussionen zu der Frage, wie man sich aus erotischen Verstrickungen lösen könne. Und wie's an einer Kunsthochschule so geht, verquickten sich lebenspraktische Fragen mit künstlerischen. Wie bringt man in einem Drehbuch das Ende einer Liebe zur Darstellung? Wann ist Schluss? Und ist dann wirklich Schluss, oder geht nicht irgendetwas immer weiter? Wann ist eine filmische Erzählung zu Ende?

In der Tat ist damit ein interessanter Punkt berührt: Wann und wo man den Schlusspunkt hinter eine Narration setzt, ist eine folgenreiche künstlerische Entscheidung. Je nachdem, wie man sich in dieser Frage verhält, kann ein Happy End dabei herauskommen oder aber eine Tragödie. Der Filmemacher Orson Welles hat es in einer lapidaren Formulierung zum Ausdruck gebracht: «If you want a happy ending, that depends, of course, on where you stop your story» (Welles / Kodar 1987, 147). Es ist wie im Märchen vom Hans im Glück. Der ging als Tölpel durchs Leben, machte einen schlechten Tausch nach dem anderen, bis alles Hab und Gut verloren war. Weil er dabei aber immer fröhlich blieb, ohne Neid und Missgunst, reinen Herzens also, darum hat ihn schließlich die Königstochter geheiratet. So endet das Märchen. Man braucht jedoch nur etwas weiter zu fragen und schon kippt das Happy End. Man stelle sich den Bauernburschen vor, wie er qua Heirat an den Königshof gerät. Er hat keine Tischmanieren gelernt und weiß sich nicht auf dem Parkett zu bewegen. Konversation zu machen fällt ihm schwer und in der höfischen Intrigenwirtschaft ist er hoffnungslos zum Untergang verurteilt. Kurz: Der Hans im Glück ist eigentlich ins Unglück geraten. – Ein solches Ende der Geschichte wäre recht nach dem Geschmack einer Desillusionsromantik. Um dorthin zu kommen, braucht man

E

Abb. 1 Cover *La fin du monde filmée par l'ange N-D* von Blaise Cendrars, 1919 (Gestaltung: Fernand de Léger)

E nur den Schlusspunkt des Ganzen etwas weiter hinauszuschieben.

Was aber ist ‹das Ganze›? Im siebten Kapitel der *Poetik* von Aristoteles liest man: «Ganz ist das, was Anfang, Mitte und Ende hat» (Aristoteles 2023, 119). Aristoteles hat die Termini auch definiert. Demnach bedeutet «Ende» etwas, das auf etwas anderes folgt, «und nach diesem folgt nichts anderes mehr» (ebd.). Samuel Beckett hat das Diktum aufgegriffen. In seinem frühen Roman *Molloy* (1951) taucht es in einer Paraphrase auf (Beckett 2005 [1951], 42). Tatsächlich hat die Hauptfigur das Problem, wie sie ein abschließendes Inventar ihres Lebens aufstellen könne, und zwar so, dass nichts anderes mehr folgt. Geht das überhaupt? Wer dieser Frage nachgeht, landet im Zentrum einer Ästhetik, die nicht mehr weiß, wie etwas aufhören kann, z. B. eine Musik, eine Performance oder eine Liste. Man sieht: Der alte Satz des griechischen Philosophen bietet noch immer eine Kontrastfolie zu jüngeren Auseinandersetzungen. Zwei weitere Positionen seien

benannt. Für die postmoderne Philosophie von Deleuze und Guattari war es wichtig zu betonen, dass ein Rhizom weder Anfang noch Ende habe (Deleuze/Guattari 1980, 31). Im Hinblick auf die Filmtheorie ist an eine Bemerkung von Jean-Luc Godard zu erinnern: Bei den Filmfestspielen von Cannes 1966 wurde er von Henri-Georges Clouzot auf die berühmte Forderung nach Anfang/Mitte/Ende angesprochen. Godard soll darauf erwidert haben: Natürlich müsse jeder Film Anfang, Mitte und Ende haben – nur nicht unbedingt in dieser Reihenfolge (Tynan 1966). Dieses Bonmot geistert inzwischen meist ganz ohne Quellenangaben und in verschiedenen Varianten durchs Internet. Es ist auch in unserem Seminar aufgetaucht. Vor allem die Filmemacher*innen und Drehbuchschreiber*innen haben sich dafür interessiert: Wie ein Ende in der Mitte aussehen könnte und wie man danach am zeitlichen Ende des Films aufhört, ohne Schluss zu machen. Man kann natürlich einfach so aufhören, wie z. B. John Cage in *4'33"* (1952) nach ebenjenen 4 Minuten 33 Sekunden. Ferner gibt es eine klassische Lösung: den Loop. Anfang und Ende reichen sich die Hände – und wie in Arthur Schnitzlers *Reigen* (1903) dreht die Geschichte sich in einem Kreis, der qua definitionem endlos ist. Für die künstlerischen Programmierer*innen, die an Software arbeiten, ist die Vorstellung eines Loops jedoch nicht so attraktiv. Man will ja kaum, dass das Programm sich in einer Endlosschleife aufhängt und gleichsam hohl dreht. Gewiss kann man auch so etwas als künstlerische Strategie verfolgen, doch werden die Ergebnisse wohl eher mager ausfallen.

Die Debatten in dem eingangs genannten Seminar waren stets mit den Problemen künstlerischer Praxis verbunden. Wann ist beispielsweise eine künstlerische Performance zu Ende? In dieser Frage hat Marina Abramović die Anforderungen hochgeschraubt. Ihre Performances bestanden in hohem Maße darin, den Körper über seine Grenzen hinaus zu treiben. Ein Ende wäre allenfalls erreicht, wenn der oder die Künstler*in zusammenbricht. Abramović, die ihren eigenen Tod als ihre letzte Performance beschrieb, wäre bei einer ihrer selbstquälerischen Aktionen tatsächlich fast gestorben (Abramović, zit. n. Tröndele 2023). Frage: Wäre dieser Tod noch Teil der Performance als einer künstlerischen Arbeit gewesen?!? Wir waren uns unschlüssig. Abramović hatte an eine Paradoxie des Finalen gerührt, dass nämlich die Vorstellung vom Ende eines Menschen, einer Sprache, einer Kultur, eines Systems usw. sich der jeweiligen Selbstbeschreibung sowohl aufdrängt als auch entzieht.

Weite Teile von Samuel Becketts Werk lassen sich als zeitspezifische Reaktion auf diese Problematik verstehen. Im Milieu der Nachkriegsjahre hatten Dramen wie *Fin de Parti / Endgame* (1956) Furore gemacht; aber die Studierenden in meinem Seminar entwickelten kein weitergehendes Interesse daran. Auch die großen, religionsgeschichtlich aufgeladenen Probleme von Apokalypsen am Ende der Zeiten blieben ohne großes Echo. Es sind hierzu im Laufe der Jahrhunderte wohl allzu viele Klischeebilder entstanden, so dass es künstlerisch unergiebig wirken mag. Wie man aber in die Selbstzerstörungsprozesse unserer Gesellschaft sich hineindenkt, etwa in die Folgen der Klimakatastrophe, dies verlangt nach anderen Bildern. Man muss Schluss machen mit den Klischeebildern vom Schluss. Daran zu arbeiten und an präzisen Punkten die symbolischen Formen zur Frage nach dem Ende zu entwickeln, ist keine leichte künstlerische Aufgabe.

PETER BEXTE

Lit.: **Aristoteles** (2023 [ca. 335 v. Chr.]): *Poetik. Einleitung, Text, Übersetzung und Kommentar*, hg. von Martin Hose, Berlin/Boston, doi.org/10.1515/9783110703436. • **Beckett, Samuel** (2005 [1951]): Molloy, in: ders.: *Drei Romane. Molloy. Malone stirbt. Der Namenlose*, Frankfurt/M. • **Bexte, Peter** (Hg.) (2023): *Paradoxien des Finalen*, Berlin. • **Deleuze, Gilles / Guattari, Félix** (1980): *Mille plateaux*, Paris. • **Nancy, Jean-Luc / Ferrari, Federico** (2018): *La fin des fins*, Paris. • **Stierle, Karlheinz / Warning, Rainer** (Hg.) (1996): *Das Ende. Figuren einer Denkform*, München. • **Tröndle, Theresa** (2023): «Es braucht dieses Feuer». Marina Abramović über die Härte ihrer Mutter und ihre Grenzen, in: *ZEIT Campus*, Nr. 5, Herbst/ Winter 2023, 40–45, www.zeit.de/campus/2023/05/marina-abramovic-performance-kuenstlerin-kindheit (Zugriff 7.12.2023). • **Tynan, Kenneth** (1966): Weekend Review: Films: Verdict on Cannes, in: *The Observer*, 22.5.1966, 24. • **Welles, Orson / Kodar, Oja** (1987): *The Big Brass Ring. An Original Screenplay*, Santa Barbara (CA).

F_

FORSCHUNGSZEIT Kompetitiv eingeworbene Drittmittel machen mittlerweile einen großen Anteil an der Forschungsförderung im deutschen Wissenschaftssystem aus. Das vorgebliche Ziel ist die Steigerung der Effizienz von Forschungsförderung aus der Systemperspektive, also mehr qualitativ hochwertige Forschung pro Euro Forschungsförderung zu erzielen. Diese Effizienzsteigerung soll einerseits dadurch gelingen, dass Wissenschaftler*innen nur dann Drittmittel beantragen, wenn sie gerade zusätzliche Mittel zur Realisierung eines Forschungsprojekts brauchen. Andererseits sollen bei begrenzten Mitteln nur die von der Gemeinschaft der Forschenden für relevant und aussichtsreich erachteten Forschungsvorhaben realisiert werden.

Dieser Mehrwert von Drittmitteln für das Wissenschaftssystem verkehrt sich allerdings ins Gegenteil, wenn ohne Drittmittel keine Forschung mehr möglich ist (durch fehlende oder vernachlässigbare Grundfinanzierung) oder wenn die Bewilligungsraten von Drittmitteln so niedrig werden, dass die Mittelzuweisung im Wesentlichen einer Lotterie gleichkommt. Denn selbst wenn grundsätzlich zwischen vielversprechenden und wenig interessanten oder hochriskanten Forschungsvorhaben unterschieden werden kann, ist die Auswahl ‹des besten› unter fünf oder mehr förderungswürdigen Anträgen kaum objektiv möglich. Beide Aspekte führen dazu,

F

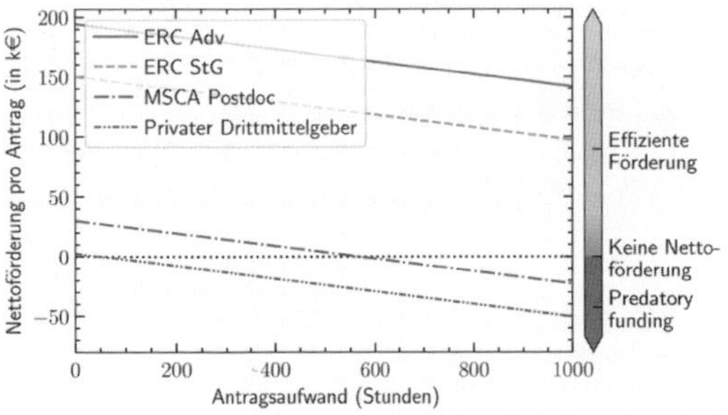

Abb. 1 Erwartete Nettofördersumme für einen einzelnen eingereichten Antrag in 1.000 €, Grafik: Fabian Schmidt

dass Wissenschaftler*innen einen Großteil ihrer nominell für die Forschung vorgesehenen Zeit damit verbringen, Anträge zu schreiben, um überhaupt tatsächliche Forschung realisieren zu können. In diesem Fall verkehrt sich das Ziel der Steigerung der Forschungsproduktivität durch kompetitive Drittmittel in ihr Gegenteil, nämlich Forschungsverhinderung: Forschenden geht die Zeit zum Forschen aus (Schmidt 2023).

Dass die Grundfinanzierung oft nicht ausreicht, um tatsächlich Forschung zu ermöglichen, ist allerdings nicht der einzige Faktor in diesem Problemkomplex. Dazu gehören insbesondere auch Anreize, Drittmittel einzuwerben, die nichts mit der Ermöglichung von Forschung zu tun haben: Wenn etwa Drittmitteleinwerbung als Kriterium bei Berufungen und Zielvereinbarungen oder zur Evaluation von Instituten benutzt wird. Hinter der Etablierung solcher Fehlanreize steht ein falsches Bild von Wissenschaft, nämlich als Konkurrenzkampf unter Wissenschaftler*innen um begrenzte Ressourcen, in dem sich ‹exzellente Wissenschaft› als erfolgreich durchsetzt. Nur wenn man dieser Vorstellung anhängt, erscheint die Festschreibung von Drittmitteln beispielsweise in Zielvereinbarungen überhaupt sinnvoll. Denn der ursprüngliche, z. B. in Hochschulgesetzen und -satzungen verankerte Auftrag von Wissenschaftler*innen ist ohnehin, exzellente Lehre und Forschung

zu leisten. Tatsächlich aber lässt sich gute Wissenschaft wesentlich besser durch andere qualitative und (in begrenztem Umfang) quantitative Merkmale charakterisieren, wie Gutachten durch Fachkolleg*innen und Publikationsstatistiken, um je ein Beispiel zu nennen.

Angesichts der in einem solchen Fördersystem ausgehenden Forschungszeit sollte sich jede*r Forschende fragen: Lohnt es sich für mich, einen Antrag zu schreiben, wenn ich z. B. weiß, dass die Erfolgsaussichten unter 20 Prozent liegen? Genauer gesagt: Ab wie viel Zeitaufwand pro Antrag lohnt sich ein solcher nicht mehr? Um einer daraus resultierenden Antragsunlust ein rechnerisch plausibles Argument an die Hand zu geben, haben Autor*innen der Arbeitsgruppe ‹Drittmittelmetriken› der Jungen Akademie einen einfachen Schlüssel zur Evaluation von Förderinstrumenten entwickelt.

Stellt man den Erwartungswert für die Fördersumme, d. h. Fördersumme mal Bewilligungsrate, den mittleren Antragstellungskosten (mittlerer Zeitaufwand für die Antragstellung verrechnet mit den Gehaltskosten der Antragsteller*innen) gegenüber, lässt sich leicht ermessen, ob ein Drittmittelinstrument Forschung fördert oder Forschungszeit vernichtet. Exemplarisch zeigt Abb. 1 die erwartete Nettofördersumme, wenn die Antragstellungskosten abgezogen werden, für Advanced und Starting Grants des European Research Council (ERC), Marie Skłodowska-Curie Postdoc (EU-finanzierte eigene Stelle) und ein privates Förderinstrument einer privaten Stiftung, das 50.000 € mit einer Bewilligungsquote von ca. 5 Prozent vergibt. Ist die Nettofördersumme negativ, vernichtet das Förderinstrument wertvolle Ressourcen (wie die Arbeitszeit der Antragsteller*innen), die ansonsten für Forschung zur Verfügung stünden. Um solche Schädigungen hervorzuheben, hat die genannte Arbeitsgruppe die Bezeichnung «predatory grants» für Förderinstrumente dieser Art erfunden (Dresler u. a. 2022, 104).

Aber man sollte nicht nur auf solche Extremfälle schauen. Das Ziel einer effektiven For-

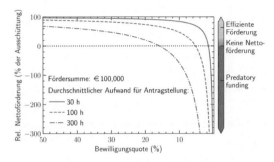

Abb. 2 Anteil der Gesamtsumme eines Förderinstrumentes, der tatsächlich für Forschungsförderung zur Verfügung steht; Grafik: Fabian Schmidt

schungsförderung ist bereits verfehlt, wenn die Kosten, die durch das Schreiben aller eingereichten Anträge entstehen, einen signifikanten Bruchteil der ausgeschütteten Fördersumme ausmachen. Denn solche Kosten entstehen bei nichtkompetitiver Förderung, etwa durch adäquate Grundausstattung, nicht. Die anteilige Nettofördersumme ist in Abb. 2 als Funktion der Bewilligungsquote dargestellt. Ziel sollte sein, diesen Anteil nahe an 100 Prozent zu halten; alles unterhalb von 70 Prozent ist als nicht förderlich einzustufen, negative Werte sind schädlich. Offensichtlich sinkt die Nettoförderung rapide für kleine Bewilligungsquoten. Sehr markant ist das Problem im Bereich von extrem kleinen Grants wie Reisekostenzuschüssen. Hier reicht schon ein Zeitaufwand von wenigen Stunden, um effektiv eine Forschungsverhinderung statt einer Förderung zu erreichen.

Natürlich ist die Arbeitszeit, die für das Verfassen eines Drittmittelantrags benötigt wird, auch bei Ablehnung des Antrags nicht komplett vergeudet; Teile des Antrags mögen für andere Anträge oder sogar Publikationen nutzbar sein, wobei viele Antragsformate durch kleinteilige Formatvorgaben solch eine Weiternutzung zumindest behindern. Auf der anderen Seite hat diese Rechnung andere Kosten von kompetitiven Drittmitteln noch gar nicht berücksichtigt, wie die Kosten für die Begutachtung, die Ausschreibung,

die Organisation des Begutachtungsprozesses und die Verwaltung der Finanzen.

Durch ein Ungleichgewicht in der Grund- vs. Drittmittelförderung sowie signifikante Fehlanreize hat sich so ein Instrument zur Verteilung knapper Geldressourcen tatsächlich in sein Gegenteil, nämlich eine Zeitverknappung der zu fördernden Wissenschaftler*innen verkehrt. Es sollte daher daran gearbeitet werden, dass sich bei allen relevanten Akteur*innen ein Bewusstsein für das volle Ausmaß des Problems der ausgehenden Forschungszeit sowie die Dynamiken und Fehlanreize in kompetitiven Drittmittelverfahren etabliert. Die Einwerbung von Drittmitteln gehört nicht in die Evaluation von Bewerbungen auf Professuren und Tenure-Track-Stellen. Aber auch Institute, Fakultäten und Universitäten sollten nicht nach eingeworbenen Drittmitteln evaluiert werden, sondern nach dem tatsächlichen Forschungsoutput. Wenn alle Drittmittelanträge wegfielen, die nur aufgrund solcher sachfremder Anreize eingereicht werden, gäbe es zumindest die Chance, dass uns die Forschungszeit nicht mehr ausgeht.

Dies setzt aber voraus, dass Drittmittelgeber, Hochschulleitungen und andere Gestaltende des Wissenschaftssystems einsehen, wie viel der Arbeitszeit der von ihnen geförderten und angestellten Wissenschaftler*innen tatsächlich im Drittmittelhamsterrad verschwendet wird. Und dazu gehört auch eine Abkehr vom rein marktwirtschaftlichen Bild von Forschung als Wettkampf um begrenzte Ressourcen.　　FABIAN SCHMIDT

Lit.: **Dresler, Martin u. a.** (2022): Why many funding schemes harm rather than support research, in: *Nature Human Behaviour*, Bd. 6, Nr. 5, Mai 2022, 607–608, doi.org/ 10.1038/s41562-021-01286-3. • **Dresler, Martin u. a.** (2023): Effective or predatory funding? Evaluating the hidden costs of grant applications, in: *Immunology & Cell Biology*, Bd. 101, Nr. 2, Februar 2023, 104–111, doi. org/10.1111/imcb.12592. • **Schmidt, Fabian** (2024): Ist Drittmittelförderung effektiv?, in: *Perspektiven für Hanna* [GEW-Materialien aus Hochschule und Forschung; Bd. 128], Bielefeld, www.wbv.de/shop/openaccess-down load/I73576.

G_

GASTARBEITER*INNEN «Der Zeuge […] ist eine Person, die bei einem Ereignis körperlich anwesend ist, dieses also mit eigenen Augen und Ohren wahrnimmt und daher berichterstatten kann denjenigen, die keinen Zugang zu dem Ereignis haben», so Sybille Krämer über die Figur der*des Zeug*in (Krämer 2013, 17). Dabei gehört zu Zeug*innen auch ihre Unzuverlässigkeit, die sich vor allem der Komplexität des Erinnerungsgefüges verdankt: Erinnern und Wiedergeben sind vielschichtige Mnemotechniken. Über die Unzuverlässigkeit lässt sich hinwegsehen, sofern undokumentierte Informationen nicht anderswie eingeholt werden können oder zur Verfügung stehen; oder *wir* nehmen jene Unzuverlässigkeit in Kauf, weil wir oft gerade nicht an der objektiven Wiedergabe von Ereignissen, sondern den subjektiven Erfahrungen und Gefühlen interessiert sind. Zeug*innen sind umso wichtiger, unentbehrlicher und damit unersetzlicher, als sie unter Bedingungen des [g]*efährdete*[n] *Leben*[s] (Butler 2005) über prekäre Erfahrungen verfügen: Wenn sie sterben, können sie nicht (mehr) von diesen berichten.

Die *Geburt des Zeitzeugen* (Sabrow / Frei 2002) als eines spezifischen Typus der Zeug*innen ist unmittelbar mit den Ereignissen des Zweiten Weltkriegs und den Überlebenden des Holocausts verknüpft. Betraf die Frage der Zeitzeug*innenschaft in den vergangenen Jahrzehnten insbesondere diese aussterbende Gruppe von Überlebenden mit ihren Erlebnissen, deren Grausamkeit das Vorstellungsvermögen herausfordert, weswegen es hier keineswegs um eine Analogie gehen kann, so stellt sie sich inzwischen auch in Bezug auf eine andere Gruppe von Menschen – die sogenannten Gastarbeiter*innen der ersten Generation. Diese emigrierten ab Mitte der 1950er Jahre im Zuge geschlossener Anwerbeabkommen aus ihren ‹Heimatländern› wie Italien, Griechenland und der Türkei nach Deutschland (anfangs gemäß dem Rotationsprinzip maximal für zwei Jahre; 1964 wurde das Prinzip abgeschafft). Sinn und Zweck der Abkommen war es, den hohen Arbeitskräftebedarf für die zumeist ‹niederen› Tätigkeiten im Zuge der Wiederaufbauphase zu decken; die entsendenden Länder hofften von den Devisen und der Entlastung ihrer Marktwirtschaften zu profitieren. Die Arbeiter*innen wurden in Deutschland zunächst noch mit dem aus der NS-Zeit bekannten Begriff ‹Fremdarbeiter› und erst kurze Zeit später mit dem Euphemismus ‹Gastarbeiter› tituliert, um genau jene mögliche historische Verbindungslinie im unmenschlichen Umgang mit menschlichem ‹Arbeitsmaterial› unkenntlich zu machen. Die Logik der Arbeitsmarktpolitik, die Kien Nghi Ha zugleich als «Inversion kolonialer Expansionsformen» analysiert (2003, 64), verantwortet eine nekropolitische Mortalität, d. h. die Verkürzung der Lebenszeit von sogenannten Gastarbeiter*innen. Sie ist – so lässt sich anhand der staatlichen Überwachungstechniken sowie ihrer gouvernementalen Maßnahmen (hinsichtlich der Unterbringung wie auch der Gesundheitsversorgung) feststellen – rassistisch und biopolitisch (Topal 2011). Passend ist daher die Formel der Biomacht: «[weißes] Leben zu machen und [Andere] sterben lassen» (Foucault 1999, 291, Ergänzung Ö. A.). Die Generation der Arbeiter*innen, die im Zuge jener Anwerbeabkommen *erst*migriert sind, verfügt wegen dieser rassistisch-ausbeuterischen Dynamiken und der damit einhergehenden Zersetzung ihrer Vitalität über eine verkürzte Lebenserwartung. Das heißt, *uns* bleibt *weniger* Zeit, um die Erfahrungen der ‹gastarbeitenden› Zeitzeug*innen einzuholen.

Das Versterben jener Generation der Gastarbeiter*innen ist unvermeidlich und unumkehrbar. Dieser Verlust birgt eine Logik der Trauer, deren Bedingung jedoch ist, dass das Leben überhaupt als betrauerbares Leben angenommen wird. Zweifel daran sind insofern angebracht, als die affekttheoretische Rassismusforschung herausgestellt hat, dass Leben jeweils relevanz-

G

ökonomisch betrauert wird, d. h., dass die imaginierte Zugehörigkeit oder die angenommene Normalität des Sozialen das Ausmaß an Trauer reglementiert oder dass die Trauer der Betroffenen sogar institutionell verunmöglicht wird (İnan 2022).

Denken wir Zeitzeug*innen und Gastarbeiter*innen zusammen, werden die Dilemmata sichtbar, denen es zu begegnen gilt: Der Verlust von Migrationserfahrungen ist wegen des Rassismus mit der beschleunigten Zersetzung der Subjektkörper im Zusammenhang zu sehen. Weil die Gastarbeiter*innen durch die Raster der Wahrnehmung fallen, werden ihre Erfahrungen gerade deswegen weder archiviert noch dokumentiert. Wenn wir davon ausgehen, dass es etwas im epistemischen Abseits gibt, das für bestimmte Subjekte oder Gemeinschaften nicht Teil ihres Wissens oder Wahrnehmens ist («unterworfenes Wissen», Foucault 1999, 75), existiert der Verlust davon *für* sie nicht.

Die paradoxe Logik des Verlusts besteht darin, dass dieser nur von denjenigen Personen wahrgenommen, gewusst, verstanden oder anerkannt werden kann, die in einer Relationalität zum Verlorengegangenen vor seinem Zustand des Verlorengehens gestanden haben. Können *wir* etwas verlieren, von dessen Existenz *wir* nicht einmal wissen? Es kann ein Verlust stattfinden, dafür braucht es aber andere, die ihn als solchen erkennen können. Das Wissen und Ereignen von Verlust ist konfigurativ abhängig: Wer verliert was und wer weiß was darüber? Die Form des Verlusts, bei der etwas verloren geht, ohne dass irgendwer weiß, dass dieser Verlust stattfindet, ereignet sich unentwegt. Dieses Sich-Ereignen ohne Wissen ist eine zentrale Grundstruktur des Verlorengehens. Es gibt also eine *eigentliche* Form des Verlusts – sie ist extrasubjektiv, in einer Ordnung des Abseitigen, atopisch zu verorten.

Diese Grundstruktur, die auch differenzierte affekttheoretische Überlegungen zu Rassismus bewegt, hebt auf das Konzept der *Ignoranz* ab, also auf diejenige Dominanzstruktur, die bestimmten

Abb. 1 Fotografie Gastarbeiter, ca. 1968/1970 (Privatarchiv Ömer Alkin)

Subjekten, Institutionen, Strukturen ihre Macht belässt, ohne je Rechenschaft von ihnen einzufordern, und das Nichtwissen(-Können / -Müssen) normalisiert: Was als Verlust gilt, entscheidet sich also an dieser Dominanzstruktur.

Mit dem Neologismus der *Mignoranz*, ein Begriff, der die Worte Migration und Ignoranz verbindet, möchte ich auf eine verschränkende, aktivistische Sicht verweisen, die die Überlegungen zu epistemischer Gewalt sowie zum «epistemischen Ungehorsam» (Mignolo 2012, o. S.) als Widerstandspraxis an der Schnittstelle zu Migration denkt. Mignoranz ist diejenige Form der Ignoranz, die sich aus der (un-)bewussten Struktur der Ignoranz gegenüber der Ursächlichkeit von Migration und ihrer Effekte ergibt. Flankieren lässt sich Mignoranz mit dem diskursprominenten Begriff ‹Postmigration›, der epistemischen Ungehorsam zu performen versucht und unter anderem jene Strategien und Wissensformen bezeichnet, die die Migration aus ihrem gewaltvollen Diskursumfeld entheben wollen. Der Begriff der Mignoranz soll ergänzend dazu den Umstand bezeichnen, dass nationalistische Panoptiken / Repräsentationsregime (Dimitrova u. a. 2012, 18–23) gegenüber Migration erbarmungslos *ver*-achtend sind. Wie wurde es möglich, dass wir nicht gemerkt haben, dass uns die Gastarbeiter*innen

G

und ihre Zeug*innenschaft ausgehen? Wissen wir angesichts der epistemischen Gewalt vielleicht nicht genug von ihnen, um unsere Gegenwart zu verstehen und angemessen zu handeln?

ÖMER ALKIN

Lit.: **Butler, Judith** (2005): *Gefährdetes Leben. Politische Essays*, Frankfurt/M. • **Dimitrova, Petja u. a.** (2012): Repräsentationsregime, Skopisches Regime, Blickregime, in: dies. (Hg.): *Regime: Wie Dominanz organisiert und Ausdruck formalisiert wird*, Münster, 20–24. • **Foucault, Michel** (1999): *In Verteidigung der Gesellschaft. Vorlesungen am Collège de France (1975–76)*, Frankfurt/M. • **Ha, Kien Nghi** (2003): Die kolonialen Muster deutscher Arbeitsmigrationspolitik, in: Encarnación Gutiérrez Rodríguez/Hito Steyerl (Hg.): *Spricht die Subalterne deutsch? Migration und postkoloniale Kritik*, Münster, 56–107. • **İnan, Çiğdem** (2022): «Diesmal nicht». Zur Enteignung der Trauer, in: *Texte zur Kunst*, Nr. 126, Juni 2022, hg. v. dies./Mahret Ifeoma Kupka/Elena Meilicke: *Trauern/Mourning*, 33–55, www.textezurkunst.de/de/126/cigdem-inan-diesmal-nicht (18.11.2023). • **Krämer, Sybille** (2005): Zuschauer zu Zeugen machen. Überlegungen zum Zusammenhang zwischen Performanz, Medien und Performance-Künsten, in: E.P.I. Zentrum Berlin – Europäisches Performance Institut (Hg.): *13. Performance Art Konferenz. Die Kunst der Handlung 3*, Berlin, 16–19. • **Mignolo, Walter D.** (2012 [2011]): Geopolitik des Wahrnehmens und Erkennens. (De)Kolonialität, Grenzdenken und epistemischer Ungehorsam, in: *Transversal Texts/EIPCS multilingual Webjournal*, Januar 2012: *Unsettling Knowledges*, eipcp.net/transversal/0112/mignolo/de (18.11.2023). • **Sabrow, Martin/Frei, Norbert** (Hg.) (2012): *Die Geburt des Zeitzeugen nach 1945*, Göttingen. • **Topal, Çağatay** (2011): Necropolitical Surveillance: Immigrants from Turkey in Germany, in: Patricia Ticineto Clough/Craig Willse (Hg.): *Beyond Biopolitics. Essays on the Governance of Life and Death*, Durham, 238–257.

G

GEDULD

keine Geduld mehr

G

G

und scheißwütend

SUSANNE LUMMERDING

GABRIELE WERNER

GRAMMATIK Textgenerierende *large language models* (LLMs) rütteln an einigen liebgewonnenen Vorstellungen, die wir von Sprache haben. Bemerkenswerterweise tun sie das unter dem Etikett ‹Sprachmodell›. Diese Bezeichnung suggeriert, die statistischen Modelle würden ‹die Sprache› repräsentieren – aber eine solche Sprache gibt es nicht. Und dass textgenerierende LLMs so gut funktionieren, zeigt das deutlich.

Führen wir uns eine einfache, aber gängige Idee davon vor Augen, was Sprache ist. Wie wir auch an diesem Text sehen können, leben sprachliche Äußerungen davon, dass sie einen begrenzten Zeichenvorrat, Wörter, in eine syntaktische Ordnung bringen, welche die Zeichen in Beziehung setzt, woraus eine unbegrenzte Zahl von Sätzen entstehen kann. «Irgendjemand tut irgendetwas mit irgendjemandem» ist eine dieser syntaktischen Strukturen – also ein Prädikat (irgendetwas tun), das ein Subjekt (irgendjemand) mit einem Objekt (irgendjemandem) in Verbindung bringt. Aus dieser grundlegenden Struktur ergeben sich Regeln über morphologische Anpassungen, die als Kasus, Numerus, Genus usw. beschrieben werden. Wenn ich eine Sprache lernen will, dann muss ich einen möglichst großen Teil des Zeichenvorrats kennen (das Lexikon) sowie die Regeln, nach denen die syntaktischen Ordnungen immer wieder neu erzeugt werden können (die Grammatik). ‹Sprache› ist, so die Vorstellung, das Zusammenspiel von Lexikon und Grammatik.

Textgenerierende LLMs wie ChatGPT und andere Chatbots erzeugen nun problemlos Sätze und ganze Texte, die lexikalisch wie grammatisch einwandfrei sind und die aktuell geltenden Regeln der Rechtschreibung einhalten. Sie tun dies aber ohne jegliches Wissen einer Grammatik und auch ohne ein eigentliches Lexikon. Und sie können noch mehr: Die erzeugten Texte sind semantisch kohärent und pragmatisch plausibel. Sie simulieren ganz verschiedene Sprachhandlungen (soweit das ohne Körper und mittels eines Webinterfaces möglich ist): loben, beleidigen, widersprechen,

kritisieren – und spielen so ein kommunikatives Gegenüber. Wie geht das ohne Grammatik und ohne Lexikon?

Es gibt in der Linguistik einen alten Streit darüber, wie Sprache am besten modelliert werden kann. Sehr vereinfacht gesagt herrscht auf der einen Seite die Überzeugung vor, Sprache sei ein System, das sich über die beiden Komponenten Grammatik und Lexikon angemessen beschreiben lasse (wobei wiederum darüber gestritten wird, welche Grammatik die beste Modellierung darstellt). Aufgabe der Linguistik sei es, herauszufinden, welche ‹Kompetenz›, also welches Wissen von Grammatik ein*e Sprecher*in besitzen müsse, um sprachliche Äußerungen generieren zu können.

Auf der anderen Seite, im Kontextualismus, Distributionalismus und Poststrukturalismus, wird zumindest angezweifelt, dass es Sprache überhaupt als System gibt, und vielmehr darauf hingewiesen, dass wir letztlich nur Sprachgebrauch, ‹Performanz›, sehen und darin etwa typische Muster identifizieren können, die immer wieder (in mitunter angepassten Formen) eingesetzt werden. Wittgensteins bekannte Aussage, die «Bedeutung eines Wortes ist sein Gebrauch in der Sprache» (Wittgenstein 2003, § 43), steht für diese Überzeugung. Um ein Wort zu verstehen, schlagen wir nicht gleichsam in unserem Kopf in einem großen Lexikon nach, sondern wir kennen typische Kontexte, in denen das Wort so oder so eingesetzt werden kann, wodurch ein kommunikativer Zweck erreicht wird. Diese Kontexte stehen für zweierlei: typische syntaktische Strukturen und typische Verwendungskontexte, also die pragmatischen, sprachhandelnden Aspekte.

Die Computerlinguistik indessen ist längst von Kompetenz-orientierten Modellierungen der Sprache zu Performanz-orientierten Modellen übergegangen. Maschinelle Übersetzung wurde in ihren Anfängen mit regelbasierten Ansätzen angegangen, d. h. mit programmierten Grammatiken und Lexika. Heute ist klar, dass Systeme,

G

Abb. 1 Roboterkatze CatGPT (Foto: Noah Bubenhofer)

G die auf sprachliche Performanz rekurrieren und Sprachgebrauch statistisch ‹erlernen›, ungleich besser funktionieren. Und dies zeigt sich besonders eindrücklich an textgenerierenden LLMs. Solche Sprachmodelle werden zwar schon seit längerer Zeit erstellt. Aber die neueste Generation der LLMs führt vor Augen, welchen Effekt der gigantische Anstieg von Textdaten hat, mit denen die Modelle trainiert werden. Die Simulation von immer mehr Facetten des Sprachgebrauchs wird möglich, sodass Chatbots ganz verschiedene Formen von Sprachhandeln beherrschen (Dialoge führen, Wissen wiedergeben, Texte analysieren und generieren).

Die Idee der Grammatik ist damit eigentlich tot. Zumindest hat sie sich als deutlich weniger plausible Modellierung des Sprachgebrauchs erwiesen. (Ganz nutzlos sind freilich Grammatiken nicht, bleiben sie doch praktische Hilfsgerüste, um z. B. eine Fremdsprache zu lernen. Sie reichen jedoch bei Weitem nicht aus, um kommunikative Routinen in ihrer Komplexität verstehen und reproduzieren zu können.) Jetzt

könnte man einwenden, dass diese Erkenntnis aus sprachtheoretischer und linguistischer Sicht zwar ganz interessant ist, darüber hinaus aber wenig Relevanz hat. Doch scheint mir, dass wir bei den Versuchen der Modellierung von Performanz erst ganz am Anfang stehen und dass die weitere Entwicklung größere Auswirkungen auf Theorien der Kommunikation und der Medialität haben wird.

Das lässt sich anhand meiner Roboterkatze ‹CatGPT› erahnen (vgl. Abb. 1). Sie basiert auf einem Bausatz der Firma Petoi und besitzt elf Gelenke, d. h. Servos, sowie einen Mikrocomputer auf Arduino-Basis, der die Servos koordiniert, damit Bewegungen wie gehen, sitzen, Pfote heben usw. möglich sind. Ich erweiterte die Katze um einen weiteren Mikrocomputer (Raspberry Pi) mit Mikrofon und Spracherkennung. Nun ist es möglich, mit der Katze zu sprechen. Der menschliche Sprachinput wird zu einem Prompt (menschliche Anweisung an den ChatBot) für ChatGPT kombiniert:

[Prompt:] Du bist eine intelligente Katze. Antworte auf die folgende Frage mit Bewegungen. Du kannst folgende Bewegungen: kbalance (stehen), kbuttUp (Hintern hoch), krest (pausieren) [...]. Wenn du keine Bewegung weißt, dann sage einfach ksit. Gib die Befehle komma-separiert zurück.

[Sprachinput:] «Hallo Katze, was machst du, wenn du fröhlich bist?»

ChatGPT erzeugt aufgrund des Prompts und auf Basis des Sprachmodells eine verbale Antwort auf den Sprachinput, ist durch die Anweisung jedoch gezwungen, diese in Bewegung auszudrücken, um die Katze entsprechend zu steuern. Eine Antwort von ChatGPT auf den oben genannten Prompt waren die Bewegungen ksit (sitzen), kstr (sich strecken), kwh (Kopf links / rechts bewegen), kvtF (auf der Stelle treten), kwh (den Kopf links / rechts bewegen), kcmh (herkommen), kpu (Push-ups) und kfv (ein von ChatGPT neu erfundener Code, der deshalb auch nicht in Bewegung umgesetzt werden kann!).

Auf die Frage «Was machst du, wenn du traurig bist?» folgten die Bewegungen krest (pausieren), ksit (sitzen), kzero (Körperstellung neutralisieren). Hier wurden also merklich weniger Bewegungen erzeugt, was eine plausible körperliche Umsetzung oder Performanz von Traurigkeit darstellt.

Die linguistischen Teildisziplinen, die sich mehr für Performanz als für Kompetenz interessieren, beschäftigen sich seit längerer Zeit mit Aspekten der Sprachlichkeit abseits von Lexik und Grammatik: gesprochene Sprache, Texte und Textfunktionen, sprachliches Handeln, sprachlich vermittelte und geprägte gesellschaftliche Diskurse, Kultur und Sprache, Gesellschaft und Sprache, Sprache in Interaktion und als körperliche Praktiken usw. Der Fall der Roboterkatze zeigt exemplarisch, dass Sprache und Körperlichkeit zusammengedacht werden müssen. Das Beispiel zeigt aber auch, dass selbst in einem Sprachmodell, das mit Texten trainiert wurde, Spuren von körperlichen Praktiken repräsentiert sind! Sprachgebrauch gedacht als

Sprachhandeln in bestimmten Kontexten von Raum, Körper und Zeit, das diese Kontexte zugleich repräsentiert und hervorbringt, ist der Kern dessen, was wir als Sprachlichkeit bezeichnen. Eine Grammatik will und kann diese Art von Sprache nicht modellieren.

Was wird in den kommenden Jahren passieren? Wenn die Trainingsdaten nicht mehr nur aus Texten bestehen, sondern aus multimodalen Kontexten von Sprachgebrauch, könnten immer umfassendere Modelle entstehen. Meine Katze würde davon profitieren: Ihre körperlichen Antworten auf verbalen und nonverbalen Input würden differenzierter – sofern ihr ‹Körper› solche Bewegungen ermöglicht. Aber auch die kommerziellen Hersteller der Modelle werden profitieren. Es werden mächtige Instrumente entstehen, die weit über *natural language processing* und ein ‹Sprachmodell› hinausgehen, indem sie andere Zeichensysteme und komplexe Interaktionen integrieren.

Es wird entscheidend sein, eine *AI literacy* zu vermitteln, die auch ein Verständnis dafür gibt, was Sprache ist und wie sie modelliert werden kann. Wenn in den Köpfen der Benutzer*innen von Künstlichen Intelligenzen die Vorstellung von Sprache als System, Sprache als Lexikon und Grammatik vorherrscht, werden die Möglichkeiten von LLMs falsch eingeschätzt. Sie werden womöglich als ‹Intelligenz› überschätzt, als LLM jedoch massiv unterschätzt. Mit dem Bedeutungsverlust von Grammatik in der maschinellen Verarbeitung und Modellierung von Sprache geht also ein Verlust an Übersichtlichkeit einher: Sprachgebrauch, Kommunikation und Interaktion sind weit mehr als bloße Grammatik.

NOAH BUBENHOFER

Lit.: **Wittgenstein, Ludwig** (2003): *Philosophische Untersuchungen*, Frankfurt / M.

G

H_

HALBLEITER

Energie zurückgewinnen könnten
nur zwei Entscheidungen nachher
nur eine möglicherweise erneute
Zukunft

   eingesammelt werden
nur dann durchgeführt werden
nur eine überraschend kleine
Energie präsentieren wollen
nur kurz vorbeifahren wollen
nur 9000 Quadratmeter großen
Zustand hinterlassen werden
nur kurz durchchecken lassen
nur kurz weitermachen konnte
Energie

   verursacht werde
Zukunft Rechnungen nicht
nur ganz vorsichtig nicht
nur eine begründete Menge
nur drei Teilstücke nicht
nur nach Feierabend aktiv
nur noch vereinzelt brach
Zukunft

   ausrechnen könne
Zukunft vielleicht sogar
nur dann verkraften könne
nur noch elektrisch geben
nur noch vereinzelt einen
Zustand angedauert haben
nur sehr begrenzt über
Zukunft beziehen kann
Energie

   gewonnen wird
nur eine traurige Zahl
nur dazu bestimmt ihre
nur nach Zugaben von
nur noch weniger als
nur drei Prozent der
Energie während der
Zustand dichter und
nur voll beladen und
nur sehr langsam auf
nur eine Version mit
nur zwei Stunden zog
nur eine einzige Art
Zukunft

H

Das Gedicht basiert auf einem Programm-skript (Bash / Shell), das mit einem Suchmuster Wortkombinationen aus einem bestehenden Textdokument herausholt. Das Suchmuster ent-hält festgelegte Wörter, aber auch Variablen. Variabel ist die Anzahl der Buchstaben in man-chen Wörtern, sie wird über eine mathematische Funktion verringert.

Das verwendete Textdokument ist zusammen-gesetzt aus einem deutschen Nachrichten-Korpus basierend auf Texten von 2021 und 2022 (Leipzig Corpora Collection).

```
#!/bin/bash
for c in {14..4}
do
    ((c+=1))
    v=`awk -v x="$c" 'BEGIN
    {u=exp(0.056*((2*3.14159265)/2)*x);
    printf "%.0f\n", u}'`
    y=$(($v/2))
    egrep -o "\b(Energie|Zustand|Löcher|nur
    \w{4}|Zukunft)\b\s\b\w{$v}\b\s\
    b\w{$y}\b"
    deu_news_2021_2022_2M.txt >> halb.txt
done
```

JASMIN MEERHOFF

---

gedacht und

nur fünf Laptops für

nur zwei Drittel der

nur nach Strich und

nur sehr selten von

Energie direkt aus

Löcher prägen die

nur eine Option ist

nur noch einmal zum

Zustand zurück und

nur nach Abgabe von

nur drei Worten als

Energie

bringt die

nur eben nicht an

nur noch sowas zu

nur zwei Worte zu

nur noch rund 30

Löcher noch im

nur etwa halb so

nur dann kann im

Zustand auch zu

Energie wird in

nur noch eins zu

nur dann noch an

nur noch alle 14

nur vier Tage in

nur mehr noch um

nur noch um 2

H

HOHLOZÄN Ein Auto in Mumbai wird von seinem Parkplatz verschluckt, eine Baumgruppe in Louisi-ana sinkt vor den Augen eines Amateurfilmers wie von Geisterhand gezogen in einen See und in der chilenischen Atacama-Wüste öffnet sich unweit der Alcaparrosa-Mine in der Nähe des Städtchens Tierra Amarilla ein klaffendes Loch von 25 Metern Durchmesser (vgl. Abb. 1). All diese beunruhigen-den Vorfälle, die in jüngerer Zeit aktenkundig geworden sind, entziehen Menschen und Dingen den Boden unter den Füßen. Wo eben noch ein tra-gender Grund war, öffnen sich unvorhergesehene Abgründe, Hohlräume und klaffende Löcher, die einen Teil der Welt zum Verschwinden bringen.

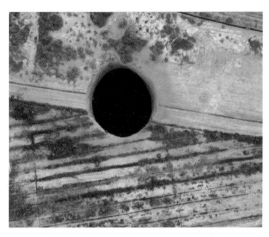

Abb. 1 *Sinkhole* in der Atacama-Wüste (Chile), Drohnenaufnahme von Instagram-User gdrone_atacama, 1.8.2022

Geologisch betrachtet handelt es sich bei diesen Ereignissen um sogenannte *sinkholes* oder *Erdfälle*. Sie entstehen immer dann, wenn poröse, kalkhaltige Erdschichten durch einsickerndes Wasser ausgewaschen werden, sodass sich fragile Hohlräume im Untergrund bilden, die bei der Einwirkung von Druck, Erschütterung oder Bohrungen einstürzen können. Zwar treten *sinkhole*-Ereignisse auch ohne menschliches Zutun auf, doch besteht ein erhöhtes Risiko in Gebieten, die durch exzessiven Ressourcenabbau ausgehöhlt sind. Nicht zufällig hat sich das größte der eingangs erwähnten *sinkholes* in der Atacama-Wüste aufgetan, die seit mehr als 100 Jahren für den Abbau von Salpeter, Lithium und Kupfer ausgebeutet wird. Wo die Landschaft bereits vom Bergbau durchlöchert ist, droht sie irgendwann selbst in Löchern zu verschwinden.

So erscheinen *sinkholes* als Symptome einer Welt, die der Geograf Gavin Bridge einmal «hole world» genannt hat – eine Landschaft aus Löchern, die vom globalen Ressourcen-Abbau gezeichnet ist (Bridge 2015). Für Bridge bezieht sich die *hole world* vor allem auf Orte der Extraktion wie Bohrlöcher und Tagebaugruben, doch reicht die Geografie anthropogener Löcher und Hohlräume noch weit darüber hinaus: Baugruben dringen tief ins Erdreich ein, Autobahntunnel

bohren sich durch Gebirgsmassive, leere Salzstöcke werden als Endlager mit atomaren Abfällen befüllt und Ozonlöcher in der Atmosphäre bezeugen den tonnenweisen Ausstoß schädlicher Treibhausgase. Menschengemachte Extraktionen und Emissionen haben die Geosphäre in einen regelrecht «durchlöcherte[n] Raum» verwandelt (Deleuze/Guattari 1982, 572), der die Lebensgrundlagen von Menschen und Nicht-Menschen in Frage stellt. Angesichts ausgehöhlter Minen, ausgehender Ressourcen, ausgetrockneter Flussbette und ausgedünnter Ozonschichten scheint es zunehmend evident, dass wir in einer *ausgehenden* Epoche leben. Das *Holozän*, das uns 11.000 bis 12.000 Jahre lang relativ stabile Umweltverhältnisse gewährt hat, neigt sich offenbar dem Ende zu.

Für die tiefgreifende menschengemachte Umwälzung des Erdsystems hat sich in den vergangenen Jahren der Epochenbegriff des *Anthropozäns* etabliert. Aus geologischer Sicht bezeichnet er jenen Zeitpunkt, an dem sich die Folgen von Industrialisierung und extraktivem Kapitalismus als eigene Schichtung im geologischen Profil niederschlagen (Crutzen/Stroemer 2000), die sich hinreichend vom Holozän unterscheidet. Erst kürzlich wurde unter zahlreichen möglichen Kandidaten der kanadische Crawford Lake als Referenzpunkt für das Anthropozän nominiert, weil die dort gewonnenen Bohrkerne in idealtypischer Weise die Ablagerungen des industriellen und atomaren Zeitalters, etwa Mikroplastik und Plutonium, dokumentieren (Hood/Renn 2023). So wird das Anthropozän zumeist anhand seiner charakteristischen materiellen Sedimente definiert, die sich dem vorhandenen geologischen Profil hinzufügen. Was aber wäre – so ließe sich spekulativ fragen –, wenn man unser Erdzeitalter umgekehrt darüber bestimmt, was ihm *abhandenkommt* oder *ausgeht*? Was wäre, wenn es nicht durch ein ‹Etwas› definiert wäre, sondern durch eine Art ‹Nichts›, einen Hohlraum, ein Loch wie jene im Wüstenboden der Atacama-Wüste, in den Sümpfen Louisianas oder den Straßen Mumbais?

In diesem Fall bräuchten wir womöglich einen anderen Begriff, der die gegenwärtige geo-ökologische Krise nicht anhand ihrer gegebenen Merkmale beschreibt, sondern anhand von Löchern, Leerstellen und Hohlräumen. Ich möchte dafür den experimentellen und etwas eigenwilligen Begriff des *Hohlozäns* vorschlagen. Phonetisch nicht vom Holozän zu unterscheiden, aber durch eine unhörbare Differenz von ihm abgesetzt, verweist das Hohlozän auf eine schleichende, tiefgreifende Deformation des Holozäns durch die Ausbreitung von Hohlräumen wie *sinkholes*, Ozonlöchern, Bohrlöchern, Tagebaurestlöchern, aber auch ausgetrockneten Wasserläufen und gelichteten Wäldern. Anders als das Anthropozän bezeichnet das Hohlozän nicht den Anbruch eines neuen Erdzeitalters, sondern die allmähliche Aushöhlung des vorherigen. Wenn das Holozän im Ausgehen begriffen ist, dann nicht, weil eine neue Epoche über es hereinbricht, sondern weil es von innen heraus ausgehöhlt und mit Löchern übersät wurde.

Eine solche Perspektive erfordert jedoch eine erhebliche Umstellung unserer Wahrnehmungsgewohnheiten. Denn im Alltagsleben ignorieren wir zumeist die Unmengen an Löchern und hohlen Räumen, die gegraben und gebohrt werden mussten, um die Extraktion und die Akkumulation unserer Gebrauchsdinge zu ermöglichen. Beinahe jedes Objekt unseres täglichen Lebens – vom Handy bis zum Hochhaus – setzt die Aushebung von Löchern und die Produktion von «negativem Raum» (Weibel 2021) voraus, der oftmals weit größer ist als die daraus gewonnenen positiven Objekte; man denke nur an die enormen Mengen Abraum, die entfernt werden müssen, um vergleichsweise geringe Rohstoffmengen zu entnehmen. Wie können wir diese Unmengen an negativem Raum in ihrer Abwesenheit anwesend machen? Wie können wir den Abdruck jenes ‹Nichts› rekonstruieren, den unsere Objekte in Landschaften und Erdschichten hinterlassen haben?

Vor diesem Hintergrund kommt den eingangs erwähnten *sinkholes* eine entscheidende epistemische Bedeutung zu. Wenn Autos plötzlich im Asphalt versinken oder Dörfer vom Boden verschluckt werden, stürzen die positiven Objekte in jenen negativen Raum zurück, den wir mit jedem Extraktionsprozess ständig vergrößern. *Sinkholes* bringen den vergessenen Negativraum des Holozäns ins Bewusstsein und lenken den Blick auf die hohl gewordenen Untergründe unserer extraktiven Gegenwart. Sie tun dies allerdings nicht, indem sie die verborgene Unterwelt transparent machen und erhellende Einblicke in die Infrastrukturen der Extraktion gewähren, im Gegenteil: Wenn man die Bilder des Atacama-*sinkhole* betrachtet, sieht man sich einer unergründlichen Opazität gegenüber, die sich gegen jede tiefere Einsicht sperrt (Sernageomin 2022). Der riesenhafte schwarze Abgrund inmitten des Bildes scheint nicht nur die fotografierte Landschaft, sondern die Bildoberfläche und damit die Bedingung der Sichtbarkeit selbst zu verschlucken. Die Wahrnehmung von Löchern stößt hier auf die Löcher der Wahrnehmung. Wie ein hohles, schwarzes Auge blickt der Abgrund uns entgegen. In den Löchern des Holozäns schlägt das Hohlozän sein Auge auf.

MARTIN SIEGLER

H

Lit.: **Bridge, Gavin** (2005): The Hole World. Scales and Spaces of Extraction, in: *Scenario Journal*, Nr. 5: *Extraction*, hg. v. Stephanie Carlisle / Nicholas Pevzner, scenario journal.com/article/the-hole-world (30.9.2023). • **Crutzen, Paul J. / Stoermer, Eugene** (2000): The Anthropocene, in: *IGBP Global Change Newsletter*, Nr. 41, 17–18. • **Deleuze, Gilles / Guattari, Félix** (1982): *Tausend Plateaus. Kapitalismus und Schizophrenie*, Berlin. • **Hood, Stephanie / Renn, Jürgen** (2023): Locating the Anthropocene. Researchers Announce Major Step Towards Defining a New Geological Epoch, in: *Max Planck-Gesellschaft Research News*, 11.7.2023, www.mpg.de/20614579/crawford-lake-anthropocene (30.9.2023). • **Sernageomin=Servicio Nacional de Geología y Minería de Chile** (2023): SOCAVÓN! Un socavón de aproximadamente 25 metros de diámetro se produjo este sábado en la Mina Alcaparrosa, Tierra Amarilla, #RegiónDeAtacama […], 1.8.2022, twitter.com/Sernageomin/status/1554090282911641607 (4.12.2023). • **Weibel, Peter** (Hg.) (2021): *Negative Space. Trajectories of Sculpture in the 20th and 21st Centuries*, Boston.

HOROSKOP

Mikrobe

21. März – 20. April (Widder)

Bereite dich vor, ausdauernde extremophile Mikrobe, auf eine Welt, in der das Wetter immer extremer wird. Rechne aufgrund des Klimawandels mit Waldbränden, intensiven Hitzewellen und unberechenbaren Stürmen. Sei vorsichtig und passe deine Pläne dementsprechend an. Stelle dich der Herausforderung, indem du Wege suchst, deinen CO_2-Fußabdruck zu reduzieren und Nachhaltigkeit zu fördern. Durch dein Handeln kannst du neue bewohnbare Ökosysteme schaffen und andere inspirieren, es dir gleichzutun.

Flechte

22. Mai – 21. Juni (Zwillinge)

Anpassungsfähigkeit und Symbiose sind deine Superkräfte, vielseitige Flechte, während der Klimawandel eine Welt veränderter Jahreszeiten einläutet. Heute könntest du unerwartete Wetterphänomene erleben, die dein Gleichgewicht herausfordern. Nutze die Gelegenheit, dich und andere aufzuklären und Gespräche zu führen, die das kollektive Bewusstsein schärfen. Durch deine Vielseitigkeit kannst du andere inspirieren, Gemeinschaften zu bilden, die Bedeutung nachhaltiger Gewohnheiten anzuerkennen und eine nachhaltigere Zukunft zu gestalten.

H

Pilz

21. April – 21. Mai (Stier)

Stabilität und Widerstandsfähigkeit werden deine Verbündeten sein, radikaler Pilz, während der Klimawandel die Landschaften um dich herum verändert. Der sich erwärmende Planet könnte Veränderungen in den Niederschlagsmustern und längere Trockenperioden mit sich bringen. Pflege die Erde und schütze ihre Ressourcen. Übernimm nachhaltige Praktiken, die eine stetige Versorgung mit Lebensmitteln und Wasser für alle gewährleisten. Deine geerdete und rhizomatische Natur wird dir helfen, kreative Lösungen zu finden, um die Auswirkungen der Klima-Destabilisierung abzumildern.

Schwamm

22. Juni – 23. Juli (Krebs)

Die Pflege deiner Verbindung zu den Gewässern wird äußerst wichtig, fürsorgender Schwamm, da wärmere Temperaturen und Verschmutzung den Meeresboden um dich herum beeinflussen. Steigende Meeresspiegel und sich verändernde marine Ökosysteme könnten am Horizont stehen. Höre auf deine mitfühlende Natur und arbeite daran, die wertvolle marine Biodiversität unseres Planeten zu erhalten. Reduziere Abfall und setze dich für nachhaltige und fürsorgliche Praktiken ein. Denke allerdings daran, nicht alle Probleme selbst zu filtern, sondern Gemeinschaften um dich herum zu bilden. Zusammen können wir das empfindliche Gleichgewicht der Natur schützen.

Wolf

24. Juli – 23. August (Löwe)
Die Klimakrise ruft dich dazu auf, dein Licht leuchten zu lassen, starker Wolf. Heute könntest du die sengende Hitze erleben, die Lebensräume bedroht und Ressourcen beansprucht. Baue deine Führungsqualitäten aus, um positive Veränderungen zu inspirieren. Nutze deinen Einfluss, um Initiativen für erneuerbare Energien zu unterstützen und umweltbewusste Lebensweisen zu fördern. Mit deiner Leidenschaft und Entschlossenheit kannst du den Weg zu einer grüneren und klimabewussten Welt ebnen.

Adler

24. September – 23. Oktober (Waage)
Balance und Harmonie sind deine Leitprinzipien, schwebender Adler, während der Treibhauseffekt das Gleichgewicht unseres Planeten stört. Heute könntest du unregelmäßige Wettermuster und durch überhitzte Landschaften verschärfte soziale Ungleichheiten beobachten. Deine diplomatische Natur kann kreative Bindungen fördern und für Umweltgerechtigkeit eintreten. Strebe einen umweltfreundlichen Lebensstil an, der allen zugutekommt, und kultiviere eine Welt, in der Harmonie zwischen Mensch und Umwelt wiederhergestellt ist.

H

Süßkartoffel

24. August – 23. September (Jungfrau)
Dein Auge für Details wird entscheidend, weise Süßkartoffel, während sich der Klimawandel vor uns entfaltet. Du könntest die Auswirkungen der globalen Erwärmung auf Landwirtschaft und Ökosysteme beobachten. Stimuliere deine analytische Natur und suche nachhaltige Lösungen. Denke daran, auch anderen eine Stimme zu geben. Unterstütze die Vielfalt, die dir helfen wird, neue Mitstreiter*innen zu finden. Indem du verantwortungsbewusste landwirtschaftliche Praktiken förderst und für den Erhalt der Umwelt eintrittst, kannst du zu einer widerstandsfähigeren Zukunft beitragen.

Libelle

24. Oktober – 22. November (Skorpion)
Dein wandlungsfähiger Geist wird unerlässlich, tanzende Libelle, während das Artensterben uns zum Wandel drängt. Heute könntest du die Auswirkungen eines sich erwärmenden Planeten spüren, wie heftige Stürme und schwindende Ressourcen. Nimm deine Widerstandsfähigkeit an und nutze deine Leidenschaft, um positive Veränderungen voranzutreiben. Setze dich für erneuerbare Energien ein, unterstütze Umweltpolitik und praktiziere Abfallvermeidung. Durch deine Entschlossenheit kannst du eine mächtige Transformation in unserer Welt inspirieren. Denke stets daran, Verbindungen zu vergangenen und zukünftigen Generationen herzustellen.

Sequoia

23. November – 21. Dezember (Schütze)
Tiefgründige Sequoia, wenn wir in die kosmischen Energien der Klimazukunft blicken, lass uns erforschen, was uns erwartet. Abenteuer und Optimismus sind für dich von großer Bedeutung, während die Welt durch die Auswirkungen von Abholzung und Wüstenbildung navigiert. Die Elemente spiegeln die sich entwickelnden Bedingungen wider, die unsere Umwelt prägen. Das Feuerelement entzündet die Leidenschaft in deiner Seele. Während Waldbrände und Dürren dein inneres Feuer für Gerechtigkeit anfachen, übernimm deine Rolle als Veränderung Anstoßende*r, nutze deinen Optimismus und deine Standhaftigkeit, um das Bewusstsein zu schärfen und nachhaltige Praktiken zu verteidigen.

H

Zugvogel

21. Januar – 19. Februar (Wasserman)
Da kommst du, vorausschauender Zugvogel! Die himmlischen Energien der Klimazukunft entfalten sich mit einer tiefen Verbindung zu deinem Wandersinn, für den Neuheit und Zukunftsorientierung eine große Bedeutung haben. Die Luft trägt das Wesen des Wandels und des Fortschritts und spiegelt die heutigen schwankenden Temperaturen wider. Deine Weitsicht ermöglicht es dir, neue Möglichkeiten zu sehen und dich den sich verändernden atmosphärischen Energien anzupassen. Die Winde des Wandels werden die Samen der Innovation tragen und dich anleiten, erneuerbare Energien zu nutzen und für umweltregenerative Politik einzutreten.

Fasan

22. Dezember – 20. Januar (Steinbock)
Die Klimalandschaft zeigt sowohl Herausforderungen als auch Möglichkeiten und bietet einen einzigartigen Weg für dich, bodenständiger Fasan. Die Zukunft hält ein dynamisches Klimareich bereit, in dem deine Pragmatik und Ausdauer auf die Probe gestellt werden. Das Erdelement symbolisiert Stabilität und Widerstandsfähigkeit; Eigenschaften, die tief in dir resonieren. Während der Klimawandel Land und Ökosysteme beeinflusst, wird dein geerdeter Charakter dazu aufgerufen, tragfähige Lösungen zu finden. Nimm deine Rolle als verantwortungsbewusste*r Hüter*in der Erde an und stelle beschädigte Lebensräume wieder her.

Lachs

20. Februar – 20. März (Fische)
Weltenwandelnder Lachs, dein Mut steigert deine angeborenen Gaben und treibt dich durch die herausfordernden Strömungen einer bevorstehenden Wasserkrise. Aber verzweifle nicht, das Wasserelement resoniert tief mit deiner emotionalen Natur. Wenn die Niederschlagsmuster unberechenbar werden und heftige Regenstürme dein Mitgefühl und deine Leidenschaft für den Planeten auf die Probe stellen, kannst du immer auf dein instinktives Verständnis des zarten Gleichgewichts innerhalb der Ökosysteme zurückgreifen und sowohl für verantwortungsvolles Wassermanagement eintreten als auch die hydrologischen Ressourcen der Erde pflegen.

* * *

Eine Klimazukunft

Eine Hitzewelle zieht in dein elftes Haus ein. Es steht für Freund*innenschaft, sozialen Zusammenhalt und Visionen und bringt erhöhte Energie und Intensität in dein soziales Leben und deine Träume. Diese Periode treibt dich an, dich mit anderen zu verbinden, dein Netzwerk zu erweitern und mit Eifer deinen Bestrebungen nachzugehen. Nutze die Hitzewelle als Gelegenheit, deine Wünsche zu realisieren, umgib dich mit unterstützenden und gleichgesinnten Menschen und beteilige dich aktiv an Gemeinschaftsaktivitäten. Sei jedoch darauf bedacht, ein Gleichgewicht zu halten und der Versuchung zu widerstehen, dich zu übernehmen. Navigiere mit Authentizität, Begeisterung und Selbstfürsorge durch die Hitzewelle und lass sie deine Reise zu erfüllenden Freund*innenschaften und der Verwirklichung deiner Bestrebungen befeuern.

Climate Fortunes entstand – in Zusammenarbeit mit Lukas Diestel, Maximilian Hepach, Giacomo Marinsalta, Sybille Neumeyer, Jonas Parnow, Birgit Schneider und May Ee Wong – während des «Environmental Data, Media and the Humanities-Hackathon», der vom 31. Mai bis zum 2. Juni 2023 in Potsdam stattfand und vom Netzwerk Digitale Geisteswissenschaften der Universität Potsdam organisiert wurde.

Wir haben hierzu astrologische Prinzipien und Klimawandel zusammengebracht und in einem weiteren Schritt überlegt, welche Lebewesen in einer Zeit des Wandels die Tierkreiszeichen ersetzen könnten, die nun nicht mehr in den Sternen stehen, sondern auf der Erde. Die interaktive App-Fassung ist hier zu finden: climate-horoscope.netlify.app/. Das im Original englische Klimahoroskop haben wir für die *Zeitschrift für Medienwissenschaft* mithilfe von ChatGPT ins Deutsche übersetzt. Der Quellcode steht auf GitHub (github.com/jnsprnw/climate-horoscope).

Die Zeichnungen hat Giacomo Marinsalta angefertigt.

Das elfte astrologische Haus steht für Gemeinschaft, Freund*innenschaft und kollektive Ziele. Im Kontext des Klimawandels erinnert uns das elfte Haus an die Kraft des kollektiven Handelns und der Zusammenarbeit. Es ermutigt uns, uns als Gemeinschaft zusammenzuschließen, um ökologischen Herausforderungen zu begegnen. Durch die Pflege von Beziehungen, das Schmieden von Allianzen und das Arbeiten an gemeinsamen Zielen können wir eine stärkere kollektive Stimme ausbilden und einen positiven Wandel im Kampf gegen den Klimawandel vorantreiben.

I_

INTELLIGENZSCHICHTEN Was ist «[d]as Problem der Intelligenz?», fragte Karl Mannheim (2002, 7) in einem 1956 posthum erschienenen Text und sprach von der Gruppe der Geistesarbeitenden als einer in den Zwischenräumen der gesellschaftlichen Schichten schwebenden Gruppe. Hier sollen aus einer materialistischen Perspektive auf dieses ‹Zwischen› mehr oder weniger assoziative Überlegungen zur Relation von Intelligenz(-schicht) und Künstlicher Intelligenz angestellt werden. Was ist also das Problem der Intelligenz mit der (Künstlichen) Intelligenz?

I

Bilanzieren, Skalieren, Antizipieren und Formalisieren sind Prozesse, die Mannheim einer intellektuellen, kopfarbeitenden Gesellschaftstypisierung zuschreibt und die sich cum grano salis auch auf die eine oder andere Form der Künstlichen Intelligenz übertragen ließen. Mannheim kennzeichnet die Schicht der Intelligenz als eine Sammlung von individuellen sozialen Typen, die kritisch, sensibel und ungebunden sind; eine Ansammlung von heterogenem und pluralistischem Denken, das sich vor allem durch Einfühlungsvermögen auszeichnet. Die Fähigkeit, die Seite der*des Anderen nicht nur wahrzunehmen, sondern einzunehmen, sei eine Schlüsselqualifikation der «relativ freischwebenden Intelligenz» (ebd., 23). Wo findet man diese Form von Intelligenz? Findet das Denken noch auf dem Markt, der Agora, statt, wie es die marxistische Diktion von Intelligenzija aus der Antike ableitet? Wo trifft man sie heute? In Coffeeshops (ehemals Kaffeehäusern)? In Universitäten und Museen? In Co-Working-Spaces und Start-up-Inkubatoren? In Bars? Intelligenz soll angeblich eine Affinität zu alkoholischen Getränken aufweisen. Auf der Straße? Auf Demonstrationen gegen die Klimapolitik? Wie Nietzsches «toller Mensch» mit der Lampe über den Marktplatz irrte und Gott suchte (Nietzsche 1887, § 125), so irrlichternd wandert es sich auf der Suche nach dieser Gesellschaftsschicht durch und auf verschiedene Märkte.

Der Marxismus, an den Mannheim hier anschließt, definiert Intelligenz als eine nicht an eine Klasse gebundene soziale Schicht: Die Intelligenz sei die Ansammlung aller Kopfarbeitenden, die über keine einheitliche Stellung zu den Produktionsmitteln verfügen.

Die Frage nach der Intelligenz, der künstlichen wie der gesellschaftlichen Schicht, ist ein Erkenntnisproblem des Materialismus. Was bedeutet das Nicht-in-Relation-Stehen zu Arbeitsprozessen und Produktionsverhältnissen?

«Warensprache und Denksprache sind unübersetzbar ineinander» (Sohn-Rethel 2018, 291A). Lässt sich in Anlehnung an Alfred Sohn-Rethel daraus ableiten, dass es unvereinbare Waren- und Denksprachen der (Künstlichen) Intelligenz gibt?

Intelligenz kann in diesem Zusammenhang die Fähigkeit bedeuten, die Welt auf verschiedene Weisen wahrzunehmen. Heißt dies, mit anderen Worten, man müsse versuchen, eine andere Wahrnehmung zu erreichen, die die Welt nicht warenförmig auffasst? Es macht einen Unterschied, darauf hat Donna Haraway (2016) aufmerksam gemacht, mit welchen Relationen wir Verbindungen aufstellen und wie wir diese beschreiben. Es kommt darauf an, welche Metaphern andere Metaphern bilden oder welche Relationen andere Relationen in welche Verhältnisse setzen. Mit welchen Attributen Intelligenz versehen wird, wie wir sie beschreiben, hat infolgedessen Einfluss darauf, wie diese im Weiteren auch als generative Intelligenz oder maschinelles Lernen konstituiert und was ihr eingeschrieben (und mit ihr fortgeschrieben) wird. Der Sachverhalt einer «automatic inequality» (Eubanks 2019) beispielsweise sollte im wahrsten Sinne des Wortes zu denken geben. Oder wie Gilles Deleuze konstatierte: «Es gibt etwas in der Welt, das zum Denken nötigt» (Deleuze 2007, 182). Die Künstliche Intelligenz ist eine solche Nötigung. Ist sie eine Frage des Denkbildes oder der Datenmengen? Das Schlagwort der ‹Künstlichen Intelligenz› war in erster Instanz ein Seminarbzw. Antragstitel, um Lernen, Konzeptentwicklung, Sprache und Abstraktionsfähigkeit für eine Maschine simulierbar zu machen. Es ging und geht um die Simulation menschlichen Lernens. «Sobald wir uns auf das Lernen einlassen, haben wir auch schon zugestanden, daß wir das Denken noch nicht vermögen», schrieb ereignisraunend und andeutungsschwer Martin Heidegger (2009, 123). Dagegen lässt sich mit Odo Marquard erwidern: «Philosophie ist, wenn man trotzdem denkt» (Marquard 2007, 25). Die Suche und Auseinandersetzung mit und nach dem maschinellen Lernen, der KI, ist in diesem Sinne eine ‹Trotzdemdenkerei> (Marquard) von Intelligenz. Kann Intelligenz sich selber denken? «Die Neigung des Intellektuellen, den Bezug zur Realität zu verlieren, hat etwas mit seiner Tendenz zu tun, in seinem Arbeitszimmer zu bleiben und sich nur mit anderen Intellektuellen zu treffen» (Mannheim 2022, 85). Hat Intelligenz ein Imageproblem? Der*die Intellektuelle hat mittlerweile definitiv ein Problem mit seiner*ihrer *street credibility*, denn auf den ersten Blick fehlen die politischen, engagierten Intellektuellen in der öffentlichen Wahrnehmung. Ist Intelligenz denn in eine Unterscheidung von engagiert versus desinteressiert einzuordnen? Um die Eingangsfrage – was denn das Problem der Intelligenz sei? – zumindest ansatzweise zu beantworten: Das Problem der Intelligenz ist zugleich ihre Stärke. Ihre freischwebende oder flexible Existenz, in der sie weder zwangsläufig an eine Klasse noch an eine bestimmte Art der Weltwahrnehmung gebunden ist, ermöglicht eine Form von «*Unbestimmtheit – hantologische Multiplizität*» (Barad 2015, 107, Herv. i. Orig.).

Intelligenz ist, in einer recht gewagten Synthese aus Barad, Mannheim und Haraway, ein Modus von Flexibilität: Intelligenz lässt sich verstehen als die Fähigkeit, sich anzupassen; an Situationen, Umgebungen, Personen. Und somit auch als die Fähigkeit, Relationen stets anders bilden zu können. Oder um es mit Donna Haraway auszudrücken: Gibt es ein situiertes Wissen von Intelligenz? Intelligente Anpassungsfähigkeit heißt dagegen aber bei Weitem nicht, Regeln blind zu befolgen. Intelligenz wäre, die Ausnahme von den jeweiligen Regeln zu erkennen. Die Erzählung von Intelligenz ist sowohl eine des Muster-Erkennens, des Regeln-Aufstellens und -Ableitens als auch – und vor allem – der Regelbrüche. Lorraine Daston bezeichnet Regelbefolgung in ihrer Wissensgeschichte der Regeln als das absolute Gegenteil von intelligentem Handeln (Daston 2022, 142 f.). Wie steht es da mit dem Algorithmus, also genau dieser Problematik aus der Befolgung von Handlungsanweisungen und der möglicherweise

bestehenden Notwendigkeit von Regelbrüchen? Die Wunschvorstellung eines geräusch- und reibungslosen Funktionierens der smarten oder intelligenten Technologie stellt sich bei der kleinsten Störung schnell als Mythos heraus. Denn das technische Störpotenzial geht trotz aller Gegennarration niemals verloren. Jede Smartness birgt ihre Eigensinnigkeit. Geht man vom nötigen oder initialen Regelbruch als Kennzeichen für Intelligenz aus, so könnte man zum Schluss kommen: Intelligenz ist in erster Linie eine Störung. Es gibt sie, die Eigensinnigkeit, die genuine Disruption von und durch Intelligenz. Ist Intelligenz, wie gerade angedeutet, von Anpassungsfähigkeit abhängig? Dann hieße Angepasst-Sein so viel wie nicht aufzufallen, unmerklich zu sein. Aber ist dieser Modus von Intelligent-Sein oder gar Smart-Sein wirklich so unauffällig?

FELIX HÜTTEMANN

Lit.: **Barad, Karen** (2015): *Verschränkungen*, Berlin. • **Daston, Lorraine** (2022): *Rules: A Short History Of What We Live By*, Princeton (NJ). • **Deleuze, Gilles** (2007): *Differenz und Wiederholung*, Paderborn. • **Eubanks, Virginia** (2019): *Automating Inequality. How High-Tech Tools Profile, Police, and Punish the Poor*, New York. • **Haraway, Donna** (2016): *Staying with the Trouble. Making Kin in the Chthulucene*, Durham, London. • **Heidegger, Martin** (2009): Was heißt Denken?, in: ders.: *Gesamtausgabe, I. Abteilung: Veröffentliche Schriften 1910–1976, Bd. 7: Vorträge und Aufsätze*, Stuttgart, 123–137. • **Mannheim, Karl** (2022): Das Problem der Intelligenz, in: ders.: *Soziologie der Intellektuellen. Schriften zur Kultursoziologie*, Berlin, 7–97. • **Marquard, Odo** (2007): Entpflichtete Repräsentation und entpolitisierte Revolution. Philosophische Bemerkungen über Kunst und Politik, in: ders.: *Skepsis in der Moderne. Philosophische Studien*, Leipzig, 25–39. • **Nietzsche, Friedrich** (1887 [1882]): *Die fröhliche Wissenschaft*, Leipzig. • **Sohn-Rethel, Alfred** (2018): Geistige und körperliche Arbeit, in: ders.: *Geistige und Körperliche Arbeit. Theoretische Schriften 1947–1990, Bd. 4.1*, hg. v. Carl Freytag / Oliver Schlaudt / Françoise Willmann, Freiburg, Wien, 185–419.

I

K_

KANON Kritisch mit einem medienwissenschaftlichen Kanon umzugehen, heißt für uns, selbstkritische Haltungen zu entwickeln: zu und in der Institution Hochschule, der eigenen Sozialisation in der Universität und der eigenen Akademisierung. Es ist ein anhaltender Prozess, der Geduld erfordert, nicht immer Spaß macht, verunsichert, mehr Fragen aufwirft als beantwortet und verlangt, Unwissen ebenso wie Komplexität und Ambivalenzen auszuhalten. Kanonkritik heißt für uns nicht, einen Kanon zu definieren oder einen Gegenkanon zu entwerfen, sondern Haltungen und Praktiken zu erproben, um die Mechanismen und Effekte des Ausschlusses in der akademischen Wissensproduktion zu verringern. Dieser Prozess realisiert sich unter anderem in einer Praxis des gemeinsamen Denkens und Austauschens gerade auch in Spannung, Widerspruch und Differenz. Für uns Autorinnen geschieht das mit Kolleg*innen unter anderem im Forum Antirassismus Medienwissenschaft, in dem daran angeschlossenen Arbeitskreis Kanonkritik und insbesondere in den Diskussionen um die Kanonkritische Literatursammlung Medienwissenschaft (KLM) sowie in der AG Antidiskriminierung in Mainz. Die Frage danach, welche Texte wir mit Studierenden lesen, hängt für uns konstitutiv zusammen mit Überlegungen dazu, wie wir die Institutionen gestalten wollen, in denen wir sie lesen.

Ein Textkanon schafft einen gemeinsamen Bezugsrahmen. Ein solcher stiftet akademische Gemeinschaft und formt das methodische Selbstverständnis einer wissenschaftlichen Disziplin in Forschung und Lehre, da mit ihm Wissen als bekannt vorausgesetzt werden kann und nicht erklärt werden muss. Außerdem bietet er Orientierung, insbesondere Studierenden sowie jungen Lehrenden. Welche Texte etwa in Einführungsveranstaltungen gelesen werden, muss scheinbar nicht immer wieder ausführlich diskutiert oder hinterfragt werden, was angesichts des strukturellen Zeitmangels und der anfänglichen Überforderung in der neuen Position als Lehrende*r zunächst angenehm ist. Doch Orientierung erhalten auch diejenigen, «die aufgrund ihrer Herkunft sowie der Ausschlussmechanismen, von denen die europäisch-hegemoniale Gesellschaft geprägt ist, keinen familiär vermittelten Zugang zu kanonischem Wissen hatten», wie Jiré Emine Gözen bemerkt (Arbeitskreis Kanonkritik 2022, 162). Ein Kanon verspricht demnach die Sicherheit, sich im ‹eigenen› Fach zurechtzufinden und an den bestehenden Debatten teilnehmen zu können. Allerdings handelt es sich dabei nur um eine Scheinsicherheit. Wir wissen, dass die Fiktion eines verbindlichen Wissens in Form von feststehenden Texten oder Filmen eben genau das ist: eine «heuristische Fiktion» (Engelmeier 2020). Hinzu kommt, dass ein Festhalten an einem bestimmten Text- oder Theoriekorpus letztlich immer wieder das Gleiche in abgewandelter Form produziert. Ein Mangel, der jeglichem wissenschaftlichen Anspruch, die Grenzen des eigenen Wissens aufzuzeigen und beständig an der Erweiterung des (eigenen) Wissenshorizonts zu arbeiten, entgegensteht. Insbesondere queer/feministische, postkoloniale, diskriminierungskritische und intersektionale Interventionen haben dazu beigetragen, diese Zustände offenzulegen und dagegenzuarbeiten. Der vom Arbeitskreis Kanonkritik veröffentlichte Diskussionsbeitrag «Welcher Kanon, wessen Kanon?» (2022) etwa lädt dazu ein, mit diesen Interventionen weiterzudenken. Und dennoch ist ein Bedürfnis nach Orientierung und Sicherheit, gerade für vom Bildungssystem marginalisierte Personen, ernst zu nehmen. Dies berücksichtigend bedeutet eine kanonkritische Praxis für uns notwendig auch eine diskriminierungskritische Praxis.

Kanonkritik trifft häufig zuerst die Syllabi von film- und medienwissenschaftlichen Einführungsveranstaltungen, die ganz überwiegend Texte von cis-männlichen *weißen* Autoren präsentieren. Eine erste mögliche Maßnahme ist verständlicherweise, *andere* Texte zu lesen. Doch in Einführungsveranstaltungen andere Texte zu nutzen ist ein Kampf gegen Windmühlen, wenn im fortgeschrittenen Studium doch wieder nur Texte eingesetzt werden, die explizit oder implizit kanonische Lektüren voraussetzen. Hinzu kommt die Gefahr, auf die Linda Waack mit Bezug auf Max Weber verweist, «die vormals Ausgeschlossenen in die Logik ihres eigenen Ausschlusses» zu integrieren (Waack 2020). Es kann also nicht nur (sollte aber unbedingt auch!) darum gehen, andere Texte zu lesen, vielmehr braucht es ein *anderes Lesen*. Ein anderes Lesen erfordert wiederum ein *anderes Lehren* und grundsätzlich ein Überdenken der Seminarsituation.

Ein Faktor, der beim Nachdenken über Kanonkritik immer wieder ins Spiel gebracht wurde, ist der strukturell in unsere Institution, unsere Lehre, unseren Berufsalltag eingeschriebene Zeitmangel. Die Realität des Zu-wenig-Zeit-Habens ist Produkt einer Neoliberalisierung der Institution Hochschule, deren Primat der Effizienzsteigerung auch die Lehre und insbesondere die Grundlagenlehre strukturiert. Zeitmangel kann zu einer nur oberflächlichen Textbesprechung im Seminar führen. Die Verantwortung dafür wird häufig an die Studierenden ausgelagert, diesen sei schließlich im Vorhinein kommuniziert worden, dass Texte mindestens zwei- bis dreimal gelesen werden müssten, um eine tiefergehende Text- und Seminardiskussion zu ermöglichen. Die Folge ist nicht nur eine oberflächliche Textdiskussion, sondern ebenso eine (Re-)Institutionalisierung der Lehrperson als allwissendes Subjekt.

Warum halten wir an diesen derzeit gängigen Seminarformen und Lektürepraktiken fest? Wir haben immer die Qual der Wahl, wir verzichten immer auf manche Texte zugunsten von anderen. Der finale Textkorpus ist eine willkürliche Zusammenstellung. Wir verstehen Kanonkritik als Praxis, insofern wir diese Auswahl als eine/unsere jeweilige und derzeitige (Suche nach) Haltung zu den (nicht) gewählten Texten kenntlich machen

und auch die Studierenden einladen, eigene Haltungen dazu zu entwickeln. Letzteres bedeutet, dass wir in Seminaren Umgebungen entstehen zu lassen versuchen, die es den Studierenden ermöglichen, ihr Wissen einzubringen, ihre Erkenntnisse zu erproben und damit an ebendiesen Lernprozessen, durch die Praxis der Kritik, emanzipiert teilzunehmen.

Kanonkritische Haltungen meinen für uns nicht, kanonisch zu nennende Texte pauschal aus Plänen insbesondere für Einführungsseminare zu streichen, denn unser akademischer Alltag ist ebenso wenig ein Post-Kanon-Alltag wie unsere Lebenswirklichkeit *post-race*, *post-gender*, *post-class* oder *post-dis/ability* ist. Insofern geht uns der Kanon bisher nicht aus, aber wir können seine machtvollen Effekte adressieren und seine Selbstverständlichkeit relativieren. Dazu gehört, was die Textauswahl angeht, Offenheit und Transparenz. bell hooks bemerkt dazu in *Teaching to Transgress*: «[The students] rightfully expect that my colleagues and I will not offer them information without addressing the connection between what they are learning and their overall life experiences.» (hooks 1994, 19) Wir verstehen es als unsere Aufgabe als Lehrende offenzulegen, warum wir die Texte lesen, die wir lesen. Können wir noch immer etwas von ihnen lernen? Wenn ja, was lernen wir und wo brauchen wir mitunter weitere Texte, um unsere Erfahrungen und die der Studierenden diskursivierbar zu machen? Wenn nein, warum lesen wir sie dann noch? Etwa aus einem historischen Interesse? Wenn ja, warum ist dieses wichtig?

Sich in ein Verhältnis setzen zu können, zu Wissen und zur Welt, heißt, Verantwortung zu übernehmen für die Bedingungen und Effekte von Wissensproduktion, d.h. auch die Politiken zu bedenken, mit denen Wissensproduktion in Wechselverhältnissen steht. Wir erfinden hier keineswegs etwas Neues, sondern schließen an lange Traditionen queer/feministischer, Schwarzer, post- und dekolonialer Kritiken an, um am konkreten Beispiel von Lehre in Einführungsver-

K

anstaltungen zu überlegen, wie sich eine solche Praxis des gemeinsamen, differenzierten und auch widerstreitenden Denkens mit Studierenden in Bezug auch zur Institution Hochschule und ihren machtvollen Dynamiken realisieren lässt.

Konkret könnte eine kanonkritische Lehr- und Lesepraxis bedeuten, z. B. nicht in jeder Sitzung einen anderen, sondern einen eher weniger rezipierten, aber für medienwissenschaftliche Fragestellungen anregenden Text über drei Sitzungen (oder ein ganzes Semester) zu lesen. Wir könnten darüber sprechen, welche Fragen der Text aufwirft, welche er beantwortet und welche er unbeantwortet lässt, auf welche Positionen er sich bezieht, welche Perspektiven er auslässt, um dann *von den Diskussionen ausgehend* weitere, beispielsweise etabliertere Texte hinzuzunehmen. So würde gemeinsam ein Textkorpus erarbeitet und zugleich adressiert, was (Medien-)Wissenschaft, was Theorie, was Kritik heißen kann.

Eine solche Form der Lehre fordert Studierende und Lehrende dazu heraus, die akademische Wissensproduktion zu befragen: Sie konfrontiert uns mit unseren eigenen Wissensgrenzen, sie verweigert uns den unhinterfragten Expert*innenstatus und sie verlangt von uns, Räume herzustellen, in denen wir diese Ambivalenzen kommunizieren und aushalten können. Sie eröffnet uns die Chance, transparente, kritische Forschung erlebbar zu machen, Lernprozesse als solche offenzulegen. Sie entbindet uns davon, allzeit Antworten haben zu müssen, niemals verunsichert sein zu dürfen. bell hooks spricht in Bezug auf eine solche Haltung von einer *education as the practice of freedom* (hooks 1994). Studierende begreift sie als aktiv Partizipierende, die mit den Lehrenden gemeinsam Wissensproduktion als transformative Praxis zur Herstellung von Freiheit betreiben. Das bedeutet nicht, dass der Lehrraum auf einmal ein hierarchiefreier Raum wäre oder Studierende gleichermaßen in der Verantwortung stünden, diesen Raum herzustellen und zu halten. Es bedeutet allerdings, dass es die Verantwortung der Lehrenden ist, das Wissen und

die gelebten Erfahrungen der Studierenden ernst zu nehmen, ihnen Erkenntnisse zuzutrauen und sie dabei nicht allein zu lassen. Es bedeutet, stets mitzudenken, dass die Herstellung von Freiheit für verschieden positionierte Menschen im Seminarraum und darüber hinaus in von Rassismus, Antisemitismus, Sexismus, Kolonialität, Trans- und Homofeindlichkeit, Ableismus und Klassismus geprägten Verhältnissen unterschiedliche Bedingungen hat.

Damit der Kanon irgendwann ausgehen kann, erfordert es Formen einer gemeinschaftlichen Praxis von Studierenden wie Kolleg*innen, die uns in die Lage versetzt, in der Auseinandersetzung mit komplexen Fragen auch vorerst ausbleibende Antworten, Widersprüche, Zweifel und Irrtümer auszuhalten, um in diesen Momenten der Unterbrechung Räume für ein gemeinsames Denken einzurichten.

SARAH HORN
ELISA LINSEISEN
LEONIE ZILCH

Lit.: **Arbeitskreis Kanonkritik** (2022): Welcher Kanon, wessen Kanon? Eine Einladung zur Diskussion, in: *Zeitschrift für Medienwissenschaft*, Jg. 14, Nr. 26 (1/2022): *X | Kein Lagebericht*, 159–171, dx.doi.org/10.25969/media rep/18119. • **Engelmeier, Hanna** (2020): Ausgangslage, Schwerpunkt: Kanon, Kanonisierung, Kanonizität, in: *KWI-BLOG*, 30.3.2020, blog.kulturwissenschaften.de/aus gangslage (23.11.2023). • **hooks, bell** (1994): *Teaching to Transgress. Education as the Practice of Freedom*, New York. • **Waack, Linda** (2020): Kanon als das, was man nicht nicht kennen darf, in: *KWI-BLOG*, 14.4.2020, blog.kultur wissenschaften.de/waack-kanon (23.11.2023).

KLASSE Geht es um Diskurse des Verschwindens, so nehmen Klassenfragen derzeit eine uneindeutige Position ein: Sie sind ab- und anwesend zugleich. Sie gehen – begrifflich, konzeptuell – aus und kehren – an unvorhergesehenen Orten – wieder, etwa in der Literatur als Erfahrung von Bildungsaufsteiger*innen. In bestimmten Facetten erweisen sie sich auch als hartnäckig, z. B.

als Bilder in Medien, die ihre Zuschauer*innen und Nutzer*innen als sogenannte ‹Zielgruppen› adressieren (und damit entlang sozialer und anderer Differenzen auch konstituieren).

In der Medienkulturwissenschaft spielen Klassenfragen kaum eine Rolle (Waitz 2018). In Literatur, Film und Feuilleton werden hingegen im Prekariat angesiedelte Milieustudien und Geschichten vom Klassenwechsel prominent verhandelt. In diesen Texten und Filmen geht es aber gerade nicht darum, den Begriff der Klasse neu zu erfinden. Vielmehr geht es um das Insistieren auf Erfahrungen und das Zeigen und Erzählen von Geschichten, die sich aus der Abwesenheit und/oder dem Auseinanderfallen von Kapitalsorten ergeben. Diese Erzählungen weisen auf wirkmächtige Klassengrenzen hin, die auch dann erfahren werden, wenn sie begrifflich unterbestimmt sind. Anders gesagt: Klassenfragen werden derzeit auch außerhalb der Sozial- und Politikwissenschaften adressiert, die bislang die Deutungshoheit in diesem Feld beanspruchen konnten. Was (uns) ausgeht, ist also möglicherweise ein definitorisch belastbarer Klassenbegriff, aber auch, so ließe sich argumentieren, die Unbekümmertheit, mit der der politische Begriff der Klasse zur objektiv beschreibbaren sozialen Ungleichheit erklärt wurde, wobei er in seiner Benennung zugleich unbenannt blieb.

Das Vokabular einer Annie Ernaux oder eines Didier Eribon setzen da an, auch wenn sie selbst keine neuen oder konzeptuellen Vorschläge für Klassenfragen machen. Entschieden bringen sie allerdings soziale Verhältnisse als Gewaltverhältnisse zum Ausdruck, die in Politik und Wissenschaft, aber auch in Kunst und Medien lange derart relativiert wurden, dass auch diejenigen, die von diesen Verhältnissen – wenn auch unterschiedlich – betroffen sind, also wir, nur wenig von dieser Betroffenheit wissen wollten, konnten oder mussten. Das beginnt sich nun zu ändern. Die explodierende Anzahl von Publikationen, Theaterinszenierungen und Filmen zum Thema Klasse und soziale Herkunft wird inzwischen

schon auf eine entsprechende Verkaufsstrategie zurückgeführt, mit der eine gesicherte Zielgruppe bedient werden soll.

Das ist allerdings kein Grund, Klassenfragen als ‹Modethema› ad acta zu legen, das dem Bildungsbürgertum zu einem lebendigen Gefühlshaushalt verhilft. Mit Blick auf die Geschichte der sozialdokumentarischen Fotografie hat etwa schon Martha Rosler darauf hingewiesen, dass die Lower East Side in Manhattan deshalb so inspirierend für Fotograf*innen der Mittelklasse war, weil die «Pennergegend» unverbrauchte Motive versprach (Rosler 1999, 105). Ganz ähnlich verhält es sich mit Filmen wie z.B. *Sonne und Beton* (Regie: David Wnendt, DE 2023) oder *Sonne* (Regie: Kurdwin Ayub, DE 2022), denen in Rezensionen oft eine *freshness* attestiert wird, um den – so viel Selbstreflexion muss sein – schwierigen Begriff des Authentischen zu vermeiden, obwohl er gemeint ist. Auch hier zeigt sich, dass sich gerade am Ungesagten Klassendifferenzen ablesen lassen.

Wozu braucht es also überhaupt den (einen?) Klassenbegriff? Er ist notwendig, um das systematische Unsagbarmachen von Klassenverhältnissen, im Sinne eines ‹Klassenkampfs von oben›, beschreibbar zu machen. Szenen und Narrative der Leistungsgesellschaft zählen dazu ebenso wie die Förderlinien für Exzellenzcluster. Ein performativer Klassenbegriff kann bei der schlichten Einsicht helfen, dass auch die vermeintliche Abwesenheit (oder Unübersichtlichkeit) von Klassenverhältnissen andauernd und mit großem Aufwand ‹gemacht› wird. Und dass es dabei nicht nur um Begriffe, sondern um gelebtes Leben und seine materiellen, qualitativen Bedingungen geht. Ausgehen könnte ja z.B. auch die Energie, die der begriffliche, psychosoziale und sonst wie geartete Aufwand des Unsagbarmachens benötigt. Anders formuliert: Auch eine vermeintlich klassenlose Gesellschaft ist auf performative Prozesse, Repräsentationen und Diskurse angewiesen, die sie als ‹klassenlos› erfahrbar machen oder machen sollen. Und die Analyse dieses Umstands fällt in das

K

Aufgabengebiet der Medienkulturwissenschaft. Denn Klasse ist nicht nur Begriff, sondern auch Vorstellung, Bild oder Szene, geknüpft also an Prozeduren des Zeigens, Vorführens, Sehens oder Wahrnehmens (Robnik 2021, Cuter/Kirsten/Prenzel 2022). Welche Bilder aber zeigen Klassenverhältnisse? Und welche Bilder ruft der Klassenbegriff auf? Welche Kopplungen von Begriff und Vorstellungen führen beispielsweise dazu, dass der Begriff der Klasse als ‹überholt› erscheint?

Als ‹überholt› gilt der Begriff denjenigen, die ihn, bewusst oder unbewusst, mit einem Bildrepertoire verknüpfen, das als ‹unzeitgemäß› gilt, wenn nicht sogar als regressive Grundlage rechtskonservativer Aneignungen der Klassenfrage: Gemeint ist die Vorstellung *weißer*, männlich-heterosexueller Industriearbeiter, die im Bild des *working class hero* kulminiert. Alles daran – Arbeits- und Klassenbegriff, Geschlechterbild und die damit verknüpfte Heldenerzählung – ist ‹unzeitgemäß›.

K Wichtiger erscheint allerdings die Frage, ob diese Kopplung der Klassenfrage an ein überholtes Bildrepertoire tatsächlich nur im rechtskonservativen Umfeld nützlich ist oder ob sie sich nicht sogar da noch als hartnäckig erweist, wo Versuche der Aktualisierung des Klassenbegriffs unternommen werden (Eiden-Offe 2018, 19). Patrick Eiden-Offe spricht von einer Form des *Othering*, die über Klassenverhältnisse einiges aussagt, indem sie sie ins Unsagbare verschiebt und auch in Subjektivierungsprozessen ihre Spuren hinterlässt. Aus feministischer Perspektive hat etwa Beverley Skeggs den Begriff der Disidentifikation von Frauen* mit der Arbeiterklasse im Sinne einer strategischen Verweigerung sozialer Positionierungen vorgeschlagen (Skeggs 1997, 74; hierzu auch Beyer 2018). Mit *Die Poesie der Klasse* (2017) hat Eiden-Offe es sich zur Aufgabe gemacht, die beschriebene Kopplung des Klassenbegriffs an ein festgelegtes Bildrepertoire zu durchbrechen. Es gehe ihm darum, «noch viel ältere, noch nicht fixierte Bilder, noch gleitende Bilder proletarischer Klassenfigurationen» freizulegen, die sich

zu Beginn der Klassengesellschaft gezeigt haben (Eiden-Offe 2018, 19). Um dem Problem eines zu stark fixierten Bilderhaushalts rund um Klassenfragen zu entkommen, schlägt Eiden-Offe den Begriff einer umfassenden, fortschreitenden Proletarisierung vor. Diese werde deshalb bisher nicht adressiert, weil sie sich von einer «*condition proletarienne*» zur «*condition humaine*» totalisiert habe (ebd., 23; Herv. i. Orig.). Proletarisierung dient hier als übergeordneter Begriff, der Prozesse der Privatisierung, Deregulierung und Prekarisierung zusammenfasst und die falsche Gegenüberstellung von Identitäts- und Klassenfragen hinter sich lässt. Daher werden wir, so die Prognose von Eiden-Offe, im Begriff der Proletarisierung langfristig noch die «Signatur des Zeitalters» entziffern (ebd., 29).

Was sich hier abzeichnet, ist allerdings auch das, was (uns) nicht ausgeht, auch wenn die Skepsis deutlich zugenommen hat: Es fehlt nicht an Versuchen, die Signatur historischer Epochen mit einem einzelnen Begriff zu erfassen, dessen universeller Anstrich kurzerhand vom Problem zur Lösung umgedeutet wird. Realistisch ist es aber nicht, dass sich langfristig (oder rückblickend) eine solche begriffliche Signatur quasi aufdrängen wird.

Was hingegen für den Klassenbegriff spricht, ist, dass er weniger bezeichnet als politisiert. Allein schon deshalb ist der vielfach geäußerte Verdacht der Essenzialisierung, der dem Begriff der Klasse sehr viel stärker anhaftet als den Begriffen Gender und *race*, möglicherweise nur eine weitere Spielart des Unwahrscheinlich-Machens von Klassenpolitik. Schon bei Marx ist der Begriff der Klasse ein performativ und durchaus auch strategisch gebrauchter Begriff, dem es nicht nur um die Erfassung sozialer Lagen geht, sondern um ihre Politisierung (Lütten 2018, 187). Dieser Aspekt ist wichtig, insofern er den Begriff der Klasse in einige Distanz zu Begriffen wie Milieu oder Schicht rückt, mit denen in erster Linie soziale Ungleichheiten und/oder Formen der Diskriminierung thematisiert werden. Als strategisch-relationaler

Begriff, der die Vorgängigkeit von Herrschafts- und Ausbeutungsverhältnissen vor der Existenz sozialer Klassen betont, erscheint ‹Klasse› sehr viel weniger ‹überholt› als die mit ihm aufgerufene Bildlichkeit, die auch da noch bemüht wird, wo ‹männliche›, *weiße* Industrie- und Gewerkschaftsarbeit gegen prekarisierte, umkämpfte Arbeit im Einzelhandel, bei Amazon oder in Pflegeberufen, die sich durch eine größere Diversität auszeichnen, abgegrenzt wird. Ginge es nicht um einen Begriff der Klasse, mit dem sich bei aller Heterogenität strukturelle Ähnlichkeiten in den Blick nehmen und politisieren ließen? Welche Bilder könnte es dafür geben? Und welche gibt es schon? Der Medienkulturwissenschaft fehlt es eigentlich nicht an Methoden, Vokabular und Instrumentarien für eine solche Arbeit an Bildern, Begriffen, Imaginationen. Was also geht (uns) aus?

Aufdrängen werden sich in Zukunft wohl kaum einzelne Begriffe wie der der Proletarisierung. Aufdrängen wird sich vielmehr die Arbeit an und mit intersektionalen Verflechtungen, die mit einem einzelnen Begriff gar nicht zu leisten sein wird. Ruth Sonderegger hat zuletzt vom «Aufeinander-bezogen-Sein» in der Zurückweisung derjenigen Zuteilungen und Klassifizierungen gesprochen, die «der Kapitalismus fortwährend produziert, um der bürgerlichen Klasse Vorteile zu verschaffen» (Sonderegger 2021, 31). Klassenteilungen stehen demnach sowohl für sich deutlich unterscheidende ökonomische Ausbeutungsverhältnisse im Globalen Süden und Norden als auch für sämtliche Aufteilungen von Kapitalströmen, Lohngruppen, Arbeitsrechten und Arbeitsformen, die untrennbar mit der Klassifizierung und Hierarchisierung von Geschlechtern, Sexualitäten und Migrationserfahrungen als «semi-autonome Felder[n]» verbunden sind (ebd., 29). Mit Marx und Sonderegger ginge es, mit anderen Worten, um die multiple «kapitalistische Vergesellschaftung aller Lebensvollzüge» (ebd.), die nicht nur vom Kapitalismus als Wirtschaftsform zusammengehalten werden, sondern auch – und spätestens hier kommt die Medienkul-

turwissenschaft ins Spiel – durch Bilder, Begriffe und Imaginationen, die diesen Zusammenhang adressierbar machen (oder eben nicht). Fragen der Repräsentation, Diskriminierung, Anerkennung und Sichtbarkeit sind dabei nicht weniger relevant als die Verteilung von Geld und Privilegien innerhalb sozialer Klassenverhältnisse. Sie werden allerdings erst und nur im Rahmen der «Vergesellschaftung aller Lebensvollzüge» wirksam (hierzu auch Lütten 2018, 188).

Vor diesem Hintergrund ginge es darum zu fragen, welche Medien welche Anteile an der «Privatisierung der Existenz» (Garcés 2010, 164) unterhalten und auf welche Weise sie es ermöglichen, in unähnlichen Erfahrungen Gemeinsames, Geteiltes oder strukturell Ähnliches zu entdecken. Potenziell können Medien beides, *connect* und *divide*. Wenn sie derzeit mehr an Trennungen und Aufteilungen arbeiten, hat das viel mit Klassenverhältnissen zu tun. Diese Verhältnisse zu politisieren, ist nicht möglich ohne das Studium derjenigen Bilder und Imaginationen, die sie hervorbringen. Die Abgrenzungen von rechten Populismen und denjenigen Medien, in denen sie vorrangig stattfinden, wird langfristig nicht ausreichen, erst recht nicht, wenn sie vor allem habituell, also klassenerhaltend, vorgetragen werden.

ANDREA SEIER

Lit.: **Beyer, Atlanta Ina** (2018): Dein Geschlecht gehört Dir, Proletarier*in. Wie wir den Klassenkampf verqueeren können, in: *Luxemburg*, Nr. 2: *Am fröhlichsten im Sturm: Feminismus*, 20–27, zeitschrift-luxemburg.de/artikel/dein-geschlecht-gehoert-dir (23.11.2023). • **Cuter, Elisa / Kirsten, Guido / Prenzel, Hanna** (Hg.) (2022): *Precarity in European Film. Depictions and Discourses*, Berlin, Boston. • **Eiden-Offe, Patrick** (2017): *Die Poesie der Klasse. Romantischer Antikapitalismus und die Erfindung des Proletariats*, Berlin. • **Eiden-Offe, Patrick** (2018): Der Prolet ist ein anderer. Klasse und Imaginäres heute, in: *Merkur*, Jg. 72, Nr. 825, 15–30. • **Garcés, Marina** (2010): Die Kritik verkörpern, in: Birgit Mennel u. a. (Hg.): *Kunst der Kritik*. Wien, 161–174. • **Lütten, John** (2018): ‹Klasse› als strategischer Begriff. Über Suchbewegungen, falsche Abgrenzungen und den Gebrauchswert des Klassenbegriffs, in: Sebastian Friedrich / Redaktion analyse & kritik

K

(Hg.): *Neue Klassenpolitik. Linke Strategien gegen Rechtsruck und Neoliberalismus*, Berlin, 185–193. • **Robnik, Drehli** (Hg.) (2021): *Klassen sehen. Soziale Konflikte und ihre Szenarien*, Münster. • **Rosler, Martha** (1999): Drinnen, Drumherum und nachträgliche Gedanken (zur Dokumentarfotografie), in: dies.: *Positionen der Lebenswelt*, Köln, 105–148. • **Skeggs, Beverley** (1997): *Formations of Class and Gender. Becoming Respectable*, London, doi.org/10.4135/9781446217597. • **Sonderegger, Ruth** (2021): Multiple Klass(e)ifizierungen in der (kunst-)universitären Bildung. Plädoyer für eine Auflockerung, in: Drehli Robnik (Hg.): *Klassen sehen. Soziale Konflikte und ihre Szenarien*, Münster, 13–44. • **Waitz, Thomas** (2018): Begehren des Marktes. «Naked Attraction» und Phantasmen der Klassenlosigkeit, in: *Zeitschrift für Medienwissenschaft*, Jg. 10, Nr. 19 (2/2018): *Klasse / Faktizitäten*, 22–35, dx.doi.org/10.25969/mediarep/1266.

KLEBSTOFF Gerade erst hat sich die Medienwissenschaft daran gewöhnt, Medien nicht mehr von Störungen her zu betrachten, vom Aussetzen des Funktionierens, sondern vielmehr die Netzwerke, das Verwobensein von Objekt und Milieu sowie die Subjektivierung im technosozialen Gefüge in den Blick zu nehmen, da verlangt die Letzte Generation (LG), die vor dem CO_2-Kipppunkt der Klimakrise groß wird, einen radikalen Stopp zum Ausgangspunkt des zukünftigen Denkens zu machen. Klebstoff ist zu einem widersprüchlichen Signum geworden: Einerseits ist er das Mittel, mit dem sich Aktivist*innen mit den Handflächen auf den Asphalt kleben, um Straßen zu blockieren und gegen die fossil getriebene Mobilität zu protestieren – Infrastrukturen, die für fließende Bewegung eingerichtet wurden, werden zu temporären Orten des Stillstands. Andererseits steht Klebstoff weiterhin für das Verbinden, eine Verbundenheit mit ‹der Erde›, versiegelt wie sie ist, und für eine Verbundenheit miteinander.

Klebstoff ist der Punkt, an dem vulnerable Körper mit den harten Infrastrukturen einer Realität verbunden werden, die den Planeten überziehen und massiv zum Extraktivismus, zur Verschmutzung, zu Versiegelung und Aufheizung

beitragen. Klebstoff ist zum Zeichen für Konnektivität ebenso wie für Disruption geworden, die Tube zum Symbol von Platzbesetzungen und Demonstrationen. Aktionen, bei denen sich Aktivist*innen in Museen an Bilderrahmen kleben, richteten sich an das Bildungsbürgertum, um durch die kontemplativen Räume der Kunst darauf hinzuweisen, dass es keine Räume mehr geben wird, die von der Zerstörung des Planeten nicht betroffen sind. Die Frage nach einer möglichen Zukunft ist in einem Akt des Anhaltens in ein Bild gesetzt, affektiv aufgeladen durch die Verletzbarkeit des Körpers an einer Stelle, die nicht nur filigran und empfindlich, als feinmotorischer Komplex wesentlich für alles Handwerk, das Schreiben, Sich-Anfassen, Berühren und für den Alltag, sondern durch Fingerabdrücke auch mit Fragen von Identität und Erfassung verbunden ist.

Der Klebstoff tritt in die ökomediale Assemblage von Körpern und Infrastrukturen und zirkulierenden Bildern ein, nicht um sie anzuhalten und zu zerstören, sondern um sie zu benutzen. Klebstoff setzt neue Zirkulationen von Bildern und Diskursen in Gang. Assemblagen sind nicht nur freundliche Gefüge, sie können trotz aller Steuerungsversuche unberechenbar agieren. Auch die LG hat verschiedene Aktionsformen ausprobiert und blieb an derjenigen hängen, die «eben funktioniert», wie die Aktivistin Carla Hinrichs es ausgedrückt hat (Karig 2022, o. S.). Gefüge sind umkämpft und Milieus nicht unpolitisch; in ihren *multiple agencies* versuchen einzelne Akteur*innen, darin hegemonial zu werden, z. B. die Bayerische Landesregierung mittels umstrittener Ingewahrsamnahmen, die die Proteste kriminalisieren. Das Gefüge bildet je nach dem Standpunkt, von dem aus es wahrgenommen wird, Sorten von verteilter Verantwortung aus. Und es bildet eine Chance, Care als geteilte Aufgabe und Möglichkeit zu sehen.

Das notwendige Teilen betrifft auch die planetaren Ressourcen. Medien verbrauchen in Herstellung und Benutzung riesige Mengen an Energie.

Abb. 1 Demonstration Letzte Generation, Puschkinallee Berlin, 23.5.2023 (Foto: Nele Fischer)

Sie sind für Ressourcenextraktion verantwortlich und für Müllberge (Parikka 2015); Streaming oder Onlinegames erzeugen einen enormen Stromverbrauch, der nur neuerdings von der Rechenleistung für das Trainieren und die Benutzung Künstlicher Intelligenz übertroffen wird. Elemente wie Wasser, Erde oder Luft, mit John Durham Peters (2015) als ‹Medien der Übersetzung und Vermittlung› verstanden, könnten um Klebstoff ergänzt werden, auch wenn das Industrieprodukt unnatürliche Korrelationen stiftet. Eine Medienökologie, die natürliche und technische Umgebungen als Aushandlungszonen entwarf, hatte die Vorgängigkeit von natürlichen Elementen oder von einzelnen Menschen bereits verabschiedet. Bilder des Klebens sind diesen Gefügen nicht nachträglich, weil von Anfang an mitgedacht. Diese werden seit Greenpeaces Medienkampagnen der 1980er Jahre zu einigen von vielen zirkulierenden Agenten im Gefüge der Klimapolitik. In der Infrastrukturforschung haben sich Petra Löffler (2018), Gabriele Schabacher (2022) und andere mit den materiellen und logistischen Grundlagen lebenserhaltender Netzwerke beschäftigt – diese ‹Milieus› sind keine stabilen ‹Umgebungen›, sondern fortwährend ausgehandelte Zonen des Werdens. Mit Lauren Berlants (2022) *transitional/queer infrastructuralism* sieht man im Klebstoff eine Form der Mediation, des Verbindens, die ständig dynamische Relationen schafft. Nun legen nicht mehr nur Erdrutsche und Tsunamis oder quer liegende Tankschiffe die Kanäle lahm, sondern auch menschliche Blockadeaktionen die Straßen.

Kleben macht etwas Plötzliches, Ereignishaftes gegen das unsichtbare Strukturelle, etwa das, was Rob Nixon «slow violence» genannt hat (Nixon 2013). Langsame, unwahrnehmbare Prozesse globaler Umweltzerstörung, die sich nicht in eine schockhafte Kinoszene fassen ließen, müsse man anhalten, um sie sicht- und fühlbar zu machen und ethische «temporalities of place» zu entwickeln (ebd., 18). In welches Bild soll diese Zeit passen? Steht uns nur noch die nach oben rechts unendlich steil werdende Hockeyschläger-Kurve zur Verfügung, eine Dramatisierung, die die in Leserichtung rechts liegende Zukunft ohnehin versperrt? In Lützerath traf, wie es Constantin Goschler im Februar 2023 auf *Geschichte der Gegenwart* fasste, «[d]ie klimapolitische Logik des

K

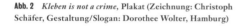

Abb. 2 *Kleben is not a crime*, Plakat (Zeichnung: Christoph Schäfer, Gestaltung/Slogan: Dorothee Wolter, Hamburg)

Abb. 3 Klebeversammlung, Fundus Forschungstheater Hamburg, 20.9.2023 (Foto: Fundus/Hannah Kowalski)

K ‹Kipppunktes›, die keinen Aufschub und keine Halbheiten duldet, auf die bundesrepublikanische Tradition der Konfliktvertagung durch Kompromiss», wobei «zwei unterschiedliche Zeitlichkeiten aufeinanderstoßen: Fünf vor Zwölf trifft auf Übermorgen» (Goschler 2023).

Um widersprüchliche Zeitstrukturen zu denken, unterscheidet Dipesh Chakrabarty (2022) die Zeiten des Globus (menschengemacht) und die des Planeten. Der Klebstoff aber negiert diese Trennung, die Klebefläche markiert den krisenhaften Umschlag der Zeitlichkeiten und unterbricht das Zeitkonzept, das mit ‹Wachstum und Fortschritt› zur planetaren Erschöpfung geführt hat. Das Kleben schafft ein Ereignis und macht darin etwas erzählbar, es gliedert die Zeit. Das Anhalten in Form des Streiks hat Ariella Aïsha Azoulay mit neuen Verbindungen von Zeitebenen entworfen: Das Verlernen der progressiven Zeitlichkeit durch das Einbeziehen von Menschen, die nicht mehr (oder eben: noch nicht) in unserer Zeit leben; die Imagination alternativer Geschichtsverläufe ist ein vorwegnehmendes Praktizieren von «potential history» (2019). Das zielt

auch auf die Subjektivitäten und Affekte, deren Verdrängung Katrin Köppert in *Records of Disaster* (2022) ebenso wie das Nicht-wahrnehmen-Wollen des Klimawandels mit einer Desensibilisierung für das eigene Schuldgefühl im global verschmutzenden Norden erklärt hat. Dagegen gehen Klebebilder an, die eine empathische Identifizierung (in der Vorstellung der eigenen Handflächen) evozieren. Auch Noam Gramlich geht es um das gesellschaftlich Nichtimaginäre, um *weiße* Ignoranz, Rassifizierung des Klimawandels und um «Ökolonialität» (Gramlich 2022, 121), eine Struktur kolonialrassistischer Ökologie auch von Medieninfrastrukturen. In einer materialistischen Volte verbindet sich schließlich geologische und menschliche Zeit:

Um die Unwahrnehmbarkeit der Ökolonialität zu unterwandern, ist insbesondere eine Reimagination von Zeit außerhalb der modern-kolonialen Paradigmen der Linearität, Akzeleration und zeitlichen Auflösung notwendig. [...] Durch die unter rassistischer Zwangsarbeit gewonnene Lebenszeit afrikanischer Menschen werden Millionen geologischer Jahre des Kupfers abgesaugt und abtransportiert. Diese

Abb. 4   Demonstration Letzte Generation, Gemäldegalerie Dresden, 23.8.23, Pressefoto

extraktivistische Zeit bildet den materiellen Kern prozessualer Mikrozeit, Hochgeschwindigkeiten und damit raum-zeitlicher Auflösung (ebd.).

Chakrabartys Differenzierung von Planet und Globus zeigt sich so als hinfällig und mit dem Ressourcensauger des Nordens, der Leben und Rohstoffe abgezogen und vernichtet hat, eingeebnet. Dieser Zeit-Umordnung ist mit dem kleinen Anhalten des Verkehrs auf Asphalt kaum beizukommen. Aber entgegen der Todesverliebtheit der *Erdzerstörer* (Regie: Jean-Robert Viallet, F 2019), die im September 2023 das Erreichen des 1,5-Grad-Ziels des Pariser Klimaabkommens verunmöglicht haben, sind es die Protestierenden, die an der Hoffnung festhalten.

ULRIKE BERGERMANN

Lit.: **Azoulay, Ariella Aïsha** (2019): *Potential History. Unlearning Imperialism*, London, New York. • **Berlant, Lauren** (2022): *On the Inconvenience of Other People*, Durham, London. • **Chakrabarty, Dipesh** (2022): *Das Klima der Geschichte im planetarischen Zeitalter*, Berlin. • **Goschler, Constantin** (2023): Der Kampf um Lützerath: Klimakipppunkt oder Kohlekompromiss?, in: *Geschichte der Gegenwart*, 8.2.2023, geschichtedergegenwart.ch/der-kampf-um-luetzerath-klimakipppunkt-oder-kohlekompromiss (22.11.2023). • **Gramlich, Noam** (2022): Unwahrnehmbare Ökolonialität, in: *Zeitschrift für Kulturwissenschaften*, Jg. 16, Nr. 2, 2022: *Radikale Imagination*, hg. v. Christoph Ernst / Heike Paul / Jens Schröter, 109–126. • **Karig, Friedemann** (2022): Warum die «Letzte Generation» alles richtig macht, in: *Übermedien*, 24.11.2022, uebermedien.de/79076/warum-die-letzte-generation-alles-richtig-macht (22.11.2023). • **Köppert, Katrin** (2022): Cultivating Affect: Reparative Readings against Climate Change's White Sentiment, in: Jakob Clau / Petra Löffler (Hg.): *Records of Disaster. Media Infrastructures and Climate Change*, Lüneburg, 137–150. • **Löffler, Petra** (2018): Gaias Fortune: Kosmopolitik und Ökologie der Praktiken bei Latour und Stengers, in: Alexander Friedrich / Petra Löffler / Niklas Schrape u. a. (Hg.): *Ökologien der Erde. Zur Wissensgeschichte und Aktualität der Gaia-Hypothese*, Lüneburg, 95–121, doi.org/10.25969/mediarep/533. • **Nixon, Rob** (2013): *Slow Violence and the Environmentalism of the Poor*, Cambridge (MA), London. • **Parikka, Jussi** (2015): *A Geology of Media*, Minneapolis, London. • **Schabacher, Gabriele** (2022): Infrastructures in Time and Anthropogenic Climate Change, in: Jakob Claus / Petra Löffler (Hg.): *Records of Disaster. Media Infrastructures and Climate Change*, Lüneburg, 63–83.

K

L_

LANDSCHAFT Das Gewicht der Technosphäre nimmt stetig zu. Ein Forscher*innenteam des Fachbereichs Geologie an der Universität Leicester schätzte das Gewicht im Jahr 2016 auf über 30 Billionen Tonnen; eine Masse, die mit mehr als 50 Kilogramm auf jedem Quadratmeter des Erdballs lastet, Tendenz steigend (Zalasiewicz u. a. 2016). Ein durchschnittliches Rotorblatt einer Windkraftanlage wiegt 15 Tonnen, die gesamte Anlage oft über 1000.

Ich stelle mir eine Tonne immer als Kleinwagen oder als Elefant vor.

Gesellschaften sieht man die Energiesysteme an, die sie betreiben, denn sie durchdringen Umwelt und Alltag. Stauseen, Ölfelder, Flächenversiegelung mit Teer, Braunkohlegruben, Solarfelder, Gasfelder, Energiemaisfelder, Windkraftparks – sie alle sind deutlich sichtbare Zeichen von Energielandschaften, also von Landschaften, die für eine Energiequelle umgeformt wurden. Eine Gesellschaft entscheidet über Teile der Gesellschaft oder andere Gesellschaften hinweg, welche Flächen sie für die Energiegewinnung opfert. Daher rührt der Begriff der *sacrifice zone*, der den sozialen und ökologischen Preis zu fassen versucht, der mit solchen Entscheidungen zusammenhängt, wobei der Begriff auch die Vergiftung oder Erosion von Böden und ganzen Regionen meint und zunächst für die Zerstörung von Land, das von den nordamerikanischen Ureinwohner*innen bewohnt und genutzt wurde, in Anschlag gebracht wurde (u. a. Means 1983). Im Falle der Energiegewinnung befinden sich die ‹Opferzonen› oftmals im eigenen Land. Oft aber sind sie auch in mehr oder weniger entfernte Teile der Welt ausgelagert, wie, um nur ein Beispiel zu nennen, beim größten Windpark Europas im norwegischen Fosen, gegen den die Sam*innen einen erbitterten Kampf kämpfen, weil der Windpark ihre Kultur und ihre Menschenrechte ein weiteres Mal angreift.

L

Abb. 1–3 (diese u. nächste Seite) «Paint a blue and white antique Delft tile with wind turbines in a landscape», generiert mit Firefly, 2023

Der deutsche Staat darf im Interesse des Gemeinwohls aller entscheiden, wo Wälder und Gemeinden der Energiegewinnung zu weichen haben. Das Grundrecht auf Energie steht hier über den Interessen Einzelner. Gleichzeitig gibt es auch ein Recht auf unversehrte Natur. Um solche gefährdeten Gebiete entstehen Kampfzonen. Die Konflikte zeigen, wie umstritten die Veränderung von Landschaften ist, wenn Bagger kommen, um Dörfer oder Wälder zu vernichten, Böden unfruchtbar werden oder wenn ein vertrauter Horizont durch Windkraftanlagen gestört wird. Gleichzeitig erscheint das Ausmaß der Auswirkungen ungleich, wenn man eine Braunkohlegrube im Vergleich zu einem Windkraftpark sieht. Wann sind Windkraftparks überhaupt Opferzonen und ist die Diskussion darüber überhaupt hilfreich? Im Fall der Windkraftanlagen werden ästhetische Fragen zu politischen Fragen. Gerechtigkeit, wachsender Wohlstand, Klimaschutz und Naturschutz treffen aufeinander. Die Komposita, mit denen Energielandschaften bezeichnet werden, enthalten die Wörter ‹Park› und ‹Felder›. Beides sind Ausdrücke für Kulturlandschaften. Dass diese Begriffe für großflächig installierte Sonnenkollektoren und Windkraftanlagen

verwendet werden, erzählt etwas über ihr Framing als gestaltete Natur, wo sie doch immer Industrieanlagen bleiben.

Heute lastet die Technosphäre immer schwerer auf der Erde, weil überall aus Teer, Beton, Stahl, Kupfer oder Glas bestehende Infrastruktur die Landschaft durchzieht. Deshalb stellt sich die Frage immer drängender, ob die alte Idee einer ‹schönen› Landschaft, die sich vor unserem Auge ungestört und ‹friedlich› ausbreitet und die möglichst ohne Müll, Strommasten, Antennen, Photovoltaikanlagen, Straßen oder Windkraftanlagen auskommt, überhaupt noch Gültigkeit beanspruchen kann? Die Unterscheidung von Naturschutzgebieten, schützenswerten Kulturlandschaften und allen anderen ‹Alltagsgegenden›, wie Deutschland sie pflegt, wird politisch, wenn die Länder gesetzlich verpflichtet sind, bis 2026 zwei Prozent ihrer Flächen für Windkraft auszuweisen, um die ca. 30.000 fehlenden Windkrafträder aufstellen zu können. Was nach wenig Fläche klingt, bedeutet z. B. in Schleswig-Holstein, dass in den nächsten Jahren von 70 bis 80 Prozent aller Orte aus eine Windkraftanlage sichtbar sein wird.

So stellt sich die Frage immer schärfer, wann bei der stets großflächiger werdenden Umgestaltung

einer Landschaft die Zukunftstechnologien ins Dystopische kippen, wann die kulturelle und technische Verwandlung von Natur ein Verhältnis hervorbringt, in dem Landschaft ein Sonderwert ist, der ausgeht, weil wir dann so gut wie überall und sichtbar in Technolandschaften leben – und ob bzw. wie schnell diese Entwicklung kulturell integriert werden kann. Wobei die bereits ausgeräumten Agrarlandschaften und die Energie- und Infrastrukturlandschaften oft miteinander einhergehen.

Wie gerne würde ich Windkraftanlagen und die Technolandschaften, die sie bilden, schön finden und meine vulgär-romantischen Vorstellungen von Landschaft ‹verlernen›. Für Gesellschaften, die der Erderwärmung mit erneuerbaren Energien entgegentreten möchten, und jemanden, die diese Bestrebung unterstützt, müsste es mir doch gelingen, eine so ‹gute› Technologie auch schön zu finden. Gleichzeitig habe ich verstanden, dass Landschaft ein Konstrukt ist, etwas von der Kultur, der Erfahrung und der Vorstellung Geformtes. Manchmal gelingt es mir auch, Windkraftanlagen mit ästhetischem Wohlgefallen zu betrachten. Ich mag z. B. die roten Lichter der Anlagen, die nachts über dem

L

Horizont schweben. Auch mag ich die Windkraftanlagen von der Autobahn aus gesehen. Sie sind so ruhig und – wenn sich ihre Rotorblätter drehen – zugleich so emsig, gliedern den Horizont wie Land Art. Ich kann geradezu sehen, wie sie aus Wind Strom produzieren. Gleichzeitig wirken die Anlagen gleichgültig, befremdlich, hart, kalt und kolossal. Ihre Ästhetik wiederholt sich auf der Ebene des funktionellen Designs der Anlagen und infolgedessen auch auf den monotonen Fotos, die es von Windkraftanlagen gibt. Dabei ist mir klar, dass ein rein ästhetischer Blick vollkommen unzureichend ist, aufgrund der Besitzverhältnisse und der ungerechten Verteilung ihres Nutzens für ferne Stromkund*innen und die wenigen, denen das Land gehört, auf denen die Anlagen stehen. Ästhetik und Politik sind untrennbar miteinander verbunden.

Der unlösbare Konflikt zwischen Klimaschutz und Umweltschutz zeigt sich oftmals an der Frage der Vögel. Warum Vögel die Anlagen nicht erkennen und darin umkommen, leuchtete mir lange nicht ein, bis ich auf die Erklärung eines Biologen traf, dass weder Fledermäuse noch Vögel in ihrer Wahrnehmung senkrechte, rotierende Bewegungen als Objekt erkennen, dem sie ausweichen müssen (Yong 2022). Stattdessen verschmelzen diese zu einem Schleier. Vattenfall lässt gegenwärtig eines der drei Rotorblätter versuchsweise schwarz bemalen, weil ein schwarzes Rotorblatt das Muster unterbricht: eine ästhetische Antwort auf den Sehsinn von nicht-menschlichen Wesen. Doch erscheint diese späte Einsicht wie ein weiteres Greenwashing der großen Energiekonzerne, die bei einer Google-Suche nach erneuerbaren Energien auf den Kaufplätzen der Website ganz oben auftauchen. Wobei die Opferzonen für Vögel an anderen Stellen ebenfalls immens sind: Es sterben auch jedes Jahr mehrere Millionen Vögel in Deutschland, weil sie gegen Fensterscheiben fliegen oder von Katzen erbeutet werden.

Windmühlen sind ein beliebtes Sujet einer lieblichen Landschaft. In Werner Herzogs frühem Film *Lebenszeichen* (DE 1968) wird der Hauptdarsteller verrückt, als er Hunderte von rotierenden Windmühlen in der Hochebene Kretas sieht, die hier das Wasser in die fruchtbare Ebene pumpen. Im Unterschied zu Windkraftanlagen sind Windmühlen viel niedriger, sie bestehen aus Holz und wurden von Menschen vor Ort betrieben. Sie stellen die von ihnen erzeugte Energie dort zur Verfügung, wo sie entsteht. Während sich Windmühlen in das Bild der Landschaft einfügen (und der Idee eines engen Mensch-Technik-Natur-Verhältnisses besser entsprechen), ragen Windkraftanlagen mit ihren mehreren hundert Metern Höhe immer hoch über den Horizont hinaus, sie fügen sich nie ein, sondern beanspruchen einen weiten Teil des Himmels für sich, den Windmühlen nie eingenommen haben. Die Größe der Anlagen ist vom Boden aus unvorstellbar, was vor allem dann sichtbar wird, wenn ein Schwertransport die Rotorblätter wie die Rippen eines gigantischen Walfischs aufgeladen hat. Aufgrund ihrer unverstellten Sichtbarkeit wundert mich der grüne Anstrich der Anlagensockel eines bestimmten Herstellers schon lange, der mit diesem kläglichen Versuch der Camouflage die Sockel optisch mit der Landschaft verschmelzen möchte.

Die Logik des *plantationocene*, ein Begriff, den Anna Tsing und Donna Haraway geprägt haben, zeigt sich auch in Energielandschaften. Ein Photovoltaik-Feld oder ein endloser Horizont aus immer gleichen Windkraftanlagen, deren rotierende Flügel die immer gleichen Rhythmen in die Umgebung morsen, hat die Landschaft in ein ausbeutbares Ressourcenraster verwandelt. Die Frage muss uns weiter beschäftigen, welche Opfer wir für Energien anderen Menschen und nicht-menschlichen Wesen aufbürden möchten und welche Opfer – z. B. Einsparungen – Gesellschaften hier selbst zu erbringen bereit sind.

BIRGIT SCHNEIDER

Lit.: **Means, Russell** (1983): The Same Old Song, in: Ward Churchill (Hg.): *Marxism and Native Americans*, Boston, 19–34. • **Yong, Ed** (2022): *Die erstaunlichen Sinne der Tiere. Erkundungen einer unermesslichen Welt*, München.

• **Zalasiewicz, Jan u. a.** (2016): Scale and diversity of the physical technosphere: A geological perspective, in: *The Anthropocene Review*, Bd. 4, Nr. 1, April 2017, 9–22, doi. org/10.1177/2053019616677743.

LUST Mit einer für die Künstlerin eher ungewöhnlichen Performance feierte am 1. Juni 1987 das Musikvideo zu Janet Jacksons sechster Single aus ihrem dritten Studioalbum *Control* (A&M Records 1986) auf dem US-amerikanischen Musikfernsehsender MTV Premiere. Im Gegensatz zu seinen grandios inszenierten Vorgängern ist «The Pleasure Principle» als ästhetisch zurückgenommenes, introspektives Erlebnis angelegt: Wir sehen Jackson in einer weitläufigen Fabrikhalle, die sie mit einer kühn ausgreifenden, durchaus erotischen und für heutige Betrachter*innen bisweilen kurios erscheinenden Choreografie tanzend für sich einnimmt und die – sparsam ausgeleuchtet noch vor der Möbelhauswelle des *industrial chic* – die atmosphärische Kulisse für ihren Solo-Auftritt liefert. Die Sängerin wirbelt und springt, beugt, streckt und verbiegt ihren Körper; sie übt zunächst vor einer mobilen Spiegelwand, doch erweitert zunehmend ihren Bewegungsradius, macht sich ostentativ frei von dem, was sie offenbar noch vor wenigen Augenblicken in ihrem Alltag ‹draußen› beeinträchtigt hatte. Sobald sich die Tür hinter Jackson schließt und Strom in die unzähligen Leuchter und Lampen fließt, kehrt, so scheint es, auch die Energie in ihren Körper zurück.

Jacksons Performance ist zweifellos sexy, doch keineswegs sexualisiert. Komplett in Schwarz gekleidet mit eng geschnittenen Jeans, weitem T-Shirt und schwarzen Turnschuhen erscheint ihre Persona vollkommen absorbiert und ausschließlich zu ihrem eigenen Vergnügen zu tanzen. Textzeilen wie «Baby, you can't hold me down», «I'm not here to feed your insecurities» oder «Where'd you get the idea of material possession» liefern eine popkulturelle Version von Sigmund Freuds berühmtem ersten Entwurf zum Lustprinzip als treibender Kraft der menschlichen Existenz, wonach die zentrale Motivation des Luststrebens sei, Unlust zu vermeiden (Laplanche / Pontalis 1996, 297–299). Wenn also für eine Frau in dieser Gesellschaft Sexualität nur unter der Bedingung lebbar ist, sich patriarchaler Dominanz zu unterwerfen, besteht für die Protagonistin kein Bedarf. Die Figur, so erfahren wir, ist vollkommen in der Lage, den Preis dafür zu bezahlen («to pay the fare»), auch wenn die in samtweicher Stimme und eingängigem Mid-Tempo-R&B vorgetragenen Lyrics in einem gewissen Kontrast zu ihrem Outfit stehen, das stark an einen Kampfanzug erinnert. Eine Bandage am Handgelenk und etwas seltsam anmutende Knieschützer deuten allerdings nicht nur auf ihre grundsätzliche Kampfbereitschaft. Sie verleihen dem Ringen um sozio-emotionale Unabhängigkeit auch einen materiellen Körper, der sich gleichzeitig den Erfolg *erarbeiten* muss. Das so ausgestellte Lustprinzip wird nur zum Preis eines hohen persönlichen Einsatzes eingelöst. Lust gerät zur Währung, die verdient werden muss und sich auszahlen soll.

Fünf Jahre nach der berühmt-berüchtigten *Barnard Conference on Sexuality* von 1982, inmitten der sogenannten *feminist sex wars* in den USA und während einer bislang beispiellosen Deregulierungswelle von Industrie und Bankwesen durch die Regierung Ronald Reagan präsentiert Jackson eine zwar entschlossene, doch merklich gedämpfte Version von popkulturellem Feminismus. Emanzipation meint hier libidinöse und ökonomische Autonomie, und dem folgt ein individualistisches Lustprinzip, nach dem die Befriedigung auch nur eigenverantwortlich zu erzielen ist. Nach den unerbittlichen Kampagnen von Phyllis Schlafly und dem Eagle Forum während der 1970er Jahre, in denen *weiße* Vorherrschaft und heteronormative *family values*, die Rolle der Frau als Hausfrau und der Gehorsam gegenüber dem Willen des Ehemannes propagiert wurden, sowie dem vergifteten Lobbyismus der selbsternannten Moral Majority, die im Kampf gegen Pornografie vor allem *gegen* die sexuelle Selbstbestimmung von Frauen und

L

für die Beschränkung ihrer gesellschaftlichen Funktion auf die der Reproduktion mobilisierten, kann die Bedeutung von Jacksons Entwurf weiblicher Schwarzer Unabhängigkeit nicht hoch genug geschätzt werden. Kommerziell konnte «The Pleasure Principle» nicht an den Erfolg der früheren Single-Auskopplungen anknüpfen, auch wenn die Verkaufszahlen und Chart-Platzierungen respektabel waren. Bei den MTV Music Awards 1988 wurde das Video mit einem Preis für die beste Choreografie ausgezeichnet und besitzt heute Kultstatus. 20 Jahre später brachte die Sängerin eine gleichnamige Unterwäsche-Serie auf den Markt.

Fast forward: Das Video zu «Lipstick Lover», Janelle Monáes zweiter Single aus dem Album *The Age of Pleasure* (Wondaland Arts Society / Bad Boy Records / Atlantic Records 2023), scheint auf den ersten Blick geradezu enthusiastisch die Freude *an* und *mit* Körpern als Partialerfahrung und Oberflächenphänomen zu zelebrieren. Über die ersten 30 Sekunden des Clips füllen Körper, genauer: opulente *Black and Brown boobs and butts*, den Bildschirm in geradezu schmerzhaft-lustvoller Slow Motion zu sattem Reggae und Soul. Sie werden die Szene weiterhin beherrschen. Verpackt in ein Narrativ von erotischer Fantasie zwischen Traum und Wirklichkeit bietet das Thema Poolparty eine passende Gelegenheit, die Vorliebe der Sänger*innen-Persona für Körperlichkeiten, die reich sind an unterschiedlichsten Ausdrucksformen von ‹Feminität›, zu präsentieren. Tatsächlich scheint diese sinnliche Überfülle aus leicht- bis unbekleideten oder lediglich bemalten Körpern, die sich gemeinsam bewegen, berühren, küssen, lecken oder *squirten*, um nur wenige Beispiele für die zur Schau gestellten Ausdrucksformen zu nennen, ein ganz und gar kollektives Projekt zu sein. Eröffnet wird die Szene mit einem Kuss, der die*den Protagonist*in erwachen lässt, und das Motiv der Lippen – alternativ auch materialisiert durch die züngelnde Spitze eines sich windenden Sexspielzeugs oder eine knallrote Luftmatratze –, das uns weiterhin

durch die dicht bevölkerte Landschaft fleischlicher Ekstase begleitet wird. Ein durchaus naheliegender Irigaray'scher Essenzialismus (Irigaray 1985) wird jedoch mit einem ganzen Spektrum an Feminitäten durchkreuzt. Der Grad an Objektifizierung und Fetischisierung in diesen gut dreieinhalb Minuten scheint einen geradezu trotzigen Gegenentwurf zu einer feministischen visuellen Praxis vorzuschlagen, die fetischisierende Gratifikationsmuster zu brechen beabsichtigte und für die etwa Laura Mulvey (1975) in ihrem inzwischen berühmten (und häufig missverstandenen) Manifest zu «Visual Pleasure and Narrative Cinema» plädierte. «Lipstick Lover» zelebriert eine Lust des exzessiven Konsums, der unmittelbaren Befriedigung und des promiskuitiven Begehrens.

Nichts davon ist selbstverständlich. Das Video kann im Sinne von Amber Jamilla Mussers (2018) Konzept der «brown jouissance» im Zusammenhang mit einer Geschichte der gewaltsamen Zurschaustellung von Schwarzen und Braunen Körpern gelesen werden, die ursprünglich Hortense Spillers als «pornotroping» beschrieben hatte (Spillers 1987, 67). Die partiale Perspektive, die über eng gesetzte Bildausschnitte und rasantes Editing hergestellt wird und die so entscheidend für die visuelle Textur des Clips ist, entwickelt eine Form der Opazität und damit Unlesbarkeit, die Musser zufolge die Voraussetzung dafür darstellt, den «Projektionen von Rassifizierung und Vergeschlechtlichung» entgegenwirken zu können, die im Pornotropischen unablässig wiederholt und institutionalisiert werden (Musser 2018, 13). Berührung erscheint dabei als zentrales Medium, über das Monáe und die Feiergesellschaft Lust artikulieren und teilen. Doch impliziert dies nicht allein eine «Sinnlichkeit, die zu neuen Formen der Kritik führt» (ebd., 16). Die Berührung vermag, so möchte ich Mussers Epistemologie des Fleisches weiterdenken, eine deterritorialisierende Erfahrungsqualität in Gang zu setzen, die eine souveräne Synthese der Sinne unterläuft, während sie den Betrachtenden gleichzeitig eine Art

‹Bindegewebe› anbietet, um den unvermeidbar lokalen und ephemeren Eindruck, den der Hautkontakt hinterlässt, auf den Bildschirm zu übertragen. In einer mehrfach wiederholten Szene, in der Monáe beinahe unmerklich, aber direkt aus dem Bild blickt, während sie sanft über die auffällig tätowierte Rückseite ihrer Begleitung streicht, wird diese ‹Verschweißung› von Haut und Screen ganz offenkundig: Wir sind aufgefordert, an der Oberfläche zu bleiben.

«Lipstick Lover» verführt die Betrachter*innen, den Mythos der romantischen Zweisamkeit zu vergessen und entfaltet eine Multiplizität an Lüsten und Genüssen, die nicht als homogene, dem Individuum unmittelbar zugängliche Gesamtheit verfügbar ist. Sie präsentiert Lust als ‹Sensation› – verstanden sowohl als eine sinnliche Empfindung als auch als ein unerwartet hereinbrechendes Ereignis, das in n-dimensionaler Gemeinschaftlichkeit fragmentiert, geformt und geteilt wird. Basierend auf der partialen Ökonomie der Berührung erweist sich die ästhetische Ordnung und totalisierende Macht des Blicks als ausgesetzt.

The Age of Pleasure ist buchstäblich als Traum angelegt, doch macht es diesen nicht weniger wirklich in den Lieferketten einer globalisierten Musikindustrie und des «Pleasure Principle» des frühen Neoliberalismus in der plattformbasierten Ökonomie einer neuen Sozialität, die vornehmlich (per Selfie) auf und über Bildschirme wuchert – und an der das Album in seiner eigenen Warenförmigkeit selbst teilhat. Als Momentaufnahmen in ihren je spezifischen historischen und sozio-politischen Kontexten markieren die beiden Videos signifikante Einkerbungen einer breiten Bewegung Schwarzer weiblicher* Selbstermächtigung in der US-amerikanischen Musikindustrie und darüber hinaus. Protagonist*innen wie Missy Elliott, Queen Latifah, Nicki Minaj oder kürzlich Cardi B und Megan Thee Stallion (mit ihrer Single «WAP») wären hier hinzuzurechnen; gleichzeitig wirken Appropriationen hegemonialer Ästhetiken von Lust keinesfalls per se emanzipatorisch und müssen kritisch reflektiert werden. Lust als Kreuzungspunkt libidinöser und ästhetischer Erfahrung vermag so für die Kunst- und Medienwissenschaften einen methodischen Anker bereitzustellen, Unterbrechungen in dominante Repräsentationsmuster zwischen Kunst und populärer Kultur analytisch zu fassen.

Während Lust für Theoretiker*innen wie Mark Fisher, wie er 2009 in *Capitalist Realism* bekräftigte, noch zu nahe am Hedonismus lag, ist sie heute insbesondere im Kontext von Schwarzer und Brauner Selbstermächtigung von zentraler Bedeutung. Bei Mussers Konzept der *brown jouissance* oder bei den Beitragenden zu Adrienne Maree Browns Projekt des *Pleasure Activism* etwa deutet sich eine Verschiebung an. Möglicherweise ist Lust als eine gewisse Frequenz von Konnektivität mit Notwendigkeiten der sozialen, politischen, ökonomischen und ökologischen Kontexte verbunden, aus denen heraus sie generiert und abgeleitet wird, und erlaubt daher stets nur vorläufige Befriedigung. Die Qualität der Sensation erlaubt, Lust als Ereignis zu denken, als Erfahrungsmoment anstelle einer linear gedachten Ressource, die schlicht aktiviert werden kann. Lust als *edging* verschafft keinen Höhepunkt, keine Erlösung.

L

SUSANNE HUBER

Lit.: **Brown, Adrienne Maree** (2019): *Pleasure Activism. The Politics of Feeling Good*, Chico. • **Fisher, Mark** (2009): *Capitalist Realism. Is There No Alternative?*, Hampshire. • **Irigaray, Luce** (1985 [1977]): *This Sex Which Is Not One*, Ithaca. • **Laplanche, Jean / Pontalis, Jean-Bertrand** (1996): *Das Vokabular der Psychoanalyse*, Frankfurt/M. • **Mulvey, Laura** (1975): Visual Pleasure and Narrative Cinema, in: *Screen*, Bd. 16, Nr. 3, 6–18, doi.org/10.1093/screen/16.3.6. • **Musser, Amber Jamilla** (2018): *Sensual Excess. Queer Femininity and Brown Jouissance*, New York, doi.org/10.18574/nyu/9781479807031.001.0001. • **Spillers, Hortense J.** (1987): Mama's Baby, Papa's Maybe: An American Grammar Book, in: *Diacritics*, Bd. 17, Nr. 2: *Culture and Countermemory: The «American» Connection*, 64–81, doi.org/10.2307/464747.

M_

MATERIAL Film und Fotografie sind nicht nur ressourcen-, sondern auch materialintensive Medien. Besonders die analoge Technik manifestiert sich hier in großen Apparaten und Mengen von Trägermaterialien, wohingegen das Digitale das Materielle verschiebt, hin zu kleinen, ubiquitären Geräten und nur scheinbar trägerlosen Medien, die aber auf Serverfarmen und Rohstoffabbau angewiesen sind. Seit einigen Jahren drängt das analoge Material nun wieder in die Wahrnehmung zurück. Es hatte sich ja nicht aufgelöst, sondern war umgeleitet, eingelagert worden.

Immer wieder werden meine Kolleg*innen und ich an filmwissenschaftlichen Standorten von Sammler*innen kontaktiert, die unglaubliche Mengen an 35-mm-Filmkopien oder Apparaten angehäuft haben. Es ist ein letztes Aufbäumen der Sammler*innen und ihrer verfallenden Sammlungen in Kellern, Garagen, Schuppen oder angemieteten Lagerräumen. Was sie in jahrzehntelanger Arbeit aufgebaut haben, sind keine Briefmarkensammlungen, und was ihnen ausgeht, ist nicht das Geld für neue Stücke, sondern der Raum zur permanenten und möglichst materialerhaltenden Unterbringung und Wertschätzung. Das Material ist dabei so unterschiedlich wie der Zustand der Objekte. Liebhaberstücke und Banales findet sich ebenso wie Rares und Besonderes. Auf Letzterem lag häufig gar nicht der Fokus der Sammelnden. Viele haben nicht gezielt, sondern kulturgeschichtlich gesammelt, also versucht, möglichst alles aufzunehmen. Im Vergleich dazu sind institutionelle Sammlungen exemplarischer, auch aus rein pragmatischen Gründen.

Auf dem Cinema-Ritrovato-Festival in Bologna wurde 2023 eine Publikation vorgestellt, die diesen Widerspruch unterschiedlicher Sammlungsansätze und -problematiken verdeutlicht. Die 100 Objekte, die darin auf je einer Doppelseite präsentiert werden, sind groß, alt, ungewöhnlich oder besonders – und vor allem gut erhalten, was durch die farbigen Abbildungen deutlich zur Geltung kommt. Der materielle Aspekt zeigt sich darin auf beinahe monströse Art, was im Titel des Buches schon angedeutet wird: *Tales from the Vaults*, ein Kuriositätenkabinett, wie es die Herausgeber*innen selbst in der Beschreibung des Buches nennen (Pelletier / Stoeltje 2023, 3), wahrscheinlich ohne dabei auf Jussi Parikkas Bezeichnung für die Medienarchäologie, «the living dead of media culture» (Parikka 2012, 5), anzuspielen. Die Publikation ist auch selbst materialintensiv, ein 30 × 25 cm großes und 2 kg schweres Coffee Table Book, das das Luxuriöse, Dekadente und Individuelle vieler Gegenstände noch unterstreicht. Was dabei aber untergeht und worauf die privaten Sammlungen aufbauen, ist das Alltägliche, die Unordnung, die immer auch Bestandteil materieller, analoger Kultur ist, das Dysfunktionale und das Rätselhafte.

Eine zu sehr auf Apparate und Material fixierte Sammlung läuft Gefahr, Aspekte der sachgerechten Bedienung und des Sammelns selbst ins Zentrum zu stellen und Aspekte einer Kulturtechnik des Gebrauchs zu übersehen, also auch Fragen von Reparatur, Hindernissen und Missbrauch. Inzwischen nutzt eine Do-it-yourself-Kultur die digitalen Möglichkeiten, um alte Apparate und Techniken wieder zugänglich zu machen. Durch das Digitalisieren und Zirkulieren von Bedienungsanleitungen werden Geräte nutzbar, die bereits vor der Umstellung des analogen Amateurmarktes auf Digitaltechnik kaum noch von jemandem eingesetzt worden wären.

In verschiedenen Foren lassen sich zudem Vorlagen für 3D-Drucker finden (vgl. Abb. 1 und 2), mit denen nicht nur verschiedene Adapter hergestellt werden können, um altes und neues Zubehör miteinander zu verbinden, sondern auch spezielles Equipment, beispielsweise für die Entwicklung von Filmmaterial, das zuvor nur gebraucht und meist in schlechtem Zustand zu finden gewesen wäre. Die Wiederkehr des analogen Materials in den digitalen Bastelkulturen, nicht

M

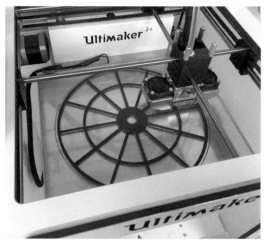

Abb. 1/2   Druck eines russischen Entwicklertanks für 16 mm (Foto: Julius Lange)

nur als Emulator oder Filter, sondern in Form materieller Produktion, ist ein neuer und wichtiger Baustein für den Erhalt und Umgang mit den Geräten. Allerdings löst das nicht das Lagerproblem der Sammler*innen, sondern führt zudem zu absurd hohen Preisen alter Amateurtechnologie auf eBay.

Die vorherrschende Ressource, die jetzt fehlt, um das Material zu erhalten, an und mit dem auch zukünftig grundlegend geforscht werden kann, ist der Raum, um diese Geräte zu archivieren und sie gegenwärtigen und zukünftigen Entwicklungen zur Verfügung zu stellen. Denn für das Verständnis von Kultur ist es wichtig zu wissen, in was für einer Welt wir gelebt haben. Wie hört sich eine Kamera an, wenn sie aufzeichnet, und wie schwer ist sie? Wie schwierig waren Filmprojektionen und was waren die Unterschiede der verschiedenen Geräte? Was hat man dabei gesehen, und vor allem: was nicht? Diese und ähnliche Fragen stellen sich Archivar*innen nicht nur bezüglich der überlebten Technik, sondern bereits jetzt anhand digitaler Objekte, beispielsweise bei der Archivierung von Computer- oder Konsolenspielen. Es sind diese Materialfragen, die das Analoge und das Digitale miteinander verbinden. Sie verweisen auch auf eine andere Art von Material, nicht eines, das uns aufgrund von Rohstoffmangel und

Energie- und Umweltkrise ausgeht, sondern das schon da ist, aber deswegen nicht einfach archiviert und erhalten werden kann. Gerade wenn es nicht um den Inhalt von Medien, sondern um die Herstellung und den Gebrauch geht, müssen wir uns überlegen, was wir bereit sind, dafür zur Verfügung zu stellen.   FLORIAN KRAUTKRÄMER

Lit.: **Levin, Boaz / Ruelfs, Esther / Beyerle, Tulga** (Hg.) (2022): *Mining Photography. Der ökologische Fußabdruck der Bildproduktion*, Leipzig. • **Parikka, Jussi** (2012): *What is Media Archaeology?*, Cambridge, Malden (MA). • **Pelletier, Louis / Stoeltje, Rachael** (Hg.) (2023): *Tales from the Vault. Film Technology over the Years and across Continents*, Brüssel.

N

N_

NICHTS Das Nichts geht uns nicht aus. Das Nichts ist eher das Ausgehen selbst. Vielleicht ist das Nichts die Hoffnung, die im Ausgehen liegt, nämlich dass *nichts* übrigbleibt. Aber geht uns das *nichts* an? Hat *nichts* eine Dringlichkeit? Brauchen wir *nichts*? Haben wir etwas, wenn wir *nichts* haben? Oder können wir *nichts* überhaupt haben? Und hat *nichts* einen Ort? Oder ist *nichts* ortlos? Ist es vielleicht der Ort oder eher die Situierung der Ortlosigkeit? Eine Situierung, die uns alle betrifft, nur eben auf sehr unterschiedliche Weise? *Nichts* ist nicht dort, wo nichts ist, nicht dort, wo wir nicht sind. Es ist eher – so würde es jedenfalls Karen Barad (2012) fassen – das, wovon wir uns nicht trennen können, was jede Trennung unterläuft und jede Vorstellung eines abgeschlossenen Ganzen heimsucht. *Nichts* lässt sich nicht aneignen, es gehört niemandem; uns jedenfalls gehört es nicht. *Nichts* gehört dem Nichts. Es ist die Unmöglichkeit des Gehörens, der Aneignung, des Besitzes. Insofern ist *nichts* das Einzige, was wir alle teilen, was uns gemeinsam ist – wenn auch auf völlig verschiedene Weisen.

Der bekannteste Song des US-amerikanischen Singer-Songwriters, Tramps und Aktivisten Woody Guthrie handelt von diesem Gemeinsamen, diesem Teilen des Nichts: «This land is your land, this land is my land / From California to the New York Island / From the redwood forest to the Gulf Stream waters / This land was made for you and me.» Um welches Land geht es hier? *This Land Is Your Land* ist sicher keine patriotische Hymne, die die Größe der Vereinigten Staaten von Amerika und die Aneignung des Landes durch den Siedlerkolonialismus lobpreist. Das Lied handelt nicht vom Besitz eines Territoriums, es stellt vielmehr die Frage nach dem Gemeinsamen, den Commons aus der Perspektive derer, denen nichts gehört, die nichts gemeinsam haben, die *nichts*, die Nichttrennbarkeit bewohnen. In der vierten Strophe, die seltener gesungen wird als die bekannte erste und deren einzige Aufnahme durch Guthrie lange verschollen war, heißt es:

> There was a big high wall there that tried to stop me;
> Sign was painted, it said private property;
> But on the back side it didn't say nothing;
> This land was made for you and me.

Dieses *nothing* ist hier die andere Seite des Zeichens, der Klassifikation, des *private property*, der trennenden Gewalt, die die Gegebenheit unserer Welt zu begründen scheint: ein *nothing*, von dem niemand sich trennen und das niemandem gehören kann.

Nichts ist gerade nicht die Leere, die in Besitz genommen werden kann, sondern das, was in der Besitznahme ausgelöscht werden soll. Aber *nichts* ist nicht nur Traum des Nichtsesshaften, des Nomadischen und Offenen. Es ist nicht nur die Untrennbarkeit, sondern verschränkt mit der Trennung, der Auslöschung. Nicht jenseits der Gewalt, sondern verschränkt mit der Gewalt der Trennung und der Fixierung des Traumas. In «Troubling Time/s and Ecologies of Nothingness» zitiert Karen Barad die Erzählung *From Trinity to Trinity* der Autorin Hayashi Kyōko, einer Überlebenden des Atombombenabwurfs von Nagasaki: «I wonder with what I can possibly fill the fifty-two spaces, that were once lived by fifty-two schoolmates in my grade. I want to embrace the emptied spaces but my hand reaches toward nothing» (Kyōko zit. n. Barad 2020, 240). Dieses *nothing* der 1945 in Nagasaki gestorbenen 52 Schulkamerad*innen ist zugleich ihr Verschwinden als auch die Unmöglichkeit ihres Verschwindens, der Verlust des Gemeinsamen als auch das Andauern eines Gemeinsamseins. Die Überlebenden der nuklearen Katastrophe, die Hibakusha, bewohnen dieses singuläre *nichts*, das Verschwinden derjenigen, die sie gekannt haben, die ihre Welt ausgemacht haben und die nun fort und zugleich doch da, *nichts*, Teilen des Nichts sind. Es ist das Ende dieser Welt und die Unendlichkeit dieses Endes.

Wenn *nichts* nicht leer, kein *empty space* ist, dann ist es auch ein Gemeinsames, das wir mit den Toten, den Verlorenen, den Verschwundenen teilen, mit ihnen bewohnen. Die Gewalt kann *nichts* mobilisieren, aber sie kann *nichts* von ihm trennen. Was sie zerstört, bleibt nicht / *nichts*: «It is in bodily bringing together the different structures of nothingness – tracing their entanglements – that the world can mourn and the unnamed come to matter and are recognized as part of the ongoing reworlding of the world» (ebd., 241). Das ist es, was Barad als *ecologies of nothingness* bezeichnet hat: das *re-membering*, das Teilnehmen an dem, das Bewohnen dessen, was vergangen, verschwunden zu sein scheint und doch andauert als Un / Endlichkeit des *nichts*. Es gibt hier keine zeitliche Abfolge, keine Linearität, vielleicht überhaupt keine Zeit; es gibt – so Barad – nichts als die Re / Konfigurierung des Nichts, den Bezug auf das, was in den Trennungen verschwunden, vergangen, verloren, ausgelöscht zu sein scheint: die «Unbestimmtheiten [...], welche durch die Schnitte bluten und den Zwischenraum zwischen bestimmten Verschränkungen bewohnen» (Barad 2014, 173; den Hinweis auf diese Stelle verdanke ich Fedora Hartmann).

In den Schnitten, durch sie hindurch, auf der anderen Seite des *private property* handelt das *nichts* von einer Gemeinschaft des Nicht / Trennbaren, des Verlorenen und seines Andauerns: «A community of those who have nothing in common» (Lingis 1994). Mit Denise Ferreira da Silva lässt sich diese Sozialität des *nichts* im Anschluss an Gottfried Wilhelm Leibniz als Plenum bezeichnen, als «infinite composition in which each existant's singularity is contingent upon its becoming one possible expression of all other existants, with which it is entangled beyond space and time» (Ferreira da Silva 2016, 58). Ferreira da Silva spricht in diesem Zusammenhang von *poethics*, Fred Moten und Stefano Harney von einer *sozialen Poetik*:

Ein permanenter Prozess, in dem Menschen und Dinge einander erschaffen, oder genauer gesagt, in dem kontinuierlich unteilbare Differenzen geschaffen werden. Sie erschaffen die Sozialität, in der sie leben, und diese Sozialität wird häufig im relativen Sinn als Nichts begriffen – als etwas, das Niemand wollen und um das sich Niemand kümmern würde. Aber diejenigen von uns, die versuchen, sich ein Vertrauen zu bewahren und ein Verhältnis zu dieser Poetik der Undercommons, wissen, dass dieses Nichts nicht

der Leere entspricht. Es ist für uns notwendig, es zu bewohnen, aber auch, es zu studieren und in ihm zu studieren, in unserem und als unser Praktizieren von ihm. (Moten / Harney 2019, 32)

Dieses *nichts* ist nicht allgemein, es ist materiell, singulär und spezifisch. Es ist Schwarz, nicht *weiß*, auch wenn es mit der Gewalt der *whiteness* verschränkt ist. *Nichts* ist insofern nicht ‹das Nichts›, sondern eine divergente Vielheit des Nicht / Gemeinsamen, der Gewalt, des Verschwindens, der Un / Möglichkeit des Antwortens, der Offenheit und des Schließens, der Un / Trennbarkeit. Das Nichts betrifft uns nicht alle gleich und es bleibt auch nicht gleich für uns alle. Wir müssen ihm antworten, ihm folgen, es bewohnen auf jeweils spezifische Art und Weise. Es kommt nicht darauf an, es anzuerkennen; es kommt darauf an, zu verändern. Uns zu verändern.

STEPHAN TRINKAUS

Lit.: **Barad, Karen** (2012): *What Is the Measure of Nothingness? Infinity, Virtuality, Justice / Was ist das Maß des Nichts? Unendlichkeit, Virtualität, Gerechtigkeit*, Ostfildern. • **dies.** (2014): Berühren – das Nicht-Menschliche, das ich also bin, in: Susanne Witzgall / Kerstin Stakemeier (Hg.): *Macht des Materials / Politik der Materialität*, Zürich, Berlin, 163–176. • **dies.** (2018): Troubling Time/s and Ecologies of Nothingness: Re-Turning, Re-Membering, and Facing the Incalculable, in: Matthias Fritsch / Philippe Lynes / David Wood (Hg.): *Eco-Deconstruction. Derrida and Environmental Philosophy*, New York, 206–248, doi.org/10.1515/9780823279531-011. • **Ferreira da Silva, Denise** (2016): On Difference Without Separability, in: Jochen Volz / Júlia Rebouças (Hg.): *32nd Bienal de São Paulo – Incerteza Viva* (Ausst.-Kat. zur 32. Biennale São Paulo, São Paulo), 57–65. • **Lingis, Alphonso** (1994): *The Community of Those Who Have Nothing in Common*, Bloomington, Indianapolis. • **Moten, Fred / Harney, Stefano** (2019): *Eine Poetik der Undercommons*, Leipzig.

N

0_

OVERHEADPROJEKTOR

Wer erinnert sich nicht an den Overheadprojektor?

Diese Frage stellte ich 2007 während einer Lecture Performance über die Geschichte des Tageslichtprojektors, Overheadprojektors oder auch Polylux, die ich seither bei einigen Gelegenheiten zusammen mit der künstlerisch forschenden Linda Hilfing Ritasdatter wieder gehalten habe. Mehr als 15 Jahre später muss die Frage allerdings anders gestellt werden. Berechtigterweise müsste sie nun lauten: Wer erinnert sich (überhaupt) noch an den Overheadprojektor (OHP)? Die Generation X und die Millennials können das wahrscheinlich noch, aber wenn jüngere Leute mit dem OHP vertraut sind, ist das wohl eher Zufall. Trotz des Wandels der Zeiten habe ich mich vor Kurzem gefreut wie ein Kind, als ich in einem Atelierraum einer englischen Kunsthochschule nicht weniger als drei OHPs nebeneinander vorfand. Offensichtlich waren sie noch in Benutzung, was das versteckte Vermächtnis des OHP als künstlerisches Medium (für Wandzeichnungen und Lichtershows) bezeugt, das über seine kanonisierte Geschichte als eher profane Büro- oder Klassenzimmertechnologie hinausgeht. Tatsächlich nimmt der OHP einen besonderen Platz in der Geschichte kreativer Technologienutzungen ein, und das umso mehr, als er niemals ausdrücklich mit dem Zweck der Unterhaltung oder der individuellen kreativen Praxis produziert oder vermarktet wurde. In den 1960er Jahren drang der OHP zielstrebig in Klassenräume und geschäftliche Sitzungen vor. Und da diese Zeit mit dem Aufstieg der Popkultur und *counterculture*-Bewegungen sowie erweiterten, intermedialen Kunstpraktiken zusammenfiel, ist es vielleicht gar nicht so überraschend, dass dieses Gerät bald auch für die ‹unintendierte› kreative Verwendung eingespannt wurde. Auch wenn es

widersprüchlich anmutet, waren die vermeintlich freien Entwicklungsformen der Kunst und Technologie in den 1960er Jahren, einschließlich der psychedelischen Lichtershow, zutiefst von Standardisierungsprozessen abhängig, sowohl hinsichtlich der ‹Hardware› von Technologien der visuellen Repräsentation als auch bezüglich der ‹Software› von immer zahlreicher vorhandenen künstlerischen Materialien. Denn in der Nachkriegszeit boomte die Industrie massenproduzierter Materialien für bildende Künstler*innen in Nordamerika. Beispielsweise wurden Neon- und synthetische Farben oder Anilinfarbstoffe sowie Gelatine nun aufgrund ihrer Massenproduktion zugänglich und bezahlbar. Hinzu kam, dass es optische Apparate wie Dia- und Overheadprojektoren zu dieser Zeit schon eine Weile gegeben hatte und dass sie daher günstig auf Flohmärkten erworben oder aus verschiedenen Institutionen gerettet werden konnten. Tatsächlich ist es immer noch recht einfach, einen OHP zu ergattern. Online findet man gebrauchte Geräte gewöhnlich schon im Preissegment zwischen 50 und 100 Euro.

Trotz ihrer (heutigen) Unbekanntheit sind OHPs immer noch sehr präsent und werden als eine Form von ‹Restmedien› (*residual media*) eingestuft. Der Bereich des Residualen, so möchte ich vorschlagen, erscheint als Gegenspieler zum Paradigma der geplanten Obsoleszenz, das aus dem industriellen Kapitalismus hervorgegangen und integraler Bestandteil der technologischen Entwicklungen seit dem frühen 20. Jahrhundert und darüber hinaus ist. Wenn laut Joseph Schumpeter Innovation im Kapitalismus auf ‹schöpferischer Zerstörung› als einer Kraft des Neuen beruht, die das Alte zerschlägt, so ist das Residuale stattdessen disruptiv, weil das Alte in der Gegenwart beharrlich fortbesteht. Dennoch stören OHPs immer nur subtil. Sie zu verwenden, kommt nicht gerade einem lautstarken Widerstand gleich. Bestenfalls ist die Arbeit mit ‹Restmedien› eine Form postdigitaler Praxis, die Vergangenheit und Gegenwart neu miteinander verdrahtet, um die Möglichkeit anderer Zukünfte spürbar zu machen.

Laut Brian Massumi (zit. in Schuppli 2020) ist das Residuum das, was zugleich bleibt und verbindet. Es ist das, was zwischen Wissensbereichen, Praktiken und Disziplinen übertragen wird. Man denke daran, wie der OHP uns in der strikten kognitiven Struktur der Präsentation geschult hat: Als Disziplinierungstechnologie hat er uns die Bedeutung von Schlagwörtern, Zusammenfassungen, Auflistungen, Karikaturen und Diagrammen beigebracht. Wie in vielen anderen Fällen gibt es auch in dieser Geschichte keine scharfe Trennung zwischen dem Analogen und dem Digitalen, sondern eher Übergänge, die Kontinuitäten und Diskontinuitäten umfassen. Mit dem Fotokopierer kam die Möglichkeit auf, noch akkurater formatierte Präsentationsfolien zu erstellen, sodass der OHP erst Mitte der 1970er Jahre im großen Stil von der Geschäftswelt übernommen wurde. Mitte der 1980er wurde die erste Version von PowerPoint veröffentlicht, deren erstes Einsatzgebiet nicht die digitale Präsentationsfolie war (Videobeamer waren noch nicht weit verbreitet), sondern vielmehr die computergestützte Gestaltung von Folien, die wiederum ausgedruckt und über den OHP projiziert werden konnten. Der OHP verkörpert diesen Übergang vom Analogen zum Digitalen und wieder zurück, und ist, wo er bis heute verwendet wird, Teil einer Ökologie der fortbestehenden ‹Vermächtnis›-Technologien, die sowohl an das erinnern, was vorher war, als auch die Linearität dieser Geschichte durcheinanderbringen.

Angesichts der ökologischen Zerstörung und der daraus resultierenden Notlage wenden sich auch digitale Kulturen den Philosophien und Praktiken des Postwachstums (*degrowth*) zu: Bewegungen wie Permacomputing, das ‹computing within limits›-Netzwerk und auch feministische Servergruppen (z. B. das Traversal Network of Feminist Servers) schlagen technologische Praktiken des *low-tech* und *small scale* als Alternativen zur extraktiven Logik der konnektiven, Cloud-basierten Architekturen und ihrer ausbeuterischen Arbeitsstrukturen vor. Kann die Nutzung analoger Technologie als politischer Akt gewertet werden im Angesicht einer omnipräsenten Digitalisierung und ihrer unerbittlichen Ausweitung? Insofern der Kapitalismus von der Herstellung von Knappheit abhängt, die sich oft als Überfluss tarnt, können Dinge, die *nicht* tatsächlich ausgehen, als Unterbrechung dieser Logik betrachtet werden. Im Falle von Retro-Technologie konnten wir allerdings beobachten, wie das Kapital auch in der Lage ist, ‹Restmedien› wieder in seine Verwertungsketten einzugliedern. Dies begann im großen Stil mit dem Wiederaufleben von Vinyl, erstreckt sich aber auch auf andere physische Medien und auf die Virtualisierung der Vergangenheit beim Streamen audiovisueller Archive und beim Retro-Gaming, das alte Hardware emuliert, um alte Software auf neuen, meist Cloud-basierten Plattformen laufen zu lassen. Das ähnelt dem, was Anna Tsing als ‹Verwertung› (*salvage*) bezeichnet hat (Tsing 2019). Es ist die Art und Weise, mit der das Kapital sich auch das einverleibt, was außerhalb seiner existiert, als etwas, das für eine bestimmte Gruppe einen Wert darstellt und das nun in die extraktive Liefer- und Verwertungskette zurückgeholt wird. Bislang sehen wir, dass das auch bei Overheadprojektoren passiert, die dafür einerseits eher unwahrscheinliche Kandidaten sind, da sie nicht wirklich etwas von Wert produzieren, das nicht auch digital in Umlauf gebracht werden könnte. Andererseits gibt es, wie meine kurze Analyse hier zu zeigen versucht hat, Aspekte der OHP-Präsentationsweise und ihrer kognitiven Strukturen, die auch für die digitale Kultur wesentlich geworden sind. Dies deutet darauf hin, dass die Aufmerksamkeit für solche ‹Restmedien› ein Arbeiten an den Kontinuitäten und Diskontinuitäten darstellt, welche Einfluss darauf haben kann, was die Überreste der Zukunft sein werden.

KRISTOFFER GANSING

aus dem Englischen von
Jana Mangold und Mirjam Kappes

Lit.: **Acland, Charles R.** (Hg.) (2006): *Residual Media*, Minneapolis, London. • **Gansing, Kristoffer / Hilfling Ritasdatter, Linda** (2007): O-History! Performance

Lecture, gehalten beim Workshop *Kunst und Musik mit dem Tageslichtsprojektor*, Moltekerei Köln, 25.08.2007, www.derstrudel.org/tageslicht/tageslichtprojektor.html (28.11.2023). • **Mansoux, Aymeric u. a.** (2023): Permacomputing Aesthetics: Potential and Limits of Constraints in Computational Art, Design and Culture (Konferenzbeitrag), in: *Ninth Computing within Limits*, doi.org/10.21428/bf6fb269.6690fc2e (17.11.2023). • **Schumpeter, Joseph A.** (1994 [1942]): *Capitalism, Socialism and Democracy*, London. • **Schuppli, Susan** (2020): *Material Witness. Media, Forensics, Evidence*, Cambridge (MA), London. • **Traversal Network of Feminist Servers** (Website der Gruppe), www.00000.be/atraversalnetworkoffeministservers (28.11.2023). • **Tsing, Anna Lowenhaupt** (2019): *Der Pilz am Ende der Welt. Über das Leben in den Ruinen des Kapitalismus*, Berlin.

P_

O **PAUSE** In einem Wörterbuch des britischen Studienabbrechers, Privatlehrers, Juristen und späteren Einsiedlers George Crabb, *English Synonyms Explained, in Alphabetical Order* (1826), steht das Schlagwort idle gleich neben ideal, idiom und idiot. Reiner Zufall? Freizeit wird in vielen Unternehmen nicht selten als Vorschuss ausgezahlt, die Pause als gewinnbringende Investition betrachtet. Ein kurzer Schlaf steigere die Leistungsfähigkeit um 35 Prozent, nehmen manche an. Ist die Pause darum Idiom und Ideal des Flows, oder sind Menschen und Maschinen mit idle time lediglich aus der Zeit gefallen? Und was ist mit den Inselmenschen, die sich in eine Sekunde zurückziehen – setzen sie sich geradliniger der Unterbrechung und Hemmung aus, jenem Mechanismus, der in den Uhren zwischen dem Räderwerk und dem Pendel, der Unrast und dem Gewicht vermittelt? Paradoxerweise sorgen ruhende Hemmungen für den präziseren Lauf der Uhren. Sie zwingen den Uhren ihren Takt auf.

IDLE, ahd. îtal, nhd. eitel. Drei Heringe schlägt Crabb in den Boden seines Wörterbuchbeitrags ein, um die Bedeutungen von idle zwischen ihnen aufzuspannen: vain, lazy und vacant.

1. VAIN, von lat. *vanus*, leer, unbedeutend, nichtig, erfolglos, vergeblich. Eine Tätigkeit, schreibt Crabb, könne entweder müßig oder eitel sein. Im ersten Fall folge man nur der eigenen Nase – man «arbeitet, um sich selbst zu erfreuen»; im zweiten Fall bleibe die Arbeit ohne jeden Nutzen: unbedeutend und nichtig. Ein Makel, schreibt Crabb, am Apparat, die Vergänglichkeit: Wenn wir rationale Wesen seien, müssten wir alle sinnlosen Tätigkeiten einstellen, die Zeit, die uns der Allmächtige gegeben habe, gewissenhaft nutzen (Crabb 1826, 458). «Nichts tun. Zuschauen, wie das Gras wächst. Sich in den Lauf der Zeit gleiten lassen. Leben, als sei immer Sonntag», sagt Roland Barthes 1979 in einem Interview und beteuert, dass ihm das schlechte Gewissen das Nichtstun versage (Barthes 2002, 367). Dass die leere Zeit überhaupt zum Gegenstand des Gewissens werden kann, hängt mit der Entwicklung der mechanischen Uhren zusammen. Um 920 messen die Benediktinermönche von Cluny die Zeit noch mit der Brenndauer einer Kerze, aber schon um 1160 werden die ersten Kirchenglocken erwähnt, und um 1330 entstehen mit der Unruh präzisere, mechanische Uhren. Mit den ersten Kirchenglocken wird auch eine neue Verwandtschaft sichtbar: Das Nichtstun steht im Verdacht, eine Schwester der Trägheit, der Todsünde *acedia*, zu sein. Mit der Unrast und der immer genaueren Taktung des Tages wandelt sich indes die leere Zeit von der Todsünde zu einer physischen Müdigkeit. Die Arbeit hat ihre Gegenspielerin gefunden: das Nichtstun, den Müßiggang.

2. LAZY, von lat. lassus, ‹lässig›. Müde sein, nichts tun. Schmarotzer, Drohne, Tagedieb, Nichtstuer, Müßiggänger, Faulenzer – so poltert es aus DeepL heraus, sobald man das Wort ‹idler› eintippt. Gegen die Faulpelze die *Versuche* des Herrn von Montaigne, «Wider den Müßiggang»: «[...] ein Philosoph sollte nicht einmal Athem holen, nämlich den Nothwendigkeiten des Körpers nicht mehr nachgeben, als was unumgänglich nöthig ist, und sowohl ihre Seele als ihrem Körper allezeit zu vortrefflichen, großen, tugendhaften Handlungen geschickt halten»; selbst auf dem Sterbebett müsse man immer zu großen Taten bereit sein, schreibt Montaigne (ebd. 1992, 530). Im Alt- und Mittelhochdeutschen kann man das Wort ‹faul› über lat. putor, Fäulnis oder den faulen, modrigen Geruch, direkt auf den Wundbrand zurückführen. Faulheit und

Verwesung hinterlassen ihre Spuren auf den Körpern. Die Negation der Arbeit ist bei Strafe verboten.

In der zweiten Hälfte des 19. Jahrhunderts hat der weiße Atem der Dampfmaschinen die leere Zeit rehabilitiert. Müde sein ist keine Todsünde mehr. Pausis, das Aufhören. Respiratio, der Verzug im Reden, um Atem zu schöpfen. Intermissio, der Zustand, wenn etw. auf einige Zeit aufhört, überh., der Ruhepunkt. Die Unterbrechung, das Schweigen in der Musik. Noch ehe Paul Lafargue mit dem Ohr an der Dampfmaschine ein «Recht auf Arbeit» fordert, erwähnt Crabb das Nichtstun: Faulpelze sind nicht zwangsläufig müde oder träge. Sie neigen nicht zum Nichtstun, sondern lediglich zur Hemmung. «Still, blass und mechanisch» treffe diese Haltung meist jene Angestellten, die fremdbestimmt arbeiten: «[D]iejenigen, die arbeiten sollten, sind oft am wenigsten gewillt, sich überhaupt zu bewegen, […] da die Triebfeder fehlt, die sie zum Handeln bewegen sollte.» Die «Bediensteten und arbeitenden Klassen» zeichne womöglich lediglich eine Abneigung gegen körperliche Tätigkeiten, aber nicht gegen das Denken» aus (Crabb 1826, 458).

3. VACANT, frei. Crabb unterscheidet zwischen Freizeit, leisure, und Vakanz. Die Freizeit komme von leasure, to lease, release – lösen, loslassen, befreien. Die Freizeit befreit uns von der Arbeit. Die Vakanz bezeichnet daneben die Unterbrechung der Arbeit. Doch nicht unbedingt. Die Freizeit, schreibt Crabb, können wir selbst bestimmen, aber wir können auch notgedrungen frei haben, d. h. wider Willen ohne Arbeit sein (Crabb 1826, 459). Im Fall von leisure gestalten wir selbst die freie Zeit, im Fall der Vakanz erleiden wir sie. Die Freizeit beschreibt Crabb aus der Perspektive der Menschen, die Vakanz dagegen aus der Perspektive des Amts. Die Arbeit nimmt Urlaub vom Menschen. Die Vakanz bezeichnet zunächst die Ruhetage. Das Licht geht aus. Die Werkstätten, Kontore, Manufakturen atmen auf.

Endlich frei. Die Pause aus der Perspektive der Arbeit betrachten auch die Brüder Schnelle aus Quickborn, als sie Ende der 1950er Jahre die Bürolandschaften erfinden. Sie ordnen die Schreibtische im freien Rhythmus im Großraumbüro an, nachdem sie die Büros von Vorzimmern, Türen, Korridoren und Wänden befreit und die menschengemachte Verwaltung dem digitalen Fluss der Belege unterworfen haben. Mit den Bürolandschaften wurden auch die Pausenräume erfunden. Der Geruch von Kaffee und Stulle ist die stumme Aufforderung und Erlaubnis zur Pause, jederzeit und immer. Curd Alsleben, der Architekt des Großraumbüros, notiert, dass die Angestellten auch in den Pausen über nichts anderes als die Arbeit reden – das gemeinsame Nichtstun fördere die Arbeit. Nahezu zeitgleich führte der Wiener Peter Drucker die Zielvereinbarungen ein, die das Nichtstun der Arbeit unterordnen. Die leere Zeit wird dabei nicht nur als Teil der Arbeit betrachtet. Sie ist die Unrast im Uhrwerk der Arbeit. Die Hemmung hilft dabei, nicht aus dem Takt zu fallen, die Vorgaben in vielen Fällen sogar überzuerfüllen.

Wenn Nichtstun Arbeit ist, kann auch die Arbeitslosigkeit zur Ressource von Arbeit werden. Die ersten Entwürfe, die längere Pausen in die Arbeit integrieren, entstehen um 1982 in der Autostadt Flint in Michigan im Schatten einer Krise. Um Entlassungen zu vermeiden, solle die Arbeitszeit halbiert, die Freizeit mit selbstbestimmter Arbeit gefüllt werden: sechs Monate Arbeit, sechs Monate Freizeit. Man feiert die Teilzeitarbeitslosigkeit – den Hausbau, die Selbstversorgung, die Permakultur, das Urban Gardening – als Rückbesinnung auf eine «Arbeit, die wir wirklich, wirklich wollen» (Bergmann 2020, 323) und rehabilitiert so die Arbeit, an der man sich nur selbst erfreut, die Crabb noch als nichtiges Tun beschrieben hat. Mit der Arbeit an der Pause wirbt Frithjof Bergmann, der Erfinder von New Work. Bergmann hatte Philosophie in Princeton gelehrt, war unzufrieden und kündigte. Das «wahre Leben» wollte er auf den Spuren Henry David Thoreaus (1995, 59) in den Wäldern von New Hampshire finden: mit dem Anbau von Mais, Kohl, Kartoffeln und 20 anderen Gemüsesorten sich die Pause selbst verdienen. Aber das Low-Tech-Leben in den Wäldern war ihm wie schon Thoreau zu mühsam. Ohne Strom und Motorsäge fiel zu viel Zeit auf die Selbstversorgung. Bergmann träumte darum von einer «High-Tech-Eigen-Produktion» (Bergmann 2020, 22), von Apparaten, Materialien, Maschinen und Herstellungsarten, die es einer kleinen Gruppe ermöglichen, das Lebensnotwendige zu 60 bis 80 Prozent selbst herzustellen. Das ging nicht auf. Doch viele Entwürfe des bedingungslosen Grundeinkommens haben die Pause in ähnlicher Weise fortgedacht: die Nichtarbeit als Teil der Arbeit begriffen. Das unbedingte Grundeinkommen im Globalen Norden ist ein Leben an der Existenzgrenze, das mit Billigproduktionen im Globalen Süden rechnet – die Freiheit von Arbeit entkommt der Ökonomie nicht.

P

«Blass, unscheinbar, bedauernswert anständig und rettungslos verloren, das war Bartleby». Er «saß in seiner Einsiedelei über der eigenen Arbeit, blind für alles andere» (Melville 2010, 15 f.). Er arbeitete Tag und Nacht, machte niemals Pause bis zu jenem Satz, der uns seitdem unaufhörlich auf Anstecknadeln, Stoffbeuteln, T-Shirts und Kaffeetassen entgegeneilt: «Ich möchte lieber nicht.» Die Abschriften, die Herman Melvilles Schreiber Bartleby bis zuletzt dem Bürovorsteher schuldet, verweisen auf keine Etymologie, aber auf einen Namenszwilling: «ein Säckchen von Leinwand, mit Kohlen-, Kreide- oder Rötelstaub gefüllt, das der Maler, die Stickerin etc. durch eine durchstochene Zeichnung klopft, um dadurch die Zeichnung der Umrisse auf den Malgrund, den Stoff, etc. zu bringen (durchpausen, durchstäuben, kalkieren)» – das ist die Pause. «P. heißt auch eine mittels durchscheinenden Papiers von der Zeichnung genommene Kopie» (Meyer 1906, 521). Was faul ist an der Pause, kann man diesem Lexikoneintrag gut entnehmen. Die Pause entspringt keiner anderen Zeit. Sie ist keine Utopie, sondern Negativ und Kopie der Arbeit. «Die Abschriften! Die Abschriften! […] Ich möchte lieber nicht» (Melville 2010, 19). Wir wissen, wie das endet. «I would prefer not to» ist kein Protest, sondern nur «ein Säckchen von Leinwand, mit Kohlen-, Kreide- oder Rötelstaub gefüllt»: ein Spiegel, der jedem Satz unmittelbar seine Negation vor Augen hält.

P

Wie kann man also die Freiheit finden, etwas ausgehen oder sein zu lassen? Indem wir dem Gras beim Wachsen zuschauen? – Nicht gießen! Die Hemmung wächst mit den *Don't-do*-Listen. Nicht fliegen. Nicht tanken. Nicht kaufen. Nicht wachsen. Nicht lügen. Die Schwierigkeit, nein zu sagen, ist «ein Problem der Sprache im Zustand der Sprachlosigkeit», schreibt Klaus Heinrich. Protestari bedeute, vor Gericht das Schweigen zu brechen, damit das Schweigen nicht als Zustimmung gedeutet werden könne (2020, 43, 109). «Wo wird aus der Verweigerung Revolte, aus der zufälligen Blockade der organisierte Generalstreik?», fragt Milo Rau (2023, 89).

Aus Heinrichs Zustand, dem Wann und Wie des Protests, wird bei Rau ein konkreter Ort der

Utopie in der Gegenwart und in Melvilles *A Story of Wall Street* ein Problem der Zustellung. Über den toten Bartleby erzählt der Bürovorsteher rückblickend, er habe als kleiner Angestellter im Büro für unzustellbare Briefe gearbeitet. «Tote Briefe! Klingt das nicht wie tote, nicht zugestellte Menschen?» (Melville 2010, 64) Die Briefe verstummten, bevor sie ihr Ziel erreichen konnten, die Revolte wurde nicht zugestellt. Am Fenster stehen, zur kahlen Wand hinüberträumen. Das Briefeschreiben lieber gleich sein lassen? Es fällt schwer, nein zu sagen – für das, was uns ausgeht, eine Perspektive zu finden. Das Nichtstun oder die leere Zeit stehen weniger für den Sonntag: die lange oder vermeintlich unendliche Weile. Die aufgebrauchte Zeit ist in vieler Hinsicht kein Haben, sondern ein Soll. Das Phlegma des Seinlassens kann nur überwinden, wer nicht nichts tut.　　GLORIA MEYNEN

Lit.: **Barthes, Roland** (2002): Mut zur Faulheit, Christine Eff, Le Monde Dimanche, 16. September 1979, in: ders.: *Die Körnung der Stimme, Interviews 1962–1980*, Frankfurt / M., 367–374. • **Bergmann, Frithjof** (2020): *Neue Arbeit, neue Kultur*, Freiburg. • **Crabb, George** (1826): *English Synonyms Explained, in Alphabetical Order, with Copious Illustrations and Examples Drawn from the Best Writers*, New York. • **Heinrich, Klaus** (2020): *Versuch über die Schwierigkeit nein zu sagen*, Freiburg, Wien. • **Melville, Herman** (2010 [1856]): *Bartleby, The Scrivener. A Story of Wall Street*, New York, London. • **Meyer, Hermann Julius** (1906): *Meyers Großes Konversationslexikon*, Bd. 15, Leipzig, Wien. • **Rau, Milo** (2023): *Die Rückeroberung der Zukunft. Ein Essay*, Hamburg. • **Montaigne, Michel de** (1992): Wider den Müßiggang, in: ders.: *Essais. (Versuche) nebst des Verfassers Leben nach der Ausgabe von Pierre Coste*, Bd. 2, Zürich, 527–535. • **Thoreau, Henry David** (1995 [1854]): *Walden; or, Life in the Woods*, New York.

PERSPEKTIVE In den *Principia philosophiae* stellt sich René Descartes das System der Wissenschaften als einen Baum des Wissens vor. Aus einigen metaphysischen Prinzipien, die als Wurzeln tief in die Erde hineinragen und dem Gebilde ein stabiles Fundament geben, wächst der Stamm der Physik, von dem aus wiederum die Einzelwissenschaften wie Zweige hervorsprießen und sich zu einer Krone ausbreiten. Aus Wissen wachse mehr Wissen, scheint dieses Bild nahezulegen, vor allem wenn das primäre Wissen eine fundamentale Wahrheit der Welt bereitstellt, die sich darstellt als das «Basisprinzip einer einzelnen, alles umfassenden Methode» (Matthews 1989, 88, Übers. CL).

Ist das Bild der Wissenschaften als Baum obsolet, wenn wir heutzutage von einer Wissenschaft erwarten, mehrere, mitunter auch widersprechende Methoden zu entwickeln? Entgegen solchen Zentralisierungsfantasien, die Wissenschaften durch gewisse ‹Fundamentalwahrheiten› zu vereinen, nimmt sich die Medienwissenschaft die Freiheit, ein äußerst diverses Verständnis dessen zu haben, was Medien sind. Statt bestimmte Medientheoretiker*innen als Säulenheilige zu huldigen, weist die Medienwissenschaft ihnen höchstens die Rolle von lokalen Autoritäten zu, die Orientierung geben in wiedererkennbaren Kontexten. Konsens scheint zu sein, dass Medienbegriffe kontextsensibel angesetzt werden müssen, statt alle möglichen Gegenstände einzufassen. Wenn die Medienwissenschaft darauf insistiert, dass es kein Denken ohne Medien gibt, dann öffnet sie sich außerdem gegenüber der Annahme, dass das Denken immer ein situiertes Denken aus einer spezifischen Perspektive ist. So bleibt die wissenschaftliche Perspektive dem Boden verhaftet, statt transzendentale Positionierung zu sein, von der aus sich das ‹reine Denken› den weltlichen Dingen widmet.

Im cartesianischen Bild ziert der Baum des Wissens die Landschaft der Forschung wie die einsame Eiche ein Wintergemälde bei Caspar David Friedrich. Die neoliberal erneuerte Ordinarienuniversität mit ihren Strukturen, die auf eine Zentralisierung von Macht hinauslaufen, herrscht auch in einer nicht-linearen Disziplin wie der Medienwissenschaft. Sie bringt einen Wissenschaftsfeudalismus hervor, in dem Abhängigkeiten zur Professur zuweilen auch die Pflicht bedeuten, gewisse Arbeitsweisen weiterzuführen.

Bedauerlicherweise bleibt auch in der Medienwissenschaft die Professur das Maß aller Dinge, auch wenn es auf der Jahrestagung der Gesellschaft für Medienwissenschaft (GfM) der Mittelbau ist, der für die Vielstimmigkeit des Fachdiskurses sorgt. Neben Berichten von Machtmissbrauch, die seit einiger Zeit immer wieder in der überregionalen Presse erscheinen, ist die Anstellungsstruktur des Mittelbaus das größte Übel der Ordinarienuniversität. Indem sie kein Bestehen unterhalb der Professur erlaubt, prägt sie ein Prinzip wissenschaftlicher ‹Leistung›, das vor allem auf Parametern des Wettbewerbs beruht.

Wenn es nun zum Merkmal der Wissenschaften gehört, dass Wissen nur aus einer spezifischen Perspektive möglich ist, dann eignet sich die Metapher des Baums vielleicht doch, um einen Wesenszug des wissenschaftlichen Arbeitens hervorzuheben. Denn Wissen braucht Zeit, um Wurzeln zu schlagen, in die Höhe zu wachsen und Früchte zu tragen. Zeit ist für die befristet angestellten Wissenschaftler*innen die wichtigste Ressource, weil sie nicht nur der Ausarbeitung einer wissenschaftlichen Perspektive dient, sondern als Arbeits-, Anstellungs- und Finanzierungszeit das Leben überhaupt sichert. Das Gründliche Forschen braucht Ruhe vor existenziellen Bedrohungen. Doch Ruhe bleibt wortwörtlich auf der Strecke, wenn Wissenschaftler*innen mangels einer sicheren Anstellung mehr Zeit auf Zugfahrten als an ihrem Arbeitsplatz verbringen und zahllose Bewerbungen schreiben, statt ihrer eigentlichen Arbeit nachzugehen. Statt sich zu verankern, drängt das System der Kettenverträge die Wissenschaftler*innen in nomadische Existenzen – eine Lebensform, die sich auch im neoliberalen Jargon rund um Mobilität, Internationalisierung und Wettbewerb andeutet. Wenn der Blick auf die Dinge sich erst nach einer längeren Zeit des gründlichen Wachsens auf einem bestimmten Boden entwickelt, dann sollte nicht das Weiterziehen stichpunktgebend für das Leben von Wissenschaftler*innen sein, sondern das Bleiben.

P

Jüngst hat Eva von Redecker (2023) dafür plädiert, den Freiheitsbegriff auf diese Weise zu denken. Denn wie soll in Zeiten der Klimakrise so etwas wie das Reisen Freiheitswerte in sich tragen, wo es doch häufig mit der Zerstörung der Umwelt durch schädliche Emissionen zusammenhängt? Redeckers Gedankenfigur der ‹Bleibefreiheit› erweist sich als äußerst fruchtbar für ein Plädoyer dafür, dass auch die Freiheit des Lehrens und Forschens eine Freiheit zu bleiben miteinschließt. Wie die Perspektive ist auch das Bleiben dem Boden verpflichtet, der bei Redecker als Generalmetapher des freien Lebens einsteht.

Denn der Boden ermöglicht das ökologischfreie Leben, indem er eine Vielzahl zeitlicher Prozesse (‹Gezeiten›) in sich vereint, die sich in «wechselseitig verwobene[n] Regenerationsspannen» gegenseitig ermöglichen (Redecker 2023, 143). Die Sorge um den Boden heißt, dem Boden eine Regenerationszeit zu geben, sodass er auch in zukünftigen Erntezyklen weiter kultiviert werden kann. So wie die Regeneration des Bodens wiederum von ökologischen Prozessen abhängt, in denen eine Vielzahl an Organismen kooperieren, verhält es sich auch mit der Mehrung von Freiheit. Freiheit wächst nicht durch einen individuellen Zuwachs an Welt, sondern vielmehr, wenn sich in der ‹Fülle der Gezeiten› «alles gegenseitig trägt» (ebd.).

Wissenschaftsfreiheit als Bleibefreiheit zu denken, gelingt nur, wenn wir das System des Wissens nicht als ein System einer einzelnen geistigen Wahrheit denken, sondern darauf aufmerksam machen, dass das wissenschaftliche Arbeiten vom Dissens von Perspektiven lebt und jede wissenschaftliche Perspektive von einer real-verkörperten Perspektive stammt. Wissenschaftler*in-Sein erfüllt sich schließlich nicht in den scheinbar isolierten Praktiken der Wissenschaft, sondern in den menschlichen Zyklen des Arbeitens, Forschens, Lehrens, Sorgens und Regenerierens. Das Recht, an einem Ort zu bleiben und so das eigene akademische wie nicht-akademische Umfeld zu kultivieren, muss dabei zu den größten

Freiheitswerten zählen. So käme schließlich auch die vernachlässigte Lehre zu ihrem Recht, denn nur bleibende Lehrkräfte haben die Möglichkeit, Studierende in ihren langfristigen Bildungszielen angemessen zu begleiten.

Wenn das Bundesministerium für Bildung und Forschung (BMBF) mit einem Referentenentwurf die Rechnung «4 + 2» empfiehlt, um das Wissenschaftszeitvertragsgesetz (WissZeitVG) zu reformieren, dann formuliert es eine Rechnung des Ausschließens und keine des Bleibens. Die kleine Arithmetik besagt, dass die Anstellungszeit von Postdocs nach WissZeitVG von sechs auf vier Jahre verkürzt wird. Nur mit einer Vereinbarung zur Entfristung dürfen zwei weitere Jahre angehängt werden, um die Vereinbarung in dieser Zeit zu erfüllen. Nichts in dem Referentenentwurf weist allerdings darauf hin, dass Bleibemöglichkeiten auch wirklich eingerichtet werden. Der Entwurf schafft das Unmögliche, indem es ein prekäres System noch weiter prekarisiert.

Von einer Reform des WissZeitVG ist also keine Verbesserung der Gegebenheiten hin zur gründlicheren Entfaltung von Forschungsperspektiven in der Bleibefreiheit zu erwarten. Doch existieren bereits Vorschläge wie reale Bewegungen, die dem Mittelbau ein Bleiberecht an Hochschulen einräumen wollen. So haben das philosophische wie auch das geografische Institut der Humboldt-Universität zu Berlin es jüngst geschafft, unbefristete wissenschaftliche Mitarbeiter*innenstellen einzurichten, die nicht mehr der einzelnen Professur, sondern dem gesamten Fachbereich zugewiesen sind. Die Fachbereiche machen so Gebrauch von der Möglichkeit, das WissZeitVG beim Vertragsschluss schlicht wegzulassen. Schließlich bietet das Gesetz den Universitäten lediglich ein Recht zur Befristung, was keiner Pflicht gleichkommt.

Die vom BMBF vorgetragene Begründung für die Befristung an Universitäten lautet, dass auch zukünftigen Generationen eine Chance auf ein Lehren und Forschen geboten werden muss. Gewiss, wenn eine einzelne Forscher*innengeneration die Stellen an den Universitäten blockieren würde, wäre auch die Bleibefreiheit eine Freiheit, die auf Kosten anderer geht.

Doch stimmt die Annahme, dass unbefristete Mittelbaustellen und die eben genannte Transformation von Lehrstühlen in sogenannte Departments zukünftigen Generationen eine wissenschaftliche Karriere versperrt? Eine Publikation des Netzwerks für Gute Arbeit in der Wissenschaft (NGAWiss) hat sich dieser Frage gewidmet. Das NGAWiss (2020a) hat dabei den Etat eines durchschnittlichen Instituts der Ordinarienuniversität berechnet und ihn in verschiedene Departmentmodelle mit unterschiedlichen Anstellungsprofilen überführt. Die Rechnungen ergeben, dass auch Departmentmodelle eine jährliche Fluktuation aufweisen. Damit errechnet das NGAWiss lediglich, was bereits in anderen Ländern (wie den USA, Dänemark, Großbritannien, den Niederlanden und vielen mehr) Praxis ist. Es entkräftet außerdem das Argument des BMBF – in dem auch mitschwingt, dass verstetigte Stellen im Mittelbau unsolidarisch gegenüber anderen Wissenschaftler*innen seien – und stellt es vom Kopf auf die Füße. Denn es sind vor allem die derzeitigen Anstellungsstrukturen, die (selbst-) ausbeuterische Verhältnisse ermöglichen und eine Entsolidarisierung des Staates gegenüber seinen Angestellten vorantreibt.

Wissenschaftsfreiheit als Bleibefreiheit zu denken, verweist schließlich auch auf eine weitere Forderung des NGAWiss. 533 Millionen Euro machen den jährlichen Etat der Deutschen Forschungsgesellschaft aus, die an der Befristungsmisere Mitverantwortung trägt. Aus Perspektive des hier vertretenen ökologischen Freiheitsbegriffs lässt sich das Missverhältnis kaum anders fassen, als dass Bund und Länder hohe Summen in befristete Projektgelder investieren, während es den Universitäten an der nötigen Grundfinanzierung mangelt. Die Forderung des NGAWiss (2020b), den Forschungsetat umzuschichten und so die Bedingungen für nachhaltige Anstellungen an den Hochschulen zu schaffen, ist letztlich ebenfalls

eine implizite Forderung nach Bleibefreiheit an deutschen Hochschulen. In nochmals anderen Worten lässt sich die Forderung wie folgt formulieren: Wissenschaftler*innen sollten sich nicht wie derzeit in die eigene Prekarität hinein forschen, sondern einer Ethik des Wissens nachgehen können, die das Lehren und Forschen zu Bestandteilen eines *guten Lebens* machen.

CHRISTOPHER LUKMAN
(Kommission für Gute Arbeit)

Lit.: **Matthews, Michael R.** (1989): Descartes, in: ders. (Hg.): *The Scientific Background to Modern Philosophy*, Indianapolis, 87–108. • **Netzwerk für Gute Arbeit in der Wissenschaft** (2020a): *Personalmodelle für Universitäten in Deutschland. Alternativen zur prekären Beschäftigung*, Berlin, mittelbau.net/wp-content/uploads/2020/11/Personalmodelle_final.pdf (24.11.2023). • **Netzwerk für Gute Arbeit in der Wissenschaft** (2020b): *Für faire Beschäftigung an deutschen Hochschulen! Forderungen des Netzwerks für Gute Arbeit in der Wissenschaft*, ngawiss.uber.space/wp-content/uploads/2020/11/Forderungen_NGAWissüberarb.pdf (24.11.2023). • **Redecker, Eva von** (2022): *Bleibefreiheit*, Frankfurt/M.

P

PHÄNOMEN Phänomene, so das Alltagsverständnis, sind etwas besonders Augenscheinliches. Sie stechen aus dem Grundrauschen der Alltagswahrnehmung heraus und werden Gegenstand des eigenen oder kollektiven Interesses. Exemplarische Gegenwartsphänomene sind die Zunahme und Beschleunigung von Internetphänomenen mit dem Aufkommen neuer sozialer Medien, oder Himmelsphänomene, denen neue Aufmerksamkeit geschenkt wird, weil auf Nachthimmelfotografien Sternbilder von den Streifen der Starlink-Satelliten überschrieben werden können.

Phänomene, so scheint es auf den ersten Blick, drohen uns nicht auszugehen – ganz im Gegenteil. Doch in dieser Verwendung des Begriffs ‹Phänomen› geht eine Bedeutungsdimension unter, gehen uns andersartige Phänomene und die dazugehörige Aufmerksamkeit aus, die für die

Abb. 1/2 (diese u. nächste Seite) Darstellung aus Zahn: *Oculus artificialis teledioptricus sive telescopium* (1685)

P

Medientheorie besonders anschlussfähig sind. Jene phänomenologische Aufmerksamkeit richtet sich nicht auf das Einzelne, vermeintlich Einzigartige, sondern auf das unscheinbare Rauschen selbst, aus dem die Erfahrung hervorzugehen scheint.

In seiner 1917 gehaltenen Antrittsvorlesung in Freiburg umreißt Edmund Husserl den Begriff ‹Phänomen› und somit das Forschungsgebiet der Phänomenologie. Dabei ist zunächst augenfällig, dass Husserl jenes Forschungsgebiet und somit die Phänomene selbst «unsichtbar» nennt (Husserl 1976, 365). In der Alltagserfahrung oder, phänomenologisch gesprochen, in der «natürlichen Einstellung» (ebd., 370) blickt man immer schon durch sie hindurch. Beim Sehen erscheine uns z. B. ein Gegenstand als Teil einer wie auch immer gearteten Außenwelt, die von der eigenen Wahrnehmung unabhängig ist. Aber, und hierin liegt eine erste Pointe der Phänomenologie, gänzlich unabhängig von der Erfahrung erscheint kein Gegenstand, keine Außenwelt. Denn wie könnte man sonst von jenem

Gegenstand oder jener Außenwelt wissen, wenn sie nicht auf die ein oder andere Art und Weise in der Erfahrung gegeben wäre?

In seiner Einführung in die Phänomenologie beschreibt Dan Zahavi eindrücklich, dass wir nicht ‹seitwärts› auf unsere Erlebnisse und Erfahrungen blicken können, um abzugleichen, bis zu welchem Grad sie mit der Wirklichkeit übereinstimmen (Zahavi 2018, 28). Dieses Seitwärtsblicken oder Abgleichen ist, so Zahavi weiter, uns versagt, weil jedes Verstehen der Wirklichkeit per definitionem perspektivisch ist. Was dann bleibt, sind die Phänomene: die Erscheinungsweisen der Wirklichkeit.

An dieser Stelle ist ein oft wiederholtes Missverständnis in Hinblick auf die Phänomenologie naheliegend: Die Phänomene, also die Gegenstände der Phänomenologie, seien rein subjektiv. Aber schon die Unterscheidung zwischen subjektivem Erfahren und objektivem Wissen ist, so eine weitere phänomenologische Pointe, Ergebnis eines bestimmten naturwissenschaftlichen Vorur-

teils. Diesem zufolge lässt sich das Erfahren von den Dingen bzw. eine subjektive Innenwelt von einer objektiven Außenwelt trennen. Aus phänomenologischer Perspektive hingegen sind Phänomene solchen theoriebeladenen Unterscheidungen zwischen vermeintlich ‹Subjektivem› und ‹Objektivem› vorgängig.

Was bleibt nun, wenn, einen weiteren phänomenologischen Fachbegriff nutzend, die Gültigkeit verschiedener Zuschreibungen wie ‹subjektiv› oder ‹objektiv› «eingeklammert» (Husserl 1976, 374) und stattdessen auf die Erfahrung selbst geschaut wird? In einem iterativen Prozess, auch «phänomenologische Reduktion» genannt (ebd., 372), reflektiert die Phänomenologie primär über die *Gegebenheitsweisen* der Erfahrung, also über die verschiedenen Arten und Weisen, wie Erfahrung und ihre Gegenstände miteinander verflochten bzw. korreliert sind. Aus dem Grundrauschen treten Erfahrungsgefüge hervor.

«[R]eine Phänomenologie» (ebd., 364), wie sie Husserl in seiner Antrittsvorlesung zu begründen

versucht, beschäftigt sich dann nicht mit den Details einzelner Erfahrungen, sondern mit den Gesetzmäßigkeiten der Phänomene; also mit den Regeln, die den Gegebenheitsweisen unserer Erfahrung zugrunde liegen. Dass man z. B. beim Wahrnehmen immer nur eine Seite eines Gegenstandes sehen, aber durch Blickwechsel verschiedene Perspektiven auf den Gegenstand einnehmen kann, somit verschiedene Seiten zum Vorschein bringt und einem Gegenstand zuordnen kann, ist eine Gesetzmäßigkeit, die weder auf das Wahrnehmen noch auf das Wahrgenommene allein zurückzuführen ist. Sie ist vielmehr das Ergebnis einer bestimmten Verflechtung oder Korrelation von Bewusstsein und Gegenstand. Untersucht man diese Verflechtung auf ihre Möglichkeitsbedingungen hin, dann beschäftigt man sich nicht allein mit der*demjenigen, die*der wahrnimmt, oder mit demjenigen, das wahrgenommen wird, sondern mit beiden in ihrer Bezogenheit aufeinander; also mit dem Phänomen ‹Wahrnehmung›.

Auch wenn man nicht in Gänze seitwärts auf die Erfahrung blicken kann, führt die Beschäftigung mit und die Sichtbarmachung von Phänomenen doch zu größerer Klarheit darüber, wie die eigene Erfahrung mit der Welt konstitutiv verflochten ist. Die Perspektivverschiebung von der natürlichen hin zu einer zunehmend phänomenologischen Einstellung eröffnet den Blick auf eine Vielzahl von Phänomenen, die sonst unscheinbar blieben bzw. durch ‹Phänomene› im alltagssprachlichen Sinne überblendet würden.

In «Orientations: Toward a Queer Phenomenology» vollzieht Sara Ahmed in der kritischen Auseinandersetzung mit Husserl eine solche Perspektivverschiebung und Sichtbarmachung (Ahmed 2006). Ahmed macht darauf aufmerksam, dass die Gegenstände, von denen Husserls Wahrnehmungsanalysen ausgehen, selbst nicht einfach vorhanden, sondern Ergebnis bestimmter Orientierungen sind. Dass man sich auf manche Gegenstände mehr einlässt als auf andere, verrät etwas über die eigene allgemeine Orientierung

P

zur Welt. Etwas wahrzunehmen bedeutet, so Ahmed, andere Dinge in den Hintergrund zu drängen. Orientierungen bestimmen so, was in den Vordergrund tritt. Sie bestimmen «die politische Ökonomie der Aufmerksamkeit» (ebd., 547, Übers. MH), welche hinter der scheinbar einfachen und offenkundigen Wahrnehmung unsichtbar bleibt.

Orientierungen dieser Gestalt haben nicht nur einen räumlichen, sondern auch einen historischen und gesellschaftlichen Hintergrund. Orientierungen gehen weder allein von der Person, die erfährt, noch von dem, was erfahren wird, aus. Sie spielen sich zwischen uns und den Dingen ab. Orientierungen, so Ahmed, sedimentieren sich im eigenen Leib, in Verhaltensweisen und Gesten, in Gegenständen, Gefühlen, Urteilen und Zielen. Aber Orientierungen bleiben beim bloßen Blick auf das, worin sie sich sedimentieren, unscheinbar. Sie werden erst sichtbar, wenn der Blick auf das Phänomenale gelenkt wird; auf die Verflechtung und Gegebenheitsweise der Erfahrung. Hierin liegt das emanzipatorische Potenzial der Phänomenologie, das Ahmed am Beispiel der Orientierung durchdekliniert: «Der Begriff der Orientierung erlaubt es uns zu enthüllen, wie das Leben durch die Anforderung, dem zu folgen, was uns bereits gegeben ist, in bestimmte Bahnen gelenkt wird» (ebd., 554, Übers. MH).

Mit Blick auf elementare Medien stellt Melody Jue in *Wild Blue Media. Thinking Through Seawater* (2020) ausführlich dar, wie Luft und Wasser Erfahrung unterschiedlich orientieren. Folgt man ihrer Strategie und taucht Grundbegriffe der Medientheorie – *interface, inscription, database* – unter Wasser, treten die terrestrischen Vorurteile an die Oberfläche, die jenen Begriffen innewohnen und ‹an Land› unsichtbar bleiben. Jues eigenes Abtauchen unter Wasser setzt die phänomenologische Reduktion in die Praxis um: Sie klammert die natürliche Einstellung zur Welt ein, indem sie die gesamte Gegebenheitsweise der Erfahrung mit einem Schlag ändert. Der Zugang zu den Phänomenen eröffnet sich so beim Bedenken der Differenz zwischen der Gegebenheitsweise der Erfahrung über und unter Wasser. ‹Phänomen› und ‹Medium› lenken in diesem Fall beide die Aufmerksamkeit auf die Art und Weise, wie uns Erfahrung gegeben ist.

In seinem Buch *Das durchscheinende Bild. Konturen einer medialen Phänomenologie* bedenkt Emmanuel Alloa (2011) ausführlich die Verwandtschaft von Medialität und Phänomenalität. Besonders deutlich wird diese in seiner phänomenologischen Interpretation der Wahrnehmungstheorie Aristoteles': Schon Aristoteles beschrieb den Ort der Wahrnehmung, der *aisthēsis*, «als eine noch näher zu bestimmende Mitte»; die Wahrnehmung «ist weder auf den wahrnehmenden Körper noch auf den wahrgenommenen Gegenstand zu reduzieren» (ebd., 85). Um etwas wahrnehmen zu können, müssen zwei Bedingungen erfüllt sein: Zum einen muss ein Abstand bestehen zwischen der*demjenigen, die*der wahrnimmt, und demjenigen, das wahrgenommen wird; zum anderen muss dieser Abstand zugleich aber auch überbrückt werden. Für Aristoteles garantiert das Medium, so Alloa, «nicht allein die notwendige Distanz, sondern auch ihre Überbrückung» (ebd., 86). Das Mediale ist somit die Grundbedingung dafür, dass überhaupt etwas in Erscheinung treten, dass es zu einem Phänomen werden kann.

Macht Ahmeds Analyse darauf aufmerksam, dass Phänomene immer schon orientiert sind, hebt Alloa mit Aristoteles hervor, dass etwas überhaupt erst durch (*dia*) ein Medium mit einer «gewisse[n], wenn auch minimale[n] Dichte» zur Erscheinung kommen (*phainesthai*) kann (ebd.). Dasjenige, wodurch etwas zur Erscheinung kommen kann, nennt Aristoteles bekanntlich das *Diaphane* (*diaphanḗs*), zu dem sowohl das Wasser als auch die Luft gehören.

Jedes Phänomen, so lässt sich zusammenfassend sagen, hat eine mediale Textur. Die Art und Weise, wie man sich selbst und wie einem*einer die Welt gegeben ist, ist medial vermittelt. In der elementaren Medientheorie und der Raumphänomenologie wird diese Tatsache verschieden ausbuchstabiert. Aus medientheoretischer Perspektive an Phänomenen und aus phänomenologischer Perspektive an Medien weiterzuarbeiten, verspricht weitreichende Erkenntnisse über die Entstehungsbedingungen der eigenen und kollektiven Erfahrung, besonders in Anbetracht der Tatsache, dass mediale Texturen infolge des Klimawandels im globalen Maßstab in Veränderung begriffen sind.   MAXIMILIAN HEPACH

Lit.: **Ahmed, Sara** (2006): Orientations: Toward a Queer Phenomenology, in: *GLQ. A Journal of Lesbian and Gay Studies*, Bd. 12, Nr. 4, 543–574. • **Alloa, Emmanuel** (2011): *Das durchscheinende Bild. Konturen einer medialen Phänomenologie*, Zürich. • **Husserl, Edmund** (1976 [1917]): Die reine Phänomenologie, ihr Forschungsgebiet und ihre Methode. Freiburger Antrittsvorlesung, in: *Tijdschrift voor Filosofie*, Bd. 38, Nr. 3, 363–378. • **Jue, Melody** (2020): *Wild Blue Media: Thinking Through Seawater*, Durham, doi.org/10.1215/9781478007548. • **Zahavi, Dan** (2018): *Phenomenology. The Basics*, London.

R_

RÄUME

Maja-Lisa Müller Wenn ich darüber nachdenke, was uns im unmittelbaren Arbeitsumfeld an den Universitäten ausgeht, dann fallen mir auch die Räume ein. Räume sind knapp. Ständig fehlt Platz für Seminare, für Veranstaltungen. Man muss schnell sein bei der Raumbuchung, am besten bei jeglicher Planung immer schon die begrenzte Ressource Raum mitdenken. Oder man bekommt die Meldung: «Wir können Ihnen für den gewünschten Zeitraum leider keinen Raum zur Verfügung stellen. Bitte weichen Sie auf die Randzeiten (montags oder freitags, 8 bis 10 Uhr oder ab 18 Uhr) aus.»
Jana Mangold Das stimmt. Das hört man überall: «Schnell, schnell, entscheiden Sie jetzt schon Art

und Zeitfenster der Lehrveranstaltung, sonst sind alle Räume belegt.» Und das ist merkwürdig, weil man ja in dem naiven Glauben an der Uni anfängt, dass es bei der Lehrplanung um inhaltliche Fragen ginge.

M.-L.M. Ich wurde bereits bei meinem Vorstellungsgespräch an der Uni Bielefeld auf das besondere Qualitätsmerkmal von 10.000 Räumen an dieser Uni hingewiesen. Daher wundert mich diese Raumknappheit doppelt: Einerseits werden die Räume als Plus des Hauses angepriesen, warum also gibt es trotzdem keine Seminarräume? Andererseits gehen ja die Studierendenzahlen neuerdings überall zurück, warum also wird die Ressource universitärer Raum anscheinend immer knapper?
J.M. Ja, das ist eigenartig. Da hat das Haus so viele Räume und du bekommst dennoch keinen Seminarraum zu den üblichen Zeiten. Gibt es nun genügend Räume oder nicht? Worum geht es bei diesen Rückmeldungen, dass die Randzeiten zu bedienen sind? Brauchen immer weniger Studierende immer mehr Platz?

R

M.-L.M. Ich habe dazu ein wenig recherchiert und bin beim Dezernat Facility Management, Abt. FM.3: Planen und Bauen, Strategisches Flächenmanagement der Universität Bielefeld gelandet. Die *hard facts*: Die sagenhaften 10.000 Räume gibt es wirklich, allerdings entfällt ein Großteil davon auf die sogenannte ‹Nutzflächen›-Kategorie, also freie Flächen, Flure, Technik, Verwaltung usw. Daran ist zum einen spannend, dass gerade die Seminarräume nicht zu den Nutzflächen gerechnet werden. Zum anderen entkräftet es den Gedanken, den du schon formuliert hast, dass es an der Universität primär um Inhalte und deren Vermittlung bzw. Diskussion gehe. Flächenbedarfsmäßig ist die Universität eher ein Verwaltungsort. Das lässt sich ja auch daran nachvollziehen, dass einige Räume wenig an den Bedürfnissen Lehrender und

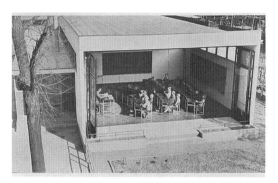

Abb. 1 Lernraum der Moderne, Freiluftklasse (Architekt: W. Schütte), Frankfurt/M. 1930, aus: *Der Baumeister* (1930, 466)

Lernender ausgerichtet sind, keine Fenster oder Beamer haben.

J.M. Das ist auf jeden Fall ein Punkt, der mir zu ausgehenden Raumkapazitäten auch einfällt. Denn es ist nicht nur schwer, zu gewünschten Zeiten oder kurzfristig einen Raum zu bekommen. Auch der Raum, den man vielleicht ergattern kann, schränkt Möglichkeiten ein. Unis sind ja zum Teil in sonderbaren Gebäuden untergebracht. Ihre Räumlichkeiten waren architektonisch gar nicht für Lehr- und Lernzusammenhänge konzipiert worden oder sind, wenn sie doch als Lernorte entworfen und gebaut wurden, auch Architektur- und Bildungsmoden gefolgt, die möglicherweise überholt sind. Und doch finden wir uns als Lehrende und Studierende in diesen Räumen wieder – denen notdürftig ein Medienschrank und entsprechende WLAN-Ausstattung sowie ein Whiteboard und eine Leinwand hinzugefügt wurden, um als Seminarraum im 21. Jahrhundert zu taugen – und sollen nun innovative Lehrformate bedienen. Studierende aber sollen voll konzentriert, vollständig involviert oder engagiert Skills erwerben und Lernziele erreichen. Ich glaube, die Uni Bielefeld ist für das Architekturmoden-Thema ein aufschlussreiches Beispiel, oder?

M.-L.M. Genau, die Uni Bielefeld trägt ja den zweifelhaften Titel der ‹hässlichsten Uni Deutschlands›. 1967 dezidiert als Reformuniversität gegründet, zeugt ihre Architektur

davon, dass man sich von tradierten Formen der Universität – didaktisch sowie architektonisch – abgrenzen wollte. Die universitäre Ausbildung sollte einer breiten Studierendenschaft aus möglichst allen Schichten der Bevölkerung zugutekommen. Eine funktionalistische Architektur sollte alles Elitäre der Universitäten nivellieren, Hierarchien abbauen und vor allem immer mehr Studierenden Platz bieten. Diesen Ansatz teilen einige große Universitäten in Deutschland. Solche Architektur als hässlich zu bezeichnen, ist eher eine Frage des Geschmacks oder gar des Habitus. Festhalten lässt sich aber, dass sich der Reformgedanke nur spärlich in den Seminarräumen zeigt, die – wohl auch eher aus Gründen der bestmöglichen Flächennutzung – zum Teil keine Fenster haben, weil sie in innenliegenden Gebäudeteilen untergebracht worden sind. Normierende Möbelstücke, etwa schmale Stühle, die lediglich an der rechten Lehne einen kleinen Klapptisch haben, beeinträchtigen zusätzlich die Lernatmosphäre. Für Studierende, die Laptops oder Tablets benutzen, sind sie nicht mehr funktional, für Linkshänder*innen und dicke_fette Körper waren sie es noch nie. Räume und Ausstattung produzieren Ausschlüsse. So innovativ die junge Uni vielleicht war, so sehr ist sie mittlerweile überholt. Keine historischen Bauten zu haben, bedeutet andererseits auch, sich nicht mit historischen Altlasten herumschlagen zu müssen. In Weimar gibt es dazu andere Problematiken, nicht wahr?

J.M. Ja, dort befindet sich ein Teil der Räumlichkeiten der Fakultät Medien inmitten hochaktueller Auseinandersetzungen um Erinnerungsorte und Aufarbeitung von nationalsozialistischer Geschichte. Die Leitung der Fakultät, ein Großteil der Büroräume der Lehrenden sowie einzelne Seminarräume sind in einem an Verwaltungs- und Kasernenarchitektur erinnernden Gebäude der Kassenärztlichen Vereinigung Thüringens aus den 1930er Jahren untergebracht. Man befindet sich damit an einem Ort, an dem nationalsozialistische ‹Gesundheits›-Politik gemacht wurde. Aber auch in Frankfurt am Main ist man nach der Auflösung des Campus Bockenheim, der eine schnörkellose, auf Einfachheit und Klarheit setzende Nachkriegsarchitektur aufwies, an einen Ort der nationalsozialistischen Kriegsmaschinerie und Industriegeschichte, dem ehemaligen Gebäude der Zentralverwaltung des Chemie- und Pharmaunternehmens I. G. Farben, umgezogen. Auch dieses Haus ist ein Beispiel für Verwaltungsarchitektur. Seminarräume sind teils in holzvertäfelten Repräsentationsräumen, teils in weiß getünchten, vergrößerten Büros untergebracht. In Jena hingegen befindet sich z. B. das kulturhistorische Institut in einem Wohnhaus aus der Biedermeierzeit. Die ‹gute Stube› im ersten Stock ist erhalten und konnte rekonstruiert werden.

M.-L.M. **Seminarräume, die in ehemaligen Wohnhäusern oder Büros untergebracht sind oder einem besonderen architektonischen Gestaltungsprinzip unterliegen, erleichtern die Lehre also nicht, sondern belasten Lehrende und Studierende zusätzlich und schaffen Ausschlüsse. Dass uns Räume gerade zu den Stoßzeiten ausgehen, scheint allerdings auch andere Ursachen als nur unzureichende Flächenkapazität zu haben.**
J.M. Eben. Nicht die Zahl der Räume geht uns aus, sondern ihre Verfügbarkeit zu bestimmten Zeiten. Das verweist auf ein strukturelles Problem: Die Knappheit entsteht durch eine erhöhte Nachfrage nach Räumen von Dienstag bis Donnerstag zwischen 10 und 18 Uhr, also in jenen Zeiträumen, die häufig von pendelnden Lehrenden genutzt werden. Lehraufträge und Teilzeitverträge sorgen dafür, dass Institute nicht die gesamte Woche über gleichmäßig mit Lehrformaten bespielt werden. Semesterweise ausgestellte Beauftragungen und befristete Arbeitsverträge machen es für Lehrbeauftragte und wissenschaftliche Mitarbeiter*innen wenig attraktiv, an den Arbeitsort zu ziehen. Man weiß ja nie, wo man im nächsten Semester vielleicht angestellt wird oder nach drei, vier oder sechs Jahren hinziehen muss. Raumknappheiten sind also auch Symptome der prekären Beschäftigungsverhältnisse an den Universitäten.

M.-L.M. **Dazu kommt noch das Hierarchiegefälle, dem der Mittelbau ausgesetzt ist. Mir ist schon ein paar Mal aufgefallen, dass meine Kurse häufiger in die unbeliebten Zeiten verschoben wurden (8 Uhr morgens! Im Wintersemester!) als diejenigen der Professor*innen, obwohl diese ein höheres Lehrdeputat hatten. Dem Mittelbau wird eine größere Flexibilität unterstellt bzw. es wird anders mit seinen Zeitressourcen gehaushaltet.**
J.M. Ich glaube, Hierarchien sind auch im Bereich der Büroräume und Arbeitsplätze für Mitarbeitende und Lehrende ebenso wie für Studierende ein entscheidender Faktor dafür, warum Räume

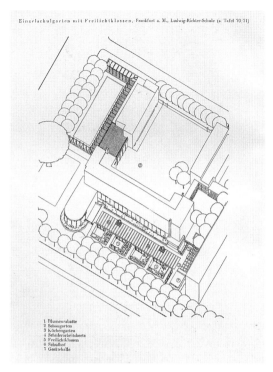

Einzelschulgarten mit Freilichtklassen, Frankfurt a. M., Ludwig-Richter-Schule (s. Tafel 70/71)

1 Blumenrabatte
2 Schaugarten
3 Küchengarten
4 Schülerarbeitsbeete
5 Freilichtklassen
6 Schulhof
7 Gerätehalle

Abb. 2 Dreidimensionale Ansicht der L.-Richter-Schule mit Freiluftklassenzimmern, Frankfurt/M., 1930, aus: *Der Baumeister* (1930, 474)

R

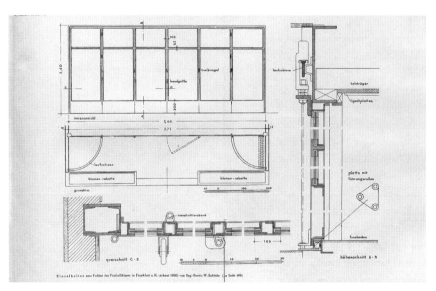

Abb. 3 Einzelheiten zum Falttor der Freiluftklasse in Frankfurt/M., 1930, aus: *Der Baumeister* (1930, Tafel 70/71)

R ausgehen. Einerseits ist da immer noch ein Statusdenken, dass mit einer bestimmten Position an der Universität der Anspruch auf entsprechend ausgestattete Räume oder Arbeitsplätze einhergeht. Dabei führen die befristeten und Teilzeitverträge gar nicht mehr zu einer durchgängigen Nutzung vorhandener Kapazitäten. Andererseits führen starre Raumvergabesysteme, gepaart mit Verfügungsrechten von einzelnen Bereichen für den Lehrbetrieb, dazu, dass beispielsweise eine Professur ‹traditionell› für einen Tag in der Woche bestimmte Räumlichkeiten blockt, um darauf ungehindert zugreifen zu können. Ob die Räume letztlich vollumfänglich genutzt werden, ist dann noch einmal eine andere Frage und wird – soweit ich das aus dem Bereich der Raumplanung gehört habe – selten geprüft. Stattdessen müsste ein System bevorzugt werden, bei dem gewissermaßen alle Lehrräume der Universität frei buchbar sind und somit auch kurzfristig verfügbar werden.

M.-L.M. Mein Eindruck ist, dass es sich bei der konstatierten Raumknappheit an den Unis eigentlich um Zeitknappheit handelt. Die Räume sind da, aber die Auslastung ist nicht gleichmäßig über die Woche und über

Vorlesungs- und vorlesungsfreie Zeit verteilt. So kommt es zu einer extremen Übernutzung zu bestimmten Stoßzeiten und, wenn man so will, zu einer Ressourcenverschwendung während der sogenannten Randzeiten. Und der Hintergrund ist eine komplexe Gemengelage aus tradierten Besitzansprüchen und Verfügungsmustern, Hochschulpolitik und wissenschaftlichem Arbeitsmarkt, historischem, teils schwer belastetem Gebäudebestand, Mietverträgen und Bau- oder Sanierungsvorhaben, die oft Zwischenlösungen für Lehrveranstaltungsräume erfordern, was sich wiederum auf die Lehr- und Lernsituation niederschlägt.

J.M. In dieser Gemengelage, die grundlegend von Verwaltungsstrukturen, bauwirtschaftlichen Bedingungen und behördlichen Verordnungen bestimmt wird, ziehen Studierende und Mitarbeiter*innen den Kürzeren. Flächenplanung und Baumaßnahmen umfassen ganz andere Zeiträume als die verhältnismäßig kurze Zeit der Studierenden und wissenschaftlichen Mitarbeiter*innen an den Unis. Sie können sich als Akteur*innen in Fragen der Flächennutzung und -verteilung kaum einbringen. Von einem Architekten, der die zukünftige Flächenbedarfsplanung einer kleineren

Universität in Deutschland begleitet, habe ich mal gehört, dass die ganze Mühle so träge sei, dass es letztlich leichter erscheine, große Bauvorhaben am Ende eines langen Planungs- und Abstimmungsprozesses mit Ministerien und Bauwirtschaft umzusetzen, als sich im Haus über eine nachhaltigere Flächenumnutzung zu verständigen.

M.-L.M. Da redet man immer von der Politik des Raums (insbesondere auch in der Bildung), doch es scheint schließlich ja viel stärker um die Verwaltung des Raums zu gehen – was natürlich auch eine Form der Politik ist.
J.M. Ja, es ist erstaunlich, welche Themenkomplexe sich bei dem scheinbar marginalen Problem der fehlenden Veranstaltungsräume auftun. Letztendlich verweisen sie doch auf größere Zusammenhänge, auf Fragen nach Zeitregimen, Symbolpolitiken anhand von Architektur, Arbeitsverhältnissen und mit all dem verwoben: Macht- und Hierarchiegefällen.

JANA MANGOLD
MAJA-LISA MÜLLER

Lit.: **Holert, Tom / Haus der Kulturen der Welt** (2020): *Bildungsschock. Lernen, Politik und Architektur in den 1960er und 1970er Jahren*, Berlin, Boston. • **Müller, Thomas / Schneider, Romana** (1998): *Das Klassenzimmer. Schulmöbel im 20. Jahrhundert*, München, New York. • **Müller, Thomas / Schneider, Romana** (2010): *Das Klassenzimmer. Vom Ende des 19. Jahrhunderts bis heute*, Bonn. • **Sprecherkreis der Kanzlerinnen und Kanzler der Universitäten Deutschlands / Arbeitskreis Fortbildung** (2015) (Hg.): *Bauen für die Wissenschaft. Konzepte für die Anpassung der baulich-technischen Infrastruktur von Universitäten an die Wissenschaftsentwicklung*, Weimar. • **Statistisches Bundesamt** (2022): Wintersemester 2022/2023: Erstmals seit 15 Jahren weniger Studierende als im Vorjahr, in: *Statistisches Bundesamt (Destatis)*, 30.11.2022, destatis.de/DE/Presse/Pressemitteilungen/2022/11/PD22_503_21.html (1.12.2023) • **Vice** (2018): Wir haben deutsche Universitäten nach Hässlichkeit sortiert, in: *VICE*, 29.10.2018, vice.com/de/article/negabb/universitaeten-deutschland-nach-haesslichkeit-sortiert (30.11.2023).

S_

SCHREIBLUST Ich muss schreiben. Ich muss diesen Text schreiben und ich muss andere Texte schreiben, häufig auch gleichzeitig. Lust dazu habe ich meist wenig. Das liegt oft am Zeitdruck (jaja, schlechtes Zeitmanagement), aber auch an den Anforderungen, die ständig nebenherlaufen: Ist das Thema neu und originell? Lässt sich der Text gut lesen? Entfaltet er nachvollziehbar ein Argument? (Was ist eigentlich das Argument?) Habe ich die zitierte Literatur richtig verstanden? Ist die These zu kleinteilig? Ist sie zu anmaßend? Was kann als Allgemeinwissen vorausgesetzt werden und was sollte erläutert werden? Zeugt der Text von unbewussten Situierungen (Gramlich / Haas 2019)? Wie ist meine Zitierpolitik? Kommen wieder nur alte *weiße* Männer darin vor oder auch junge Wissenschaftler*innen, Frauen, Queers, BIPoCs? Was, wenn *niemand* den Text liest? Oder schlimmer: Was, *wenn* jemand den Text liest?

Ich muss oft schreiben. Eine häufig kursierende Quote schreibt einem zwei Publikationen im Jahr vor, um sich für weiterführende, entfristete Stellen zu qualifizieren. Nicht ‹zwei gute Texte pro Jahr› oder ‹einen guten Text pro Jahr› oder ‹einen wirklich guten Text alle paar Jahre›. Sondern: zwei Texte pro Jahr. Der wissenschaftliche Output wird quantifiziert, ein Umstand, der sich laut Studien in einem exponentiellen Anstieg der publizierten Artikel zeigt, die zugleich immer seltener gelesen werden und (in den Naturwissenschaften) weniger belastbare Daten produzieren (Fire / Guestrin 2019). Für wen schreibt man also? Für den Äther und die Quote?

Das Formulieren dieser Quote nivelliert in ihrer vermeintlich sachlichen, weil numerischen Art sozioökonomische Bedingungen des Schreibens. Eine der bekanntesten Auseinandersetzungen mit diesem Phänomen, Virginia Woolfs Manifest und spekulative Geschichtsschreibung *A Room of One's Own* (1929), formuliert eine Kritik an der

S

Vorstellung, Schreiben und gutes Schreiben seien ein individualistischer Akt, dessen Gelingen persönliche Begabung voraussetze und somit singulären Ausnahmetalenten vorbehalten sei. Folgte man dieser Vorstellung, so Woolf, müsste man mit einem Blick in die Geschichte der Annahme verfallen, dass vorwiegend Männer mit diesem Talent gesegnet seien; eine Annahme, die im Kunst- und Kulturbetrieb auch um die Jahrtausendwende noch wiederholt geäußert wurde. So sei es nun aber gerade nicht. Stattdessen analysiert Woolf die Bedingungen, die notwendig sind, um überhaupt und gar gut schreiben zu können. Wo Frauen ökonomisches Kapital fehlt, wo sie über ihre eigene Zeit nicht verfügen, weil sie mit Care-Arbeit betraut sind (Bücker 2023), oder nicht die räumlichen und finanziellen Bedingungen für ungestörtes und konzentriertes Arbeiten haben, wird es ihnen schlicht erschwert bis verunmöglicht, die gleiche Menge an Schreibarbeit vorzulegen wie Männer. Dieser Umstand kam während der Hochphase der Covid-19-Pandemie erneut zum Tragen, als die Anzahl der Einreichungen weiblicher (Erst-)Autorinnen für wissenschaftliche Zeitschriften dramatisch einbrach, weil Frauen um ein Vielfaches mehr mit der Care-Arbeit von Familien betraut waren (Lerchenmüller u. a. 2021).

Das Prinzip der ver- und geteilten Autor*innenschaft ist eines, das in den sogenannten Geisteswissenschaften eher die Ausnahme als die Regel darstellt. Aber warum eigentlich?

Schreiben ist ein Verbundsystem, sei es mit den Dingen, die uns umgeben, den Sachverhalten, in die wir eingebunden sind, oder den Menschen, mit denen wir uns austauschen, die wir bitten, ‹noch einmal drüberzulesen›, oder die sich unsere Beschwerden anhören, mal wieder dies oder das schreiben zu müssen. Hinzu kommen selbstverständlich die Lektor*innen, Redakteur*innen oder Herausgeber*innen der ‹fertigen› Texte (die ja nie wirklich fertig sind). Selbst in den vielbeschworenen Momenten, in denen man alleine vor dem Laptop sitzt, ist man immer noch von Dingen umzingelt, die das Schreiben ermöglichen oder zumindest erleichtern sollen: angestrichene Texte und Bücher, Notizzettel und -blöcke, ein Lieblingsstift (oder das, was buchstäblich gerade zur Hand ist), Tee oder Kaffee, Snacks, eine Duftkerze? Dazu die technische Peripherie: Maus, Tastatur, vielleicht ein zweiter Bildschirm, um der Shrimp-Körperhaltung entgegenzuwirken. Weiter sämtliche Schnittstellen: Kabel, Adapter, Ladegeräte, Dockingstation, um den mobilen Laptop in einen Standrechner zurückzuverwandeln. Meine eigene technische Umgebung erweitert sich stetig und füllt meinen ‹Greifraum› weiter aus. Nicht umsonst sind *cute* Schreibwaren Teil eines jeden gepflegten *back to school haul* auf YouTube oder TikTok. Arbeitsutensilien lassen sich gut ästhetisieren und kommodifizieren. «[S]emantische Umhüllung des Körpers» und «technologische[r] Schreibkörper» (Campe 1991, 766 f.) verschränken sich hier zu einer *comfy bubble*, die den Arbeitsaspekt erträglicher gestalten soll. Sie füllen außerdem einen Raum der Arbeit mit begehrenswerten Objekten und kapitalisieren die Schreib(un)lust.

Nicht nur Objekte, sondern auch Gespräche mit Freund*innen oder – wie im Falle Donna Haraways – Spaziergänge mit dem Hund können «mehr-als-textliche[ ] Begleiter_innen» sein (Gramlich / Haas 2019, 45), die konstitutiv am Entstehungsprozess von Texten beteiligt sind. Texte erweisen sich in diesem Sinne als Knotenpunkte von Netzwerken oder eben als die Gewebe, mit denen sie etymologisch verwoben sind. Sie bestehen aus diversen menschlichen und nicht-menschlichen Akteur*innen, aus Affekten, Konjunkturen und Technologien. Den eigenen Namen als singuläre*r Autor*in darunter- oder darüberzusetzen, wirkt also irgendwie deplatziert, vor allem angesichts der Tatsache, dass die Autor*inneninstanz seit den 1970er Jahren eigentlich (aus-)gestorben ist. Autor*innen als Dinosaurier also; na gut, die sind ja auch aus vielen verschiedenen Teilen zusammengesetzt.

MAJA-LISA MÜLLER

Lit.: **Bücker, Teresa** (2023): *Alle Zeit: Eine Frage von Macht und Freiheit*, Berlin. • **Campe, Rüdiger** (1991): Die Schreibszene. Schreiben, in: Hans Ulrich Gumbrecht / K. Ludwig Pfeiffer (Hg.): *Paradoxien, Dissonanzen, Zusammenbrüche. Situationen offener Epistemologie*, Frankfurt / M., 759–772. • **Fire, Michael / Guestrin, Carlos** (2019): Over-optimization of academic publishing metrics: observing Goodhart's Law in action, in: *GigaScience*, Jg. 8, Nr. 6, 1–20, doi.org/10.1093/gigascience/giz053. • **Gramlich, Noam / Haas, Annika** (2019): Situiertes Schreiben mit Haraway, Cixous und grauen Quellen, in: *Zeitschrift für Medienwissenschaft*, Jg. 11, Nr. 20 (1/2019): *Was uns angeht*, 38–52, doi.org/10.25969/mediarep/3722. • **Lerchenmüller, Carolin u. a.** (2021): Longitudinal analyses of gender differences in first authorship publications related to COVID-19, in: *BMJ Open*, Bd. 11, Nr. 4, 1–8, doi.org/10.1136/bmjopen-2020-045176. • **Woolf, Virginia** (2016 [1929]): *A Room of One's Own*, London.

SEETANG

vgl. Tafel III (S. 150–152)

Wie können wir in einer Zeit der Unsicherheit und der planetaren Klimakrise an etwas festhalten? Wie halten und haften wir uns (an) jene(n) Dinge(n) fest, die wir lieben, brauchen und die wir erhalten wollen?

Beginnen wir im Ozean, wo, wie gesagt wird, alles Leben auf der Erde seinen Anfang nahm …

Wir halten für einen Moment inne und stellen uns vor, wie es wäre, sich wie Seetang mit einem Haftorgan (*holdfast*), einer wurzelartigen Struktur, an einem Grund zu befestigen. Der Begriff Haftorgan zeigt seine Funktion an – es hält fest an einem Stein, einer Muschel, an Holz und sogar Plastikteilen. Es hält an allem fest, was angesichts der ständigen Bewegung des Meeres Sicherheit und Stabilität bietet. Wir müssen uns alle manchmal festhalten.

Wie können wir also am Seetang festhalten, der aufgrund seiner Eigenschaft, Sauerstoff zu produzieren und Kohlenstoff zu absorbieren, eine wertvolle Ressource im Kampf gegen den Klimawandel ist und zahlreichen Lebensformen – menschlichen und mehr-als-menschlichen – ein Ökosystem bietet? Was würde verloren gehen durch die Zerstörung von Kelpwäldern, den vom Klimawandel verursachten Rückgang ihrer Verbreitung und die drohende Über-Extraktion dieser lebenserhaltenden Unterwasserpflanzen?

Bei Seetang handelt es sich um alte Organismen, die als Makroalgen bezeichnet werden und vor über einer Milliarde Jahren auf der Erde entstanden sind. Diese merkwürdigen, außerweltlich anmutenden Lebensformen bedecken drei Millionen Quadratkilometer am Grund der Ozeane. In ihren Zellen erfassen und speichern sie riesige Mengen an Information über ihre Umwelt. Sie nutzen dieses Wissen, um sich an die sich verändernden Habitate anzupassen und neu auszurichten. Die Fähigkeit des Seetangs, Informationen zu erfassen und zu speichern, liefert einen wichtigen Biomarker des Klimawandels. Beispielsweise können klimatische Ereignisse, die die Temperatur oder den Nährstoffgehalt des Wassers betreffen, zu exzessivem Wachstum oder zum Absterben von Algenkolonien führen. Seetang fungiert auch als Indikator für Mikroverschmutzungen durch Plastik oder Schwermetalle, Versauerung der Meere und den Klimawandel allgemein. Über Jahrtausende hat die erfasste Information die Morphologie und die chemische Struktur verschiedener Arten von Seetang bestimmt. Diese Einschreibungen legen nahe, Seetang als Archiv der planetaren Evolution zu verstehen. Das Abtasten umweltlicher Bedingungen ist nur ein Aspekt der Funktion von Seetang, eine andere ist sein Vermögen, Sonnenlicht zu absorbieren und zu speichern. Wie terrestrische Pflanzen, die sich aus grünen Makroalgen entwickelt haben, gedeiht Seetang durch Photosynthese und verwendet Chlorophyll dazu, Sonnenlicht mit unterschiedlichen Wellenlängen zu erfassen und einzulagern, um es in Energie, Glukose und Sauerstoff umzuwandeln. In diesem selbsterhaltenden und lebensnotwendigen Prozess tritt Seetang in eine symbiotische Beziehung mit dem Planeten ein und gibt im Gegenzug dringend Benötigtes zurück: Sauerstoff und einen schnellen Kohlenstoffabbau. Neben der Absorption von Sonnenlicht und seiner

S

Transformation in Sauerstoff kann Seetang auch beträchtliche Mengen von Kohlendioxid aus der Erdatmosphäre herausziehen. In einem als Kohlenstoffspeicherung bezeichneten Prozess wird CO_2 in energiereiche Kohlenstoffverbindungen umgewandelt, die in den Stängeln, den Spitzen, Blasen und Haftorganen der Pflanze eingelagert werden. Kohlenstoff wird durch die Photosynthese im Gewebe des Seetangs verankert und bleibt dort, bis die Pflanze stirbt und das organische Material, das ihn enthält, auf den Meeresboden absinkt. Es überrascht angesichts der Dringlichkeit der Klimakrise kaum, dass Seetang, der jährlich bis zu 200 Millionen Tonnen Kohlendioxid einfangen können soll, von der wissenschaftlichen und umweltaktivistischen Community als entscheidende ‹blaue› Kohlenstoffsenke anerkannt wurde, die zur Abschwächung des Klimawandels beitragen könnte.

Seine Fähigkeit zur Photosynthese erlaubt es überdies, Seetang als eine Art fotografisches Medium zu begreifen. Beide – Seetang und Fotografien – benötigen nicht nur Licht, um zu existieren, sondern modulieren Licht auch für ein bestimmtes Ergebnis. Seetang gedeiht, indem er Energie aus Licht zieht. Eine sensibilisierte fotografische Oberfläche zieht buchstäblich ein Bild ans Licht. Zudem sind Seetang und Filmfotografie in chemischer Hinsicht aneinandergebunden. Die materielle Geschichte der Fotochemie ist gesättigt von Chemikalien, die aus Seetang gewonnen wurden. Von Joddampf, den Louis Daguerre 1839 erstmals zur Herstellung fotosensibler Oberflächen verwendete, bis zu Natriumkarbonat als Bestandteil vieler heutiger fotochemischer Verfahren – sowohl Jod als auch Natriumkarbonat wurden lange Zeit aus Seetang extrahiert.

Seetang und Fotografie in derselben Medienökologie zu verorten, destabilisiert die Grenze zwischen Natur und Kultur, natürlichen und technischen Medien. Die Medientheoretikerin Melody Jue (2021) hat mit Blick auf die Rolle von Licht und Sättigung in der Ontologie von Seetang wie von Fotografie vorgeschlagen, Meeresalgen

als Medien zu begreifen. Jue zeigt am Beispiel der Cyanotypie, eines frühen fotografischen Verfahrens, bei dem die Herstellung von Bildern auf Sonnenlicht und chemischer Sättigung beruht, dass Sättigung in solchen bildgebenden Techniken ebenso wie im Lebenszyklus von Seetang essentiell ist, dass zwischen beiden also eine Analogie hergestellt werden kann. Dies hilft zu verstehen, wie Sättigung Seetang und Fotografie in einem Prozess, der Wasser, Chemikalien, Sauerstoff und Licht beinhaltet, transformiert.

Bei Meeresalgen findet Sättigung in verschiedenen Größenordnungen statt. Ozeane werden durch die Absorption von Kohlenstoff aus der Atmosphäre zunehmend sauer. Krankheitserreger greifen den Seetang an. Industrieller Abfall wird häufig im Meer verklappt. Toxine und Schadstoffe überschwemmen die ozeanischen Habitate, in denen Meeresalgen existieren. Unter diesen Bedingungen wird Seetang auf verschiedene Arten gesättigt. Auf materieller Ebene ist er Chemikalien von außen ausgesetzt, was zu Veränderungen – morphologischen Modifikationen, einer gesundheitlichen Verschlechterung, Schwankungen in der Populationsgröße und der Verbreitung – führen kann. Solange sich diese Ereignisse fortsetzen, «können Meeresalgen ihre eigenen Momentaufnahmen oder fotografischen Negative des Klimawandels anbieten», die eine anthropogene Aktivität anzeigen (Jue 2021, 201, Übers. MF).

Fotografie, insbesondere in ihrer chemischen Form, ist ein gesättigtes Medium. Während der letzten Jahre habe ich das fotochemische Potenzial von Seetang als kreative Methodik erkundet, mit der Klimawandel, Biodiversität und Nachhaltigkeit in maritimen Umgebungen in den Fokus gerückt werden können. Zuletzt war dies verbunden mit einer ‹alchemistischen› Art der fotografischen Bilderzeugung, die die materielle Geschichte der Fotochemie mit der Kulturgeschichte des Aberntens von Seetang auf den schottischen Hebriden verwebt. Dies beinhaltet Forschung dazu, wie die Veränderungen in der Nachfrage und den

Techniken zur Extraktion von Seetang im industriellen Maßstab die Nachhaltigkeit maritimer Umgebungen im Vergleich zu den historischen Praktiken der Algenernte im 18. Jahrhundert beeinträchtigen. Meeresalgen werden dabei zu einem sensorischen Mittel der anderen Art – sie zeichnen nicht nur die klimatischen und umweltbedingten Ereignisse in ihrer molekularen Struktur auf, sondern kommunizieren als Medium auch Geschichten: Kulturgeschichten und Spekulationen über mögliche Zukünfte. Erstere zu interpretieren, entspricht den wissenschaftlichen Anforderungen evidenzbasierten Forschens, während sich auf Letzteres einzustimmen (*attune*) eine poetische Arbeit darstellt. Gleichwohl sind beide Formen des Spürens miteinander verschränkt und umfassen ökologische, materielle, politische und ästhetische Welten.

Ich bin dabei zu lernen, dass Seetang Geschichten zu erzählen hat; Möglichkeiten zu finden, mich auf diese einzustimmen und ihnen zu antworten, bedarf der Übung. Einstimmung bedeutet eine Bereitschaft, meine Erfahrungen und mein Verständnis eines Orts von diesen Narrativen, Beziehungen und Bewegungen prägen und verändern zu lassen. In meiner Praxis beinhaltet diese Art der Einstimmung, mit experimentellen fotochemischen Techniken zu arbeiten, die die innere Chemie von Seetang nutzen, um etwas Fotoähnliches herzustellen. Es ist ein exploratives Unterfangen, das von den Materialien, mit denen ich arbeite, der Umwelt und den soziokulturellen Narrativen eines spezifischen Orts angeleitet wird. Auf den schottischen Hebriden werde ich zu einem Seetang-Sammler, wie diejenigen vor 200 Jahren, auf der Suche nach den Chemikalien in diesen uralten Algen. Zur Hochzeit der Seetang-Industrie auf den Hebriden wateten Arbeiter*innen durch das Meer und sammelten Algen, die an der Küste angeschwemmt worden waren, um sie anschließend – häufig nach langen Wegen über den steinigen Grund – zur Gewinnung eines alkalischen Extrakts, das als Natriumkarbonat bekannt ist, in Gruben zu verbrennen.

Natron wurde zur Herstellung von Reinigungsmitteln und Glas genutzt, später wurde es neben Jod zu einem Bestandteil fotografischer Entwicklersubstanz. Eine Zeit lang war dies ein lukratives Geschäft. Aber der Markt, wie die Gezeiten, veränderte sich. In den 1820er Jahren wurden kostengünstigere Methoden zur Extraktion von Natriumkarbonat entdeckt, was zum ökonomischen Zusammenbruch einer Industrie führte, die Arbeitsplätze und Wohnungen für Tausende von Menschen auf den Hebriden geschaffen hatte.

In einer Praxis, die ich als *Para-Foto-Mantie* bezeichne, sammle ich Seetang, der von seinem Halteorgan getrennt wurde, weil die raue See und die Gezeiten ihn von seinem Untergrund losgerissen, ihn in der Gezeitenzone treibend zurückgelassen und an die Küste geschwemmt haben. Ich weiche die Pflanze in einer Lösung aus Meerwasser und Ascorbinsäure ein, bevor ich den gesättigten Seetang auf Bögen von fotografischem Film ausbreite (vgl. Anhang Tafel III). Dieser Prozess setzt eine alchemistische Fusion von Alkaloiden und Säuren in Gang, die eine pH-Sättigung auslösen und darin nicht nur die Funktionsweise herkömmlicher fotografischer Entwickler nachahmen, sondern auch die von Meeresökologien. Auf dem Film werden Bilder des Seetangs sichtbar, hervorgebracht durch die chemische Sättigung und molekulare Interaktion zwischen den Polyphenolen des Seetangs (von Pflanzen und Algen geschaffene Verbindungen) und den Silberhalogenidkristallen in der fotografischen Emulsion. Die Ergebnisse ähneln fotografischen Bildern; allerdings unterscheiden sie sich insofern von Fotos, als sie ohne Optik oder Licht hervorgebracht wurden. Die chemische Zusammensetzung des Seetangs erzeugt ein *para*-fotografisches Bild.

Die *para-foto-mantischen* Bilder sind nicht in derselben Weise repräsentational wie Fotos, die etwas zeigen, was einmal vor einer Kamera war. Stattdessen sind sie repräsentational in Hinblick auf die Art und Weise, in der sie einen Prozess aufzeichnen und vermitteln, der in einer bestimmten Umgebung und unter Beteiligung verschiedener

S

spürender Körper stattgefunden hat. Ich betrachte sie als Spuren, die in einem langsamen und materiellen Prozess der Bilderzeugung entstanden sind und in die auch mein eigenes Begehren zur Veränderung eingeschrieben ist, während ich den Seetang auf einer chemischen und materiellen Ebene kennenlerne. Als eine solche prozessuale Praxis ermöglicht die *Para-Foto-Mantie* Gespräche und Kollaborationen. Im Herstellen dieser merkwürdigen (nicht-)fotografischen Bilder habe ich von den Plänen mitbekommen, große Areale von Kelpwäldern auf den Hebriden abzuernten. Seit Kurzem gibt es ein neuerliches Interesse an der Algenernte, angetrieben vom Versprechen einer blauen Ökonomie, die die Nutzung von Makroalgen für biologische Sanierungstechnologien und Biotreibstoff erkundet. Falls die Pläne umgesetzt werden, wird es sich um eine industrielle Extraktion handeln, die Maschinen und Fahrzeuge nutzt und die Algenernte mit bloßen Händen am Ende im 18. Jahrhundert in ihrem Ausmaß bei Weitem übersteigt. In dieser Größenordnung birgt sie die Gefahr, dass die Biodiversität der Region geschädigt wird und eine Erosion der Küste auf vielen Inseln des Archipels zur Folge hat.

Wir sind zurück im Ozean und fragen uns, wie Seetang sich in diesen klimatischen Veränderungen festhalten wird. SAM NIGHTINGALE
aus dem Englischen von Maja Figge

Lit.: **Jue, Melody** (2021): The Media of Seaweed: Between Kelp Forest and Archive, in: dies. / Rafico Ruiz (Hg.): *Saturation. An Elemental Politics*, Durham, 185–204.

SOLIDARITÄT

Im Zuge der Corona-Pandemie erleben wir eine wahre Diskurswucherung in Sachen Solidarität. Und wie bei jedem inflationären Gebrauch verliert dabei der Gegenstand rapide an Wert. Die beklatschten Care-Arbeiter*innen haben bislang ebenso wenig konkrete Solidarität in Form besserer Arbeitsbedingungen und Löhne erfahren wie Länder des globalen Südens bei der Impfstoffverteilung. Solidarität droht,

wie Stephan Lessenich schon vor der Corona-Krise schrieb, wegen der zu nichts verpflichtenden Harmlosigkeit ihrer Anrufung eine folgenlose ‹soziale Wohlfühlkategorie› zu werden. (Kastner / Susemichel 2021, 7 f.)

Die Doppeldeutigkeit des Themas dieser Ausgabe – «was uns ausgeht» – als Ausdruck dafür, dass etwas fehlt, mangelt, knapp oder verknappt ist, wie auch dafür, dass etwas ausreicht, klappen wird, als Ambivalenz der Erwartung also einer gelingenden oder misslingenden Verteilung oder Aufteilung, spiegelt gewissermaßen ein zentrales zeitgenössisches Problem der Solidarität: Sie fehlt, so Lea Susemichel und Jens Kastner, obwohl sie zugleich ubiquitär erscheint.

Dieses Paradox erklärt etwa Silke van Dyk mit dem Begriff des Community-Kapitalismus als eine «Verzivilgesellschaftlichung der sozialen Frage» (van Dyk 2021, 108): Die Krise der Reproduktion im (Post-)Wohlfahrtsstaat erzeugt eine Anpassung des Neoliberalismus, insofern zivilgesellschaftliche Kräfte zu solidarischem Handeln aktiviert werden, um Versorgungslücken zu schließen. Van Dyk weist darauf hin, dass der Neoliberalismus insbesondere von rechts unter Druck gerät: So wird auf systemische Prekarisierung etwa mit dem Aufbau völkischer Siedlungen geantwortet, um im Namen von Solidarität, Vertrauen, Gemeinschaft rechte und faschistische Politiken von Heimat und Nation zu tradieren. Die (rechtspopulistische) Kehrseite des Community-Booms ist die Verwahrlosung des dem Sozialstaat und der Sozialversicherung zugrunde liegenden Prinzips, soziale Rechte und soziale Sicherheit gerade von sozialen Abhängigkeiten zu trennen und Institutionen der Solidarität aufzubauen (ebd., 114). Eine emanzipatorische Antwort darauf sieht van Dyk nicht darin, den Wohlfahrtsstaat zu rehabilitieren, sondern umgekehrt in der konsequenten Vergesellschaftung der Gestaltung und Verwaltung sozialer Rechte, sozialer Vor- und Fürsorge sowie von Infrastruktur (ebd., 125). Damit stellt sie eine zentrale abolitionistische Forderung in Aussicht, die sich für eine radikal transformative

Arbeit an Institutionen sozialer Sicherheit einsetzt – im Wissen um die Ambivalenz der Forderung nach einer Abschaffung des Staates und der Staatsgewalt (Loick / Thompson 2022). Für Hochschulen, die als (neoliberale) Bildungs- und Forschungseinrichtungen in vielschichtiger und globalisierter Weise in die (Re-)Produktion gesellschaftlicher Klassen und sozialer Abhängigkeiten eingebunden sind, stellt sich in dieser Situation die Frage nach einer Antwort auf und Verantwortung für diese diagnostizierten Verhältnisse.

Serhat Karakayali erinnert an die Begriffsgeschichte der Solidarität im Kontext von Industrialisierung und kapitalistischer Modernisierung ab dem 19. Jahrhundert: Der Begriff der Solidarität entsteht demnach in Reaktion auf die Herausbildung einer politischen Ökonomie, deren Druck zu Individualisierung und Autonomie nach Émile Durkheim soziale Abhängigkeiten verstärkt und gleichzeitig Bindungen fragwürdig werden lässt (Karakayali 2021, 90 f.). In diesem Sinn problematisiert das Konzept der Solidarität die Möglichkeit gesellschaftlicher Relationalität unter der Bedingung ihrer Ausdifferenzierung und fortschreitender sozialer Segregation. Bekanntlich bildete sich in diesem Kontext das moderne Prinzip der Sozialversicherung heraus: Karakayali verweist auf die französischen *mutuelles* und die konkrete Geschichte der Unfallversicherung, die das Problem individueller Haftbarkeit und Schuld in der gesellschaftlichen Realität industrieller Arbeitsverhältnisse in ein Solidaritätsprinzip überführt und in Vertragsform absichert. Sozialversicherung ist also eine soziale Technologie der Vergesellschaftung materieller sozialer Abhängigkeit (ebd., 94 f.). Gleichzeitig desartikuliert «das Medium des Versicherungsvertrags die Widersprüche und Antagonismen zwischen den Gesellschaftsklassen» (ebd., 96). Die Herausbildung praktischer Formen von sozialer Sicherheit und Institutionen materieller Verteilung vergesellschaftet also auf Basis geteilter Interessen und erhält gleichzeitig gesellschaftliche Differenzen und Ungleichheiten. Vor diesem Hintergrund

gilt Karakayalis Interesse der Frage, wie institutionalisierte Formen von Solidarität historisch wie gegenwärtig mit der Materialität gesellschaftlicher *Beziehungen* zusammenhängen und er richtet den Fokus auf die politische Ökonomie des Verhältnisses von Affekt und Institution.

Die produktive Unschärfe des Begriffs von Solidarität – die sicher auch dessen inflationären Gebrauch bedingt – kann im Anschluss an Karakayali als Möglichkeit betrachtet werden, die Differenziertheit gesellschaftlicher Erfahrung als eine politische Ökonomie der Verteilung von Empfindbarkeiten und Beziehungsweisen, als «Regime der Distribution [nicht nur positiver] Affektionen» (ebd., 100, Anm. JD) zu analysieren. Diese Regime der Distribution von Affektionen verorten die materialisierten Formen von Solidarität in einem Spektrum von (noch) nicht institutionalisierten oder institutionalisierbaren gesellschaftlichen (Beziehungs-)Formen (Adamczak 2021, 81–88, dies. 2017). Der systemischen Unwahrscheinlichkeit von Solidarität, die – wie Karakayali am Beispiel historischer Arbeitskämpfe zeigt – mitunter bedeutet, gegen eigene Interessen zu handeln, begegnet er mit einer Spekulation auf die *Medien der Solidarität*, die untersucht, hervorgehoben und erzeugt werden müssten (Karakayali 2022, 76, 81).

Diese Spekulation versteht sich auch als Antwort auf manche identitätspolitischen Sackgassen rassismus- und diskriminierungskritischer Theorien und Politiken, die die Möglichkeit der Solidarisierung im Kontext differentieller Gewaltverhältnisse der Entrechtung, Derealisierung, Prekarisierung entlang struktureller Achsen der Ungleichheit fragwürdig oder schier unmöglich erscheinen lassen. Solidarität, schreibt Karakayali mit Bezug zu seiner empirischen soziologischen Forschung über deutsche ehrenamtliche Geflüchtetenhilfe seit 2015 – in welcher bemerkenswerterweise eine Mehrheit der deutschen Bevölkerung aktiv gewesen ist –, ist dann ein «Gefüge von Affektionen, symbolischen und praktischen Handlungen, die Verbundenheiten herstellen oder transformieren» (ebd.). Sie vermag

S

die Logik der Differenz von Identität manchmal auf unvorhersehbare Weise und gerade in alltäglicher Auseinandersetzung mit der praktischen Erfahrung institutionalisierter und staatlicher Diskriminierung zu unterlaufen. Medien der Transformation des Sozialen, so verstehe ich Karakayalis Überlegungen, können konkrete zivilgesellschaftliche Praxen der Geflüchtetenhilfe wie etwa Begleitung bei Behördengängen, Wohnungs- und Arbeitssuche sein, ebenso wie Institutionen als abstrahierte Instanzen von Sozialität (ebd., 84). Schließlich plädiert Karakayali über Ebenen personaler Beziehungen hinaus für das «Einbeziehen von Infrastrukturen und Medien der Gesellschaft» (Karakayali 2021, 105). (Ent-)Solidarisierung wird in diesem Sinn zur Möglichkeit der Arbeit an gesellschaftlichen Beziehungen in ihrer differentiellen medialen Produktion sozialer Nähe und Ferne, Erfahrung und Abstraktion, Wahrnehmbarkeit und Nicht-Wahrnehmbarkeit, Fühlbarkeit und Nicht-Fühlbarkeit.

S Mit Karakayali lässt sich – möglicherweise kontraintuitiv – die Frage stellen: Können Hochschulen Infrastrukturen und Medien der Solidarisierung werden? Können Hochschulen sich zu Institutionen entwickeln, die sich in einer politischen Ökonomie der Transformation gesellschaftlicher Materialität von Empfindungsweisen positionieren? Kann medienwissenschaftliche Wissensproduktion hier anknüpfen, um einen genaueren Begriff der *Medien der Solidarität* zu entwickeln? Kann Medienwissenschaft sich mittels ihrer Expertise für Praktiken der Medialität solidarisieren, um verständlich zu machen, wie differentielle mediale Mikropolitiken der Un-/Sichtbarkeit, Un-/Hörbarkeit, Empfindbarkeit an sozialen Institutionen und politischen Ökonomien mitarbeiten? Kann sich medienwissenschaftliche Praxis – in ihrer konkreten institutionellen Situierung an Hochschulen, in Bildungseinrichtungen – als transformatives Medium von Solidarisierungen verstehen, die ihre zivilgesellschaftliche Relationalität, ihre Beziehungen und Bindungsweisen, konsequent an der Gestaltung von Gesellschaft beteiligt?

Denn dies wäre die Schlussfolgerung aus der Erkenntnis, die die hier diskutierten jüngeren, insbesondere soziologischen Debatten zu Solidarität einbringen: ein Commitment zur Institution in Zeiten ihrer von rechts vorangetriebenen Auflösung. JASMIN DEGELING

Lit.: **Adamczak, Bini** (2017): *Beziehungsweise Revolution: 1917, 1968 und kommende*, Berlin. • **Adamczak, Bini** (2021): Vielsamkeit eines ausschweifenden Zusammenhangs, in: Jens Kastner / Lea Susemichel (Hg.): *Unbedingte Solidarität*, Münster, 81–88. • **Dyk, Silke van** (2022): Solidarität Revisited. Die soziale Frage, die Wiederentdeckung der Gemeinschaft und der Rechtspopulismus, in: Jens Kastner / Lea Susemichel (Hg.): *Unbedingte Solidarität*, Münster, 107–126. • **Karakayali, Serhat** (2021): Institution und Affekt. Dimensionen von Solidarität, in: Jens Kastner / Lea Susemichel (Hg.): *Unbedingte Solidarität*, Münster, 89–106. • **Karakayali, Serhat** (2022): Solidarität – Arbeit an den Grenzen und Reichweiten politischer Gemeinschaft, in: *Widersprüche*, Jg. 42, Nr. 163, 75–88. • **Kastner, Jens / Susemichel, Lea** (Hg.) (2021): *Unbedingte Solidarität*, Münster. • **Loick, Daniel / Thompson, Vanessa Eileen** (Hg.) (2022): *Abolitionismus. Ein Reader*, Berlin.

T_

TRANCE Auch ich selbst kann mich an Ritualnächte erinnern, in denen das ganze menschliche Leben zum Vorschein kam, die Schönheit und der Jammer, tiefe Trauer und lange vorbereitete Zerknirschung, Lobpreisungen und Ekstase, die ungelösten Konflikte und die kathartische Abreaktion, die Komödie und die Tragödie, das monströse Zerreißen von Opfertieren und die harmlose Koketterie, die heimliche Verführung und das öffentliche Festessen, das Vorführen von Tricks und die knallharte Verhandlung um die Dienstleistung, das Verschenken von Gaben und die Investitur, die zärtliche Initiation und der rüde Rausschmiss, das jähe Erschrecken und das unvermutete Erwachen, die professionelle Beobachtung und der plötzliche Gefühlsausbruch, die erzwungene Großzügigkeit der Reichen und die Bewirtung der Ärmsten, die Mehrdeutigkeit des Flirts und die Eindeutigkeit der Gottesnamen, die Schwierigkeit, in Trance zu geraten, und die Schwierigkeit, aus ihr wieder herauszukommen, die ohrenbetäubende Musik und das leise Wimmern, die leuchtenden Augen und der stiere Blick, die Gnadenzeichen und die Hoffnung dessen, der die Hilflosigkeit zum Spektakel macht, die alles überstrahlende Schönheit der Bewegungen, das ungelenke Sich-am-Boden-Wälzen und die virtuose Balletteinlage, das Blut, die Trance und die Kamera, mit Leuten, von denen es schon nach wenigen Stunden schien, als hätte man sie sein ganzes Leben lang gekannt, ein Fest wie ein Dorf, ein Dorf wie für immer, bis die Hauptdämonin erschien, alle Lichter zerschlug und sich an ihr grausliches Werk machte und wir aus der Finsternis entlassen wurden, als der Morgen anbrach und wir uns unvermutet auf der Straße wiederfanden, leicht betäubt, aber befreit und mit einem salzigen Geschmack im Mund, unter den Laternen und im tastenden Tageslicht, mit wütenden Blicken konfrontiert, mit frommen, mit gedämpften, mit unverhohlen begierigen. Es war eine Nacht in Meknes, und eines Tages wird es einen Film von Anja Dreschke geben, in dem das alles zu sehen ist und noch viel mehr, die eine Nacht und die vielen Nächte, in denen Martin Zillinger die Hamadsa und die Aissawa von Meknes besuchte, bis auch der Feldforscher tanzen musste zum Rhythmus der *Lalla Malika*, zum Geist der Koketterie, der ihm von den Einheimischen als Pflichttanz zugedacht war, als Hahn im Korb inmitten einer Schar schäkernder Frauen und in Anerkennung seiner heiligen Keuschheit, die Komödie kurz vor der schwarzen Nacht der gelöschten Lichter und der gellenden Schreie von *Aisha Quandisha*, und nachdem die Tochter unserer Gastgeberin in einen wilden Tanzanfall geraten war, der einem unablässigen Headbanging glich, mit kreisendem Körper und wild geschwungenen Haaren vor den Musikern kauernd, wo Trommeln und Oboen ihren unwiderstehlichen Sog entfalten und die Obertonreihen einem den Kopf verdrehen, bis sie aus der Trance, wenn es denn eine war, mit dem unvergesslichen deutschen Fluch «SCH…!» erwachte, und auch deshalb auf Deutsch, um die Schwelle des Tagesbewusstseins zu markieren, den Wunsch, zurückkehren zu dürfen, nach Deutschland, wo sie aufgewachsen war, der in Erfüllung gehen sollte, in diesem Augenblick hingegen als ein Ausbruchsversuch ins Unbekannte erschien, der uns durch seine Heftigkeit erschreckte und ihre Mutter unbeeindruckt ließ, die unbeirrt sitzen geblieben war und durch ihre Seelenruhe unsere Zweifel und unser schlechtes Gewissen, dass wir ihre Tochter dem Sog der Dämonen ausgesetzt hatten, mit der ganzen Erfahrung einer Frau aus der Altstadt, die das alles schon hunderte Male in ihrer Kindheit erlebt hatte, zerstreute.

ERHARD SCHÜTTPELZ

U

U_

↳ ÜBERSICHT

↳ vgl. Tafel I (S. 145–147)

Im Sommer 2022 versuchten wir, über Infrastrukturen zu schreiben und merkten, dass wir mittendrin waren. Die Übersicht – wenn wir sie denn je hatten – ging uns aus (und ab, wie man in Österreich sagt). Statt Übersicht: Ansichten. Und Ansichtskarten. Ansichtskarten von Infrastrukturen, die immer schon mitschrieben.

MAREN MAYER-SCHWIEGER
VANESSA GRAF

UNIVERSITÄT Am Kopfende sitzt der Staatssekretär. Links und rechts reihen sich die Vertreter*innen verschiedener wissenschaftlicher Interessensgruppen und Verbände an U-förmig angeordneten Tischen – Vertreter*innen unter anderem der DFG, des Wissenschaftsrats, der Helmholtz-Gemeinschaft, der Bundeskonferenz der Frauen- und Gleichstellungsbeauftragten, der Gewerkschaft Erziehung und Wissenschaft, der Initiative #IchBinHanna. Der Abstand zwischen den Tischreihen ist so breit, dass zur Dekoration zwei Grünpflanzen in die Mitte platziert wurden. In der Live-Übertragung könnte es sonst zu behördenhaft aussehen, was es wegen der Erkennbarkeit des Bemühens natürlich tut.

U   Das Bundesministerium für Bildung und Forschung hatte im März vergangenen Jahres zum «Austausch zur Höchstbefristungsgrenze im Postdoc-Bereich» eingeladen (BMBF 2023). Darin ging es um die Reform des Wissenschaftszeitvertragsgesetzes (WissZeitVG), zu dem das BMBF ein höchst umstrittenes Eckpunktepapier vorgelegt hatte. Was das allgemeine Arbeitsrecht grundsätzlich nicht erlaubt, nämlich Arbeitsverträge zu befristen, wird durch das WissZeitVG ermöglicht. Weil dies zu kurzen Vertragslaufzeiten ohne dauerhafte Perspektive führt, ist das Gesetz seit Langem revisionsbedürftig. Das ist Konsens. Wie lange die Befristung höchstens sein darf, ob null, drei, vier oder sechs Jahre, daran scheiden sich die Geister. Absehbar ist hingegen, dass es nicht zu einer umfassenden Reform kommen wird, die die Universitäten sowohl in die Pflicht nimmt, Postdocs zu entfristen, als auch in die Lage versetzt, dies zu können. Es geht um viel, vielleicht ums Ganze. Stellen laufen aus, Lehrende verlassen die Universität, die Universität entlässt ihre Wissenschaftler*innen. Die Vorstellung von Dynamik in der Wissenschaft, von Konkurrenz um wenige Stellen und damit verbundener Bestenauslese regiert die Universitäten. Hierin eine ökonomische Logik zu erkennen liegt nahe. Das macht auch der Staatssekretär des BMBF unmissverständlich klar, wenn er die Vertreter*innen der universitären Gruppen und wissenschaftlichen

Abb. 1 Screenshot vom Roundtable zur Höchstbefristungsgrenze im Postdoc-Bereich, 30.3.2023, BMBF

Verbände «Stakeholder» nennt. Grünpflanzen und Stakeholder prägen das Bild.

Das WissZeitVG stammt aus dem Jahr 1999, in dem auch der Bologna-Prozess beschlossen wurde, der mit der Einführung eines kleinteilig organisierten Studienablaufs samt umfänglicher Evaluationsmaßnahmen einherging. Auch die Exzellenzinitiative, mit der Universitäten gegeneinander ins Rennen um ‹Spitzenforschung› geschickt werden – ‹Spitzenforschung›, die sie vorweisen müssen, um sie betreiben zu können –, rührt aus diesem Jahr. So unterschiedliche Wissenschaftler*innen wie Sabine Hark (2018), Tom Holert (2021) und Wolfgang Kemp (2004) haben diese Prozesse als Transformation hin zur unternehmerischen oder neoliberalen Universität beschrieben. Diese Form der Universität ist durch die Fiktion bestimmt, quantitative Messbarkeit von Qualität mittels Kennzahlen (Publikations- und Drittmittelindizes) herstellen zu können. Und sie ist genötigt, diese Messungen in ausufernden gegenseitigen Begutachtungs-, Akkreditierungs- und Evaluationsprozessen durchzuführen (nicht, dass sie das nicht auch tun *will*, so funktioniert Gouvernementalität). Die Bindung von Zeit und Personal ist immens, der Verwaltungsaufwand steigt und steigt, was mit dem Messwesen in Zusammenhang steht, aber zugleich nicht recht ins Bild der unternehmerischen Universität passt. Welches Unternehmen würde sich das leisten? Welche Stakeholder*innen würden das mitmachen? Hier scheint die Universität doch als öffentliche Institution immer auch Behörde zu bleiben.

Der Bologna-Prozess folgte nicht schierer Regelungswut. Sich über ihn zu mokieren ist ein Leichtes für diejenigen, die in der ‹alten› Universität ein gutes Auskommen hatten. Die Eigenmächtigkeit von Professor*innen, erratische Studienpläne, in Anspruch und Wert überfrachtete Abschlussarbeiten, eine hohe Zahl an Studienabbrüchen (1992 ca. 27 Prozent, heute allerdings nicht weniger, vgl. Erhebungen des Deutschen Zentrums für Hochschul- und Wissenschaftsforschung) – all das war nicht gut (und ich weiß, wovon ich spreche). Die alte, die Vor-Bologna-Universität, die zuweilen betrauert wird, ist ihrerseits hervorgegangen aus tiefgreifenden Transformationen, die an den universitären Grundfesten rüttelten, und zwar im sehr konkreten Sinn. Und alt ist sie auch nicht.

Mitte der 1960er Jahre hatte ein ungenannt gebliebener Professor, der mit den Umbauplänen ‹seiner› Universität nicht einverstanden war, ‹seine› Studierenden angestiftet, die für einen Erweiterungsbau errichteten Vermessungspfähle zu entfernen. Wenn Professor*innen Institutsneubauten blockieren, dann hatte der Wissenschaftsrat, der 1957 als wissenschaftspolitisches Beratungsgremium gegründet worden war, wohl recht mit der ungewöhnlich pointierten Feststellung: «Dem Idealbild einer ‹Gelehrtenrepublik› steht in der Wirklichkeit eine Oligarchie der Lehrstuhlinhaber und eine Monokratie der Institutsdirektoren gegenüber» (zit. n. Heimendahl 1966, 1172).

In den 1960er und 70er Jahren wurden in der BRD 24 neue Universitäten bzw. Gesamthochschulen gegründet. Die erste Neugründung war 1962 die Ruhr-Universität Bochum; im Ruhrgebiet kamen Essen, Duisburg und Dortmund dazu. 1967 wurde die Universität Bremen und 1969 die Universität Bielefeld eröffnet. Das waren Planungen für jeweils 6.000 bis 10.000 Studierende. Diese Anzahl galt als Maximum, um eine ‹Reformuniversität›, wie diese großmaßstäblichen Einrichtungen genannt wurden, überhaupt noch eine Universität sein zu lassen. In Süddeutschland

wurden die Universitäten in Konstanz, Ulm und Regensburg gebaut. Marburg hatte eine mittelalterliche Universität, die in der Oberstadt thront. Diese bekam Erweiterungsbauten in einer Hochhaussiedlung am Stadtrand. Und auf dem Obstbaugelände der Freien Universität, die wenige Jahre zuvor neu gegründet worden war, weil die Berliner Universität im Ostteil der Stadt lag, begann 1963 der Neubau. Die Wut derer, die das Bestehende verteidigten, richtete sich sowohl gegen die Ästhetik dieser Neubauten als auch gegen den Umbau der Hierarchien, der sich in den Bausystemen nicht zuletzt räumlich artikulierte. Von den hehren Hallen der alten Universität wurde auf gebaute Infrastrukturen umgestellt, von der Ordinarienuniversität auf Drittelparität in Gremien, die 1972 schon wieder abgeschafft wurde.

Was die einen Reformuniversität nannten, galt den anderen als Massenuniversität. Das ‹Massenproblem› stand in Zusammenhang mit der ‹Bildungskatastrophe›, von der in den 1960er Jahren weit über Wissenschaft und Politik hinaus die Rede war. Der prozentuale Anteil der Abiturient*innen an allen Schulabgänger*innen lag im niedrigen einstelligen Bereich – zu wenige, um der zunehmenden Spezialisierung von Berufen Rechnung zu tragen. Man brauche mehr Studienplätze, mehr Abiturient*innen, daher wieder mehr Lehrer*innen, also mehr Studienplätze, daher auch mehr Dozierende an Hochschulen usw. Die Massenuniversität war eine Universität für alle, zumindest für möglichst viele. Gesamthochschulen, auch sie inzwischen wieder abgeschafft, öffneten auch Nicht-Abiturient*innen den Hochschulzugang. Chancengleichheit bedeutete, den Anteil jener Studierenden zu steigern, deren Eltern (oder genauer: Väter) nicht selbst schon studiert hatten. Das Gegenstück zu ‹Chancengleichheit› bestand im Begriff der ‹Nivellierung›, mit dem Auslese, Begabung und, wie wir heute sagen würden, Exzellenz verteidigt wurden.

Die zunehmende Ausdifferenzierung in Fachwissenschaften und die Notwendigkeit ‹kollegialer Kooperativität›, nicht zuletzt in Hinblick auf

U

spezialisierte Berufe außerhalb der Universität, ließen sich mit dem Autonomie-Verständnis einer Universität Humboldt'scher Prägung nicht länger in Einklang bringen. An die Stelle einer Einzelpersönlichkeit, die jeweils herrschte wie der Fürst «am Hofe seines Instituts oder Seminars, dessen Thron der Lehrstuhl, dessen Fürsten-Versammlung die Fakultät ist, und neben dem nicht stimmberechtigte Lehnsherren und Edelleute des ‹Mittelbaus› als untergeordnete Helfer fungieren», so damals der Wissenschaftsjournalist Eckart Heimendahl (1966, 1182 f.), sollte eine vernetzte Struktur treten. Der vor sich hergetragene Autonomie-Anspruch der Lehrstuhlinhaber*innen wirkte demgegenüber schal. Zumal, wie Georg Picht, der Autor des Bestsellers *Die Bildungskatastrophe* (1964), fast schon standpunkttheoretisch formulierte, sei auch das Beharren auf dem Nicht-Politischen von Wissenschaft politisch. Aber erst die wissenschaftliche Selbsterkenntnis über die eigenen Interessen und Bedingungen sei die Voraussetzung dafür, Autonomie überhaupt behaupten zu können.

Es gibt Gründe, den Diskurs der Wissensgesellschaft, in den dieser konkrete und institutionelle Universitätsumbau eingebettet war, als ökonomisch motiviert zu sehen. Womöglich beginnt die unternehmerische Universität bereits hier. Zugleich waren die Neugründungen von einem Bildungsverständnis getragen, das auf eine Ausweitung von Wissenschaft und deren konstitutive Unabgeschlossenheit setzte:

> Bei all diesen Neugründungen zeigt sich offenbar die Bereitschaft, die gegenseitige Isolation im Nebeneinander spezialisierter Fach- und Institutsbereiche zu durchbrechen und so eng miteinander zu kooperieren, dass der liberalere Geist einer Gelehrtendemokratie die patriarchalisch-selbstherrliche Hausordnung auflöst (Heimendahl 1966, 1184).

Vielleicht lässt sich resümieren, dass die wissenschaftspolitische Situation der Gegenwart von diffusen Rückgriffen gekennzeichnet ist, die sich bis zur Unkenntlichkeit vermengen. Die Frage danach, was die Universität und nur die Universität

kann oder was ihr ausgeht, lässt sich nicht durch die selbstreferenzielle Bestimmung von Qualität und Effizienz stillstellen, sondern nur sowohl wissenschaftlich als auch politisch beantworten. Denn Universitäten sind weder Behörden, noch werden sie von Stakeholder*innen aufrechterhalten. *Die Universität hat es nie gegeben.*

KATHRIN PETERS

Lit.: **Bundesministerium für Bildung und Forschung (BMBF)** (2023): Austausch zur Höchstbefristungsgrenze im Postdoc-Bereich, Videoaufzeichnung auf der Website des BMBF (ca. 125 Min.), 30.3.2023, www.bmbf.de/SharedDocs/Videos/de/bmbf/5/57/57650.html (8.10.2023). • **Deutsches Zentrum für Hochschul- und Wissenschaftsforschung** (o.J.): *Studienabbruch. Umfang und Motive*, Projektbeschreibung auf der Website des DZHW, www.dzhw.eu/forschung/projekt?pr_id=240 (25.10.2023). • **Hark, Sabine / Hofbauer, Johanna** (Hg.) (2018): *Vermessene Räume, gespannte Beziehungen. Unternehmerische Universitäten und Geschlechterdynamiken*, Frankfurt/M. • **Heimendahl, Eckart** (1966): Das Dilemma der Hochschulen. Aufriss der Probleme, in: *Merkur*, Jg. 20, Nr. 225, 1171–1190. • **Holert, Tom** (2021): *Politics of Learning, Politics of Space. Architecture and the Education Shock of the 1960s and 1970s*, Berlin. • **Kemp, Wolfgang** (2004): Die Selbstfesselung der deutschen Universität. Eine Evaluation, in: *Merkur*, Jg. 58, Nr. 660, 294–305, www.merkur-zeitschrift.de/wolfgang-kemp-die-selbstfesselung-der-deutschen-universitaet (18.11.2023). • **Picht, Georg** (1964): *Die deutsche Bildungskatastrophe. Analyse und Dokumentation*, Freiburg i. Br.

V_

VERLUSTKONTROLLE Dass das Wort sich einer zufälligen Verdrehung verdankt, wurde von mir zunächst nicht wahrgenommen. Vielmehr habe ich es ganz im Sinne der Rücksicht auf Darstellbarkeit, eines jener vier Mechanismen, die einen Traum nach Sigmund Freud lesbar machen, so gelesen, wie es üblicherweise verwendet wird – als

U

Kontrollverlust. Doch die Verdrehung ist mehr als bezeichnend und eröffnet eine völlig neue Perspektive (die wir auch für das Studienjahr 2023/2024 zum Jahresthema des Brandenburgischen Zentrums für Medienwissenschaften gemacht haben). Viele Beispiele, die einem sofort einfallen, handeln nämlich vom Kontrollverlust, wie etwa der Drogen- und Alkoholkonsum oder die Spielsucht. Doch was die Umdrehung des Wortes schafft, ist eine Nichtbegrenzung, die nicht zu überschauen ist. Die einen Kontrollverlust benennt, bei dem es sich nicht sagen lässt, wessen man verlustig geht. Und dieser Verlust ist nicht zu kontrollieren, da weder sein Ausmaß, sein Sich-Ereignen, sein Ende noch seine Wirkweise bekannt sind. Doch genau diese sich eröffnende Unmöglichkeit macht die unfreiwillige Verdrehung hin zur Verlustkontrolle so passend und gleichzeitig beängstigend.

Die Verdrehung hin zur Verlustkontrolle ist Symptom wie Unbehagen gleichermaßen und adressiert die unterschiedlichen Themen sowie die entsprechenden Akteur*innen und betrifft alle, wenn auch nicht im selben Ausmaß: Klimakatastrophe(n), Artensterben, Künstliche Intelligenz, die Verschiebung globaler Machstrukturen sowie das Aushebeln demokratischer Parameter verweisen auf nicht steuerbare Verluste und blinde Horizonte – das Danach ist opak: Fantasien und andere Vorstellungsmechanismen versagen angesichts fiktionaler Zeitspannen zwischen Technologieentwicklungen und den Inszenierungen zukünftiger Optionen. Das heißt, der fantasierte Raum wird in seiner unheimlichen Nähe nur mehr zum porösen Phantasma der Gegenwart.

Politik, Wirtschaft und Medien sind hierbei nicht nur die größten Player*innen, sondern auch gnadenlose Gegenspieler*innen. Eine Gemengelage, die aufgrund der unterschiedlichen Gewichte, die diesen Polen jeweils zukommt, einmal mehr Verlustkontrollängste schürt und flächendeckend verbreitet. Medien berichten täglich über die Übernahme komplexer Aufgaben durch KI und zeichnen dabei ein Bild von Menschen, das diese marionettengleich im Netz algorithmischer Operationen zappeln lässt. Die Held*innen der IT-Ära, Mark Zuckerberg, Elon Musk und wie sie alle heißen, ob Metaverse oder X, bleiben ohne Konturen. Denn jede noch so kritische Recherche eines digitalen Abdrucks, jeder Eintrag in sogenannte soziale Netzwerke ‹füttert› deren Datenbanken und Plattformen.

Trotzdem oder gerade deshalb hält jede*r sein*ihr Smartphone fest in den Händen. Wird dieses verloren, übersteigt der Schock darüber jede Verlustdimension – denn damit scheint für einen Moment *alles* verloren. Darum auch das begleitende medientechnische Therapieangebot, mittels diverser Tracker diesem Verlust vorzubeugen, sich digital gegen ihn zu wappnen. Verlustkontrolle ist in diesem Unendlichen des Digitalen das Einzige, was dingfest ist.

Doch dies ist nur die eine Seite der digitalen Geschichte. Diese wird flankiert von einer anderen Geschichte, die das Ende der humanen Ära insgesamt erzählt. Es sind nicht nur Maschinen, die uns zu überholen drohen, auch andere Spezies und Organismen weisen eine «unfassbare Vielfalt» von Intelligenz auf (Bridle 2023). Die emphatische Adressierung von Bakterien, Einzellern, Insekten und anderen Tieren, die jenseits menschlicher Intelligenz ihr Überleben ‹smarter› zu organisieren scheinen als unsere aufgerüsteten Gesellschaften, stimmt aus der Perspektive des humanen Subjekts in seiner Beschränktheit daher möglicherweise nicht optimistisch.

Die Ängste vor einer nicht mehr zu kontrollierenden Verlustkontrolle scheinen auch angesichts militärischer Aufrüstung und ständiger Androhung eines atomaren Einsatzes sowie Energieengpässen und Lieferketteneinbrüchen horizontlos. In *Oppenheimer* (Christopher Nolan, USA/GB 2023) gibt es die Szene vor der ersten Zündung einer Atombombe in der Wüste New Mexicos: Die anwesenden Naturwissenschaftler*innen und Ingenieur*innen wissen, was sie tun, und sie wissen nicht, welchen Effekt sie damit auslösen werden. Sie wissen nur eines – dass sie den Verlust, wenn

V

es diesen geben sollte, nicht kontrollieren werden können. Dass der vermeintlich kontrollierbare Erfolg der Atombombe eine Geschichte von Verlustkontrolle in Gang gesetzt hat, ist bekannt.

Slavoj Žižek hat in seinen Abhandlungen zum postideologischen Zeitalter immer wieder betont, dieses bestünde darin, zu sehen und zu wissen und dennoch zu tun. Trifft dies auf die Ära der Verlustkontrolle nicht genau zu? Als Žižek davon sprach, meinte er damit, dass wir angesichts des kommunistischen Niedergangs die durchsichtige Gegenwart des allumfassenden Kapitalismus nicht mehr sehen würden (wollen) und dessen Gesetze zu Naturgesetzen erklärten (Žižek 1989). Heute erkennen wir die Realverluste von Ressourcen wie z. B. Wasser, dessen Natürlichkeit sich in kapitalistisch ausbeutbaren Rohstoff gewandelt hat. Wir erahnen, wie sehr sich Krieg und Klimakampf gegenseitig verkeilen, wir bekommen vor Augen geführt, wie Hungersnöte strategisch eingesetzt, in Kauf genommen werden, um machtpolitische Interessen zu vertreten. Nicht, dass dies alles gänzlich neu wäre, neu jedoch ist, dass wir in Informationen derart eingebettet sind, dass es keinen Standpunkt außerhalb mehr gibt. Doch gerade dies zwingt zum Weitermachen – irgendwie. Sich dem Verlust entgegenstellen im Wissen um seinen weiteren Rückzug.

V

MARIE-LUISE ANGERER

Lit.: **Bridle, James** (2023): *Die unfassbare Vielfalt des Seins. Jenseits menschlicher Intelligenz*, München. • **Žižek, Slavoj** (1989): *The Sublime Object of Ideology*, London, New York.

VERTRAUEN In den Lexika mehr oder weniger fest zwischen ‹Verstehen› und ‹Verwaltung› eingefügt, taucht ‹Vertrauen› selten im Zusammenhang von Verlustbefürchtungen, dagegen häufig zusammen mit Verlustanzeigen auf. Die entsprechenden Klagen beschwören etwas irgendwann Gegebenes oder Vorhandenes, inzwischen aber Entzogenes, Enteignetes, Geraubtes: einen Besitz, etwas Eigenes, das anderen geliehen worden

sei auf der Grundlage von Erwartungen, die sich als nicht gerechtfertigt herausgestellt hätten, die enttäuscht worden seien. Wir verleihen unser Vertrauen, und wir entziehen es; es geht uns aus, weil wir es nicht mehr zu geben bereit sind. Deshalb klingen die Klagen wie Abrechnungen, wie Strafen, wie Drohungen, und die larmoyantesten unter ihnen am deutlichsten; da trifft Selbstmitleid auf Aggression. Wenn die Rede davon ist, dass ‹uns das Vertrauen ausgeht›, dann wird über eine Verarmung geklagt, und andere werden dafür angeklagt. Die Rede vom verlorenen Vertrauen legitimiert sich auf diese Weise selbst, sie ist ein Vorwand für einen Geiz: Das ‹Wir›, das kein Vertrauen mehr zu haben vorgibt, inszeniert sich als bedroht und zugleich bedroht es – im Gestus der Abrechnung – andere. Der Sinn, ja die Funktion der Frage nach der Möglichkeit von Vertrauen ist die Unterstellung einer Rechtfertigungspflicht und die Behauptung eines drohenden Verlusts.

Diese ökonomische Sicht auf das «Problem des Vertrauens» erlaubt neben der geizigen aber auch eine spielerische, abenteuerliche Sichtweise: Es geht – so schreibt es Niklas Luhmann in seinem Essay über das Vertrauen – um den Entschluss, mittels einer «riskanten Vorleistung» einen flüchtigen Moment zu nutzen, oder sogar darum, diesen Moment überhaupt erst zu erfinden (Luhmann 1973, 23). Luhmann eröffnet seinen Text mit einer an Kafka erinnernden Notiz, wenn er «unbestimmte Angst, lähmendes Entsetzen» als Seelenlage benennt (1973, 1), in der Vertrauen zugleich unmöglich erscheint und buchstäblich unverzichtbar ist. Eine solche Lage ist im bittersten Sinne elend. Wer vertraut, fingiert in dieser elenden Lage eine Chance und nutzt sie zugleich. Ohne diesen Entschluss zum Handeln wäre Vertrauen von Unterwerfung und Phlegma nicht zu unterscheiden. Eine ‹riskante Vorleistung› aber ist eine entschlossene, d. h. eine aktive und reflektierte Insubordination. Mit dem Nachdenken über die Rechtfertigungspflichten anderer hat sie schlechterdings gar nichts zu tun;

sie fordert das Selbst heraus. Vertrauensverlust ist, Luhmann folgend, die Kapitulation vor der Angst, also: Selbstverlust.

Wann tritt dieses ‹Problem des Vertrauens› auf? In der Begegnung mit Unvertrautem, im Moment des Gewahrwerdens von Nichtwissen, Unsicherheit, Angst, und zwar auch nur dann, wenn dieses Gewahrwerden im selben Moment mit einer unausweichlichen Handlungserwartung einhergeht. In einem solchen Moment ist man blank, es gibt keinerlei Ressource, die sich flüssig machen ließe – Handlungserwartung und Erlebenserfahrung schneiden sich ohne jegliche Orientierung. Der Moment, den nur Vertrauen zu ertragen hilft, in dem Vertrauen erforderlich ist, aus dem nur Vertrauen heraushilft, ist ein Moment, in dem man auf sich selbst gestellt ist, ohne sich auf sich verlassen zu können. Das ist ein Moment ohne Zukunft, ein aussichtsloser Moment existenzieller Zeitnot, der – denn auch dafür wäre Zeit erforderlich – nicht externalisiert, nicht anderen zugerechnet werden kann. Mit einem Gegenüber, einem*einer Anderen, dessen*deren Eigenschaften oder Verhalten Vertrauen wecken oder rechtfertigen würden, hat das ‹Problem des Vertrauens› daher nichts zu tun; man vermag nicht einmal mehr sich selbst als diese*n Andere*n zu sehen. Jan Philipp Reemtsma, der diesem Gedanken ausführlich nachgeht, spottet zwar vorsichtig darüber; aber auch er hält Luhmanns eröffnenden Hinweis nicht für eine sentimentale Petitesse (Reemtsma 2013, hier 30). Die ‹riskante Vorleistung› kostet enorme Kraft, weil sie eine Investition des Selbst im Moment von dessen erwartetem und erfahrenem Verlust ist. Es ist verführerisch naheliegend, sich diesen Kraftaufwand zu ersparen, indem das Gegenüber zerstört wird, wo das Selbst investiert werden müsste. Da, wo Vertrauen erforderlich wäre, wird Gewalt wahrscheinlich – das ist Reemtsmas Überlegung. Luhmann folgt derselben Überlegung, wenn er von Angst und Entsetzen spricht, ohne Gewalt zu erwähnen, und einen vielleicht entscheidenden Hinweis gibt: Vertrauen investiert Zeit in einen Moment ohne Zeit.

Das Vertrauen geht uns also nicht aus, weil sich – während uns die Zeit ausgeht – unsere Ohnmachtserfahrungen auftürmen und zugleich der Handlungsdruck steigt. Denn das eben wäre der Moment, in dem Vertrauen erforderlich und möglich ist. Das Vertrauen geht uns aus, weil wir uns reservieren, weil wir Vorräte unseres Selbst bilden und damit nicht nur haushalten, sondern geizen. Das Vertrauen geht uns aus, weil wir «besessene Besitzer» sind (Tarde 2009, 87), die die Unmöglichkeit vollkommenen Besitzens, Begehrens und Forderns, Schenkens und Raubens von Vertrauen (oder von Sozialität schlechthin) zwar genau verstehen, aber nicht ertragen. Wer aber vertraut, spart nicht, sondern investiert – und zwar: sich selbst. Wer vertraut, verhält sich wie ein *confidence man*, der nicht andere um ihren Besitz und ihre Selbstsicherheit, sondern sich selbst um seine Verzweiflung betrügt.

Diese ironische Seite des Problems entzieht das Vertrauen seinen religiösen Ursprüngen, so gegenwärtig diese auch immer sein mögen, und verlagert sie in rechtliche, familiale, politische, vor allem aber ökonomische Zusammenhänge. Vertrauen ist nicht mehr (oder nicht mehr nur) Glauben. Im Glauben würde Vertrauen das Gottesverhältnis beschreiben als ein eigenes, ja existenziell eigenes Selbstverhältnis, könnte als solches aber nicht oder nur um den Preis des Selbstverlusts investiert werden; was bliebe, wäre völlige Hingabe an dieses Verhältnis, nicht dessen Ironisierung. Eine dem Glauben ähnliche Unbedingtheit zeigen die heute üblichen Säkularisierungen des Vertrauens, in denen etwa der Vertrag als rechtliches Säkularisat des Gottesverhältnisses verstanden und nicht ohne Ehr- und Ansehensverlust verwettet und verspielt werden darf. Nicht zufällig, sondern ganz folgerichtig projizierten die frühen Soziologien des 19. Jahrhunderts das Vertrauensproblem auf ein Problem fehlender Bereitschaft oder auch mangelnder Möglichkeit zu Verbindlichkeit. Vertrauen erschien ihnen als ein kompensatorisches Sich-Verlassen auf andere unter Bedingungen der sich verschärfen-

V

den Spezialisierung von Arbeit und Wissen, als Allgemeinvertrauen ins Soziale als das verbindlich – nicht polemisch – Trennende, als das Wohlgeordnete. Eine ‹riskante Vorleistung› kann unter solchen Umständen nur als im Wortsinne kritischer, eigensinnig unterscheidender Akt erscheinen, der Vertrauen in eine Ordnung investiert, die auf diese Investition gar nicht angewiesen zu sein vorgibt. Vertrauen (umso mehr als Entschluss der Verzweifelten zur kritischen Behauptung einer wenn auch nur flüchtigen Chance) ist ein Einwand gegen das Selbstverständnis einer Ordnung als Inbegriff des Vertrauten.

Von da aus führen Traditionslinien bis in die Gegenwart vermutlich sämtlicher mit Gemeinschaftszumutungen und ihrer dramatischen *pecking order* verknüpfter Institutionen; jede Fremdheit erscheint als riskante Provokation. Diese im (wie erwähnt) sozialen Sinne geizigen Traditionen münden im privaten wie im öffentlichen Raum in Klage- und Vorwurfsaggressionen, in denen ein*e unklar autorisierte*r Sprecher*in das Vertrauen, das sie*er nicht investieren will, in eine erbarmungslos selbstsichere Verlust- und Unwürdigkeitsanzeige ummünzt.

Abstrakter formuliert: Der alltägliche Umgang mit der riskanten Selbstinvestition namens Vertrauen (wie ja auch die Rede vom Verlust oder vom Ausgehen und Verlorengehen des Vertrauens) verweist darauf, dass es sich um eine säkularisierte Form einer Herrschaftsökonomie handeln dürfte. Herrschaft heißt, sich im Kontext einer Hierarchie zu beobachten, in der es niemals nur eine einzige, sondern stets mehrere Oben/Unten-Asymmetrien gibt. In solchen Verhältnissen ist Vertrauen eine Art Joker im Spiel um Einfluss. Dieser Joker ist kooperationsaffin, und er verführt zur persönlichen Aufladung von Autoritäts- und Akzeptanzproblemen. Das macht ihn zu einem begehrten, knappen Gut; man verspricht sich, notiert Simmel unverhohlen spöttisch, «axiomatische Zuverlässigkeit» von ihm, sodass man zumindest «für sein Milieu gleichsam den Aggregatzustand der Objektivität» erreicht (Simmel 1993,

184). Aber er hilft nur denen, die ihn ausspielen, während er denen, die ihn fordern, die Mittel entzieht. Das macht ihn zur subversiven Ressource; so sehr Vertrauen in Herrschaftsverhältnissen gefordert wird – wird es investiert, ist es ein Einwand gegen Herrschaft, ein Zeichen für Insubordination. Vertrauen, könnte man also sagen, *ist* nicht einfach nur der «mittlere Zustand zwischen Wissen und Nichtwissen» (Simmel 1992, 393) oder eine mittlere Lage zwischen Höchstpersönlichkeit und pragmatischer Loyalität (Endreß 2002, 72), sondern es *schafft* diese mittlere Lage. Und es *erhält* sie auch, indem es in den existenziell kurzen Augenblick erfahrener Resignation und erwarteten Handelns Zeit zwischen nicht endender Vergangenheit und nicht beginnender Zukunft einspielt.　　MAREN LEHMANN

Lit.: **Endreß, Martin** (2002): *Vertrauen*, Bielefeld, <u>doi. org/10.14361/9783839400784</u>. • **Luhmann, Niklas** (1973 [1968]): *Vertrauen. Ein Mechanismus zur Reduktion sozialer Komplexität*, Stuttgart. • **Reemtsma, Jan Philipp** (2013 [2008]): *Vertrauen und Gewalt. Versuch über eine besondere Konstellation der Moderne*, Hamburg. • **Simmel, Georg** (1992 [1908]): *Soziologie. Untersuchung über die Formen der Vergesellschaftung*, Frankfurt/M. • **Simmel, Georg** (1993 [1907]): Soziologie der Über- und Unterordnung, in: ders.: *Gesamtausgabe in 24 Bänden, Bd. 8: Aufsätze und Abhandlungen 1901–1908, Bd. II*, hg. v. Alessandro Cavalli/ Volkhard Krech, Frankfurt/M., 180–257. • **Tarde, Gabriel** (2009 [1893]): *Monadologie und Soziologie*, Frankfurt/M.

VIELFALT Im Aquadom zu Berlin lebten tausendfünfhundert Fische und über hundert verschiedene Arten. Ein Star inmitten dieser vorsortierten Artenvielfalt war Nemo, der Clownfisch, der durch den Film *Finding Nemo* (Regie: Andrew Stanton, USA 2003) zur unverzichtbaren Aquariendekoration geworden war. «Man sollte annehmen, dass die nahezu tierrechtlerische Botschaft des Films die Kinder für alle Zeit der Aquaristik entfremdet hätte. Aber nein, im Gegenteil. Die Nachfrage nach Clownfischen stieg nach dem Ki-

V

nofilm rapide an» (Duve 2010). Nemo wurde gefangen genommen, immer und immer wieder, um Befreiungsphantasmen zu befeuern. Am Morgen des 16. Dezember 2022 platzte der Aquadom. Wer weiß, wie viele unentdeckte Lebensformen neben den erfassten Arten – unter ihnen Nemo – aus dem Tank geschleudert wurden und dann erstickten oder erfroren oder von einem Auto überfahren wurden oder alles zugleich erlitten. Überall dort, wo uns paradiesische Vielfalt eingebildet wird, ist ein Ort vollends zerstört. Paradiese sind Auslaufmodelle – wie der Aquadom.

Ungleichheit und Vielfalt bedingen sich gegenseitig. Die Kunst des partizipativen Managements besteht darin, Gärten mit Ungleichheitskategorien zu bestellen und diese Verhältnisse als paradiesische Natur oder gerechte Vielfalt zu verkaufen. In diesen Zoos der Diversität ist meistens festgelegt, welches Maß an Transgression artgerecht ist, während Artgenoss*innen sterben, die nie und schon gar nicht in ihrer Eigenart wahrgenommen wurden.

Außerhalb von Ordnungen – ‹Paradies› bezeichnet im Altiranischen «wörtlich: Das Umzäunte» (Groebner 2018, 142) – ist Vielfalt kaum vorstellbar. Medien sind Operatoren, die Ordnungen der Vielfalt hervorbringen, Differenzen eintragen, (Un-)Sichtbarkeit herstellen. Sichtbarkeit ist mediale Schichtarbeit. Immer aber gibt es Vielfalten, die uns – nein, nicht ausgehen, sondern entgehen, weil sie sich im blinden Fleck unserer Wahrnehmungsapparate befinden. *Voir* ist *pouvoir* ist *savoir*. Sehen ist Macht ist Wissen. «There is violence in being seen. And there is violence in not being seen», heißt es im Video-Essay *Ardor* (CH 2022) von Flurina Badel und Jérémie Sarbach (Wittmann 2022, 25). Widerstand ist die Technik, sich sichtbar und unsichtbar zugleich zu machen: für manche Augen sichtbar, für andere unsichtbar. In den Falten und Faltungen der *Opazität* (Glissant 2007, 107) beginnen andere Augen, andere Sinne eine Vielfalt an Gestalten wahrzunehmen und geheime Zeichen zu entschlüsseln. Nicht alle Vielfalten gehen oder rinnen aus, manche kommen davon.

Entscheidend ist, dass es viele Arten von Vielfalt gibt: widerständige und aufgezwungene, sich binär verzweigende, fächerartige, netzwerkartige, multidirektional-tentakuläre, aus- oder eingefaltete, sich aus Interferenzen oder Abständen ergebende Vielfalten, die sich optisch wie taktil, bild- wie datenbasiert vermitteln können. Nicht alle Vielfalten entstehen aus Klassifikationen, sie können sich auch aus unvorhersehbaren Transversalen, aus listigen Fluchtlinien und plötzlichen Abzweigungen – *routes* statt *roots* (Hall 2017, 161) – ergeben. Es gibt neoliberale, (post-)fordistische, faschistisch-ethnopluralistische Vielfalten, die kriegerisch und diskriminierend funktionieren, oder aber Vielfalten, die auf inklusiven Solidargemeinschaften beruhen und ein schützendes, offenes *Wir* formulieren, dem immer etwas fehlt. Die feministische Bewegung im Iran, die sich nach dem gewaltsamen Tod der kurdischen Iranerin Jîna (Mahsā) Amīnī im September 2022 formierte, um dezentralisiert, führungslos wie klassenübergreifend die gesellschaftlichen Gefängniswände aus Angst, Strafe und Repression zu überwinden, hat es geschafft, ein solches *inklusives Wir* – eine Kohäsionskraft in der Vielfalt – herzustellen.

Der Begriff der Vielfalt hängt von der Differenzauffassung ab. Von welcher Differenz sprechen wir? Von Distinktionsgewinn, Überlegenheitsgefühl, ‹rassischer› Differenz – oder von jenem Prozess der Differenzierung, der diese Differenzen attackiert, Identitätszuschreibungen durchstreicht und Binaritäten dekonstruiert, wie Michel Foucault, Jacques Derrida und Judith Butler aufgezeigt haben. Geht es um Identität als Stigma oder als Spielraum? Wir brauchen Prozesse der Differenzierung, um Vielfalt erleben zu können. Unsere Krakenkörper sind *exquisite Kadaver*: Austragungsorte widerstreitender Identitäten und Differenzierungsachsen.

Warum aber kommt Vielfalt – obwohl Bio-/ Soziodiversität ein disziplinenübergreifendes Anliegen der Gegenwart ist – uns trotzdem abhanden? Warum rieselt sie uns durch die Finger wie die unaufhaltsam absterbenden Korallenriffe, die

V

sich in steinerne Friedhöfe und dann irgendwann in paradiesischen Sand verwandelt haben werden? Warum erinnert Vielfalt an eine Auster, die wir nur dann einen Augenaufschlag lang lebend erleben können, wenn wir sie öffnen – und damit töten? Die Erfahrung von Vielfalt, im Sinne neuer «Beziehungsweisen» (Adamczak 2017) und transkultureller Kontaktzonen, bräuchte Zeit. Die haben wir kaum. Noch schwieriger wird es, wenn es darum geht, Vielfaltskonfigurationen auszudenken, die sich vom (gar nicht mehr so) *neuen Geist des Kapitalismus* (Boltanski/Chiapello 2003) nicht kassieren lassen. Können wir uns eine Vielfalt jenseits von Wachstum, Konkurrenz, Kapitalisierung und akademischen Sammelbänden überhaupt vorstellen? Soll Diversifizierung das Bestehende bewahren oder überwinden?

V Vom neuen Goldrausch ist nicht nur die Bergbauindustrie befallen, die Billionen von Manganknollen ins Visier genommen hat, um uns auch in Zukunft die Hightech-Beforschung der Vielfalt zu ermöglichen, während ebendiese Vielfalt in 5000 Metern Meerestiefe abgeerntet wird. Vom neuen Goldrausch ist auch unser Planet Akademia befallen, der sich von der Akkumulation posthumaner Perspektiven und Indigener Wissensformen (*tacit knowledge*!) die Rettung der Vielfalt als Exzellenz verspricht – und noch dazu die Rettung vor dem eigenen schlechten Gewissen. Da ist er wieder, der Rettungsgedanke, der *white savior industrial complex* (Cole 2012), der Traum vom totalen, (neo-)kolonialen Archiv.

Nicht nur Ängste vor dem Anderen, auch idealisierende Sehnsüchte nach Vervollkommnung durch das (geheime) Wissen der Anderen können Gewalt produzieren, vor allem, wenn diese invasiven Fantasien enttäuscht und zu Recht mit Opazität quittiert werden. Der instrumentelle, exotisierende Wunsch, von ‹Indigenen Informant*innen› lernen zu können, hat eine weit zurückreichende Kolonialgeschichte. Ist die Weisheit der neo-exotisierten und neo-orientalisierten ‹anderen› (Indigenen, posthumanen) Perspektiven der neue Rohstoff, den es zu extrahieren gilt, um abgestandenes

Wissen zu erfrischen? Was machen wir mit der geschürften und in Desktop-Ordnern wieder versenkten Datenvielfalt? Was ist die Gegengabe?

Ich schlafe unruhig, seit ich weiß, dass die Tiefsee unter dem Druck der Abbaulizenzen bald kein Recht mehr haben soll, Geheimnisse zu haben. Ich stelle mir diese bedrohte Tiefseekraken-Diversität so vor, wie ich sie in Virginie Despentes Punkromanen vorgefunden habe. Die Gestalt und Verfassung der Vielfalt, die uns ausgeht oder sich gerade noch ausgeht, könnte bei jenem violetten Graffitikraken auf einer Betonsäule im Pariser Parc des Buttes-Chaumont beginnen, den die Obdachlosen und Gestrandeten in *Das Leben des Vernon Subutex* aufsuchen, um Schutz zu finden. Das kollektive Glück kann sich dort vorerst nur vorsichtig, als kollektives Verschanzen, als geteiltes Geheimnis artikulieren: «um seinen Platz zu finden, muss er die violette Krake auf einem Pfeiler suchen, da ist er geschützt» (Despentes 2019, 187). Der Krakenkörper – die Gesellschaft der Tentakel – ist eine unabschließbare, hochresponsive und schutz-, weil schalenlose Gestalt voller Abstände, Zwischenräume und Lücken. Er ist eine unerschöpfliche Erzählung über Formen der Kollektivierung bei gleichzeitiger innerer Ausdifferenzierung einer unabschließbaren Vielstimmigkeit. Kein Raster, kein Netz, kein Gitter, durch das die Krake nicht schlüpfen könnte. Kein Raster aber auch, das die Krake nicht auch verformen, verletzen, zerschneiden könnte. Der von den Beatles besungene *Octopus's Garden* (1969) ist versteckt, weil er fragil und bizarr ist. «Wir sind gekommen, doch wir sind gar nicht da» (Jelinek 2014, 19).
MATTHIAS WITTMANN

Lit.: **Adamczak, Bini** (2017): *Beziehungsweise. 1917, 1968 und kommende*, Frankfurt/M. • **Boltanski, Luc/Chiapello, Ève** (2003): *Der neue Geist des Kapitalismus*, Konstanz. • **Cole, Teju** (2012): The White Savior Industrial Complex, in: *The Atlantic*, 21.3.2012, www.theatlantic.com/international/archive/2012/03/the-white-savior-industrial-complex/254843 (30.9.2023). • **Despentes, Virginie** (2019): *Das Leben des Vernon Subutex*, Bd. 2, Köln. • **Duve, Karen** (2010): Das Leiden der Anderen, in: *taz*, 24.12.2010, taz.de/!346353 (30.9.2023). • **Glissant, Edouard** (2007): *Poétique de la relation*, Paris. • **Groebner, Valentin** (2018): *Retroland. Geschichtstourismus und die Sehnsucht nach dem Authentischen*, Frankfurt/M. • **Hall, Stuart** (2017): *The Fateful Triangle. Race, Ethnicity, Nation*, Cambridge (MA), London, doi.org/10.2307/j.ctvqht03. • **Jelinek, Elfriede** (2014): Die Schutzbefohlenen, in: *Theater heute*, Nr. 7 (Juli 2014), 3–19. • **Wittmann, Matthias** (2022): *Ardor. Die Farbe der Differenz*, Zürich.

W_

WALD Trockenstress, Sturmschäden, Borkenkäfer, Waldbrände, illegale Abholzung, Sojamonokulturen – die Zerstörung von Wäldern, ihre Ursachen und globalen Effekte sind in den letzten Jahrzehnten zunehmend in das Bewusstsein der Öffentlichkeit gerückt. In der Klima- und Umweltkrise kommt gerade den Waldökosystemen eine wesentliche Bedeutung als Kohlenstoffspeicher sowie als Lebensräume mit immenser Artenvielfalt zu. Gleichzeitig weckt der Wald als mediale Umgebung in der Philosophie, den Künsten und in der Medienökologie ein großes Forschungsinteresse. Blickt man zurück in die Geschichte der europäischen Forstwissenschaft, in die Zeit ihrer Institutionalisierung im Europa des 18. und 19. Jahrhunderts, finden sich Nachhaltigkeitskonzepte und Kreislaufmetaphern, die heute unsere Denkmuster in Bezug auf Ressourcenverwaltungen prägen. Von Anfang an war es eine Zielsetzung der Forstwissenschaft, Holznot und Waldzerstörung zu verhindern. Aber welche Konzepte und Verwaltungsstrategien wurden konkret genutzt, um eine Knappheit der Ressource Holz zu vermeiden? Auf welche Weise sollten nachhaltige Holzerträge sichergestellt werden und welche Aspekte des Waldes gehen im Verlauf der sogenannten Forsteinrichtung verloren?

Umtriebszeiten

Umtrieb. Der Zeitraum, in welchem alle in einem Forste befindlichen Holzbestände, von der einjährigen Pflanze an, abgetrieben und verjüngt werden sollen, oder die Zeit, die man für jede Holzart zum Erwachsen, bis zu ihrer völligen Haubarkeit bestimmt, wird der Umtrieb, die Umtriebszeit, oder auch der Turnus genannt. (Hartig/Hartig 1834, 855)

Die Umtriebszeit bezeichnet die Lebenszeit einer Baumgruppe: von der Aussaat oder Anpflanzung bis zur Rodung. Der forstwissenschaftliche Fachterminus taucht Anfang des 19. Jahrhunderts vermehrt in Lexika auf. Zeitgleich dachten Zoolog*innen, Botaniker*innen und Agronom*innen über Lebenszyklen nach. Ernst Haeckel, der für seine Definition der Ökologie viel rezipiert wird, beschrieb den Wachstumsprozess von einem «mütterlichen Ei bis zum kindlichen Ei» als «geschlossener Cyclus aufeinander folgender Formzustände», der sich «in rhythmischem Wechsel […] beständig wiederholt» (Haeckel 1866, 28 f.). Dieser Zeitverlauf von einer Generation zur nächsten ist auch im forstlichen Umtrieb als zyklisches Denken angelegt. *Period of rotation* heißt Umtriebszeit auf Englisch, *período da revolução* im Portugiesischen, mit Rückbezug auf das lateinische Verb *(re)volvere*: rollen, drehen bzw. zurückkehren, wobei dieser Fachbegriff nicht nur in den Forstwissenschaften vorkommt, sondern sich zunächst in der Astronomie auf die Umlaufbahn eines Planeten bezogen hatte. Das Zurückkehren zu einem Ausgangspunkt ist charakteristisch für die Umtriebszeit, denn nach dem Lebenszyklus eines Waldbestandes sollte stets ein neuer Turnus von der Anpflanzung bis zur Abholzung beginnen.

Eine schematische Zeichnung aus einem Schweizer Lehrbuch für angehende Forstverwalter von 1829 visualisiert das Prinzip der Umtriebszeit auf einem bewaldeten Berghang (vgl. Abb. 1). Ausgehend von einer 100-jährigen

W

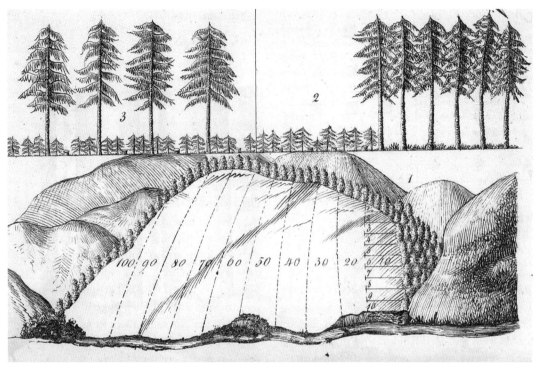

Abb. 1   Schema eines Bergwaldes mit Schlageinteilung nach einer Umtriebszeit von 100 Jahren, aus: Kasthofer (1829, Tafel I)

W

Umtriebszeit ist das Forstrevier vertikal in zehn Streifen unterteilt, wobei der äußerste rechte Streifen zusätzlich horizontal in zehn Teilflächen untergliedert ist: Ein solches Zehntel umfasst dann jene Fläche, die theoretisch pro Jahr gefällt werden darf, ohne dass der Waldbestand langfristig abnimmt. Die Leser*innen des Lehrbuchs sollten sich vorstellen, dass die zuständige Gemeinde, wenn sie nun stets die Parzelle mit den ältesten, also den 100-jährigen Bäumen rode und immer gleichzeitig aufforste, «nie wieder zu viel noch zu wenig Wald niederhauen» würde (Kasthofer 1829, 14).

Eine Zielsetzung dieser Forsteinrichtung oder -taxation war es, den «gegenwärtigen und künftigen nachhaltigen Holzertrag der Waldungen» zu bestimmen (Hartig 1804, 1). Zu diesem Zweck legten Taxator*innen die Umtriebszeit in Abhängigkeit von geografischen Bedingungen, dem Waldzustand sowie dem Wirtschaftsziel fest. Teilt man die Gesamtfläche durch die Umtriebszeit,

ergibt dieser Divisionsschritt die Größe der Waldfläche, die jedes Jahr auf nachhaltige Weise gerodet werden kann. Bis heute dient die Umtriebszeit als eine Recheneinheit in der nachhaltigen Forstplanung. Sie prägt die Notationssysteme der Forsteinrichtungskarten, die paradoxerweise Monokulturen als eindrückliches Ideal vor Augen führen. Die Prämisse, nicht mehr Holz zu fällen, als gleichzeitig neu heranwachsen kann, mündete also in ein Ressourcenregime, in dem Parzellen mit Bäumen einer Holzart und Altersklasse angestrebt wurden, die gemäß Kreislaufprinzip, d. h. theoretisch für immer, gefällt und aufgeforstet werden können, ohne dass es zu Waldverlust kommt. Die utopischen Vorstellungen von Ertragsnachhaltigkeit legitimierten somit eine Umgestaltung von Landschaftsräumen mithilfe von strikten Grenzziehungen und einer Parzellenordnung, die sich in ihrer zeitlichen Taktung am Kreislauf sowie am Quadrat als räumlichem Ideal orientierte.

Monokulturen

Die Forsteinrichtungsverfahren, die Probleme der Holzknappheit und Waldzerstörung lösen sollten, führten tendenziell zu einer Privilegierung von Monokulturen und somit zu fatalen Verlusten: Biodiversität und Waldnutzungspraktiken wurden im Verlauf der Forsteinrichtungen stark reguliert. Im 19. Jahrhundert zwangen (Kolonial-)Verwaltungen und Holzunternehmer*innen die vermeintlich nachhaltige Forstwirtschaft lokalen Bevölkerungsgruppen auf. Dabei konnten sie an die lange Geschichte der Landwirtschaftsplanung und Sklaverei in rasterartigen Raumaufteilungen anschließen. Ob in Europa, Indien, Algerien oder in den USA – in verschiedenen Regionen wurden Waldnutzer*innen juristisch verfolgt, wenn sie Tiere weideten, Holz und Laub sammelten oder andere Formen der Waldnutzung praktizierten, die in den taxierten Monokulturen nicht mehr vorgesehen waren. Die vermeintliche Perfektion in der Forstwirtschaftsplanung täuschte dabei über Gewalt gegenüber Menschen und anderen Lebewesen hinweg. Letztendlich rechtfertigten das Versprechen eines ausgleichbaren Ressourcenhaushalts und das Denkmuster von Fällen und Aufforsten gemäß Kreislaufprinzip einen intensiven Ressourcenextraktivismus. Noch heute werden ähnliche Bild- und Denkmuster mobilisiert, um an Utopien von grünem Wachstum und angeblich verlustlosen Ressourcenkreisläufen festzuhalten. LISA CRONJÄGER

Lit.: **Hartig, Georg Ludwig** (1795/1804): *Anweisung zur Taxation und Beschreibung der Forste*, Gießen, Darmstadt. • **Hartig, Georg Ludwig / Hartig, Theodor** (1834): *Forstliches und forstnaturwissenschaftliches Conversations-Lexikon. Ein Handbuch für Jeden, der sich für das Forstwesen und die dazu gehörigen Naturwissenschaften interessirt*, Berlin. • **Haeckel, Ernst Heinrich Philipp August** (1866): *Generelle Morphologie der Organismen. Allgemeine Grundzüge der organischen Formen-Wissenschaft. Bd. 2: Allgemeine Entwicklungsgeschichte der Organismen*, Berlin.

• **Hopwood, Nick u. a.** (2021): Cycles and Circulation: A Theme in the History of Biology and Medicine, in: *History and Philosophy of the Life Sciences*, Jg. 43, Nr. 89, 1–39, doi.org/10.1007/s40656-021-00425-3. • **Kasthofer, Karl** (1829): *Der Lehrer im Walde. Ein Lesebuch für Schweizerische Landschulen, Waldbesitzer und Gemeindsverwalter, welche über die Waldungen zu gebieten haben*, Bd. 2, Bern. • **Stuber, Martin** (2008): *Wälder für Generationen. Konzeptionen der Nachhaltigkeit im Kanton Bern (1750–1880)*, Köln. • **Weber, Heike** (2020): Zeit- und verlustlos? Der Recycling-Kreislauf als ewiges Heilsversprechen, in: *Zeitschrift für Medienwissenschaft*, Jg. 12, Nr. 23 (2/2020): *Zirkulation*, 20–32, doi.org/10.25969/mediarep/14821.

WASSER Wasser geht auf der Erde vermeintlich nicht aus. Sie ist zu zwei Dritteln davon bedeckt und nach derzeitigem Wissensstand der einzige Planet, auf dem es in erheblicher Menge, direkt an der Oberfläche und in allen Aggregatzuständen – besonders in flüssiger Form – auftritt. Das Gesamtvolumen von etwa 1,4 Milliarden Kubikkilometern bleibt gleich. Wie es in ständigem Kreislauf verdunstet, zu Wolken kondensiert, regnet, versickert, abfließt und wieder verdunstet, ist ein medial besonders einprägsamer naturwissenschaftlicher Zusammenhang, der anhand von Schaubildern und Animationen früh erlernt wird. So nachhaltig, dass es als Erwachsene schwer gelingt, in einem Glossareintrag über Wasser nicht in den entsprechenden Erklär-Duktus zu verfallen.

W

Die harmonische Zirkulation, die solche Kreislaufbilder vermitteln, ist aber ebenso trügerisch wie die Vorstellung einer Unerschöpflichkeit des Wassers, deren zynische Ausprägung sich etwa in Elon Musks «water everywhere» niederschlägt. Wasser ist mal zu wenig, mal zu viel, und es ist äußerst ungleich verteilt – in zeitlicher und räumlicher Hinsicht, aber auch in Bezug auf Zugänglichkeit und Verbrauch. Ein verschwindender Anteil von 3 Prozent der oben genannten Menge ist Süßwasser, nur 0,01 Prozent sind erreichbar. Davon wird immer mehr entnommen, für Agrarindustrie und Güterproduktion, den Anbau von

Avocados oder Kaffee, für Mikrochips, Textilien oder besonders luxuriöse Nebenschauplätze wie Schneekanonen. Während der Meeresspiegel steigt und die Gletscher schmelzen, sinken die Grundwasserpegel.

Sauberes Süßwasser geht tatsächlich verloren (in Deutschland seit 2000 etwa in der Dimension des Bodensees – global gesehen noch ein vergleichsweise geringes Problem). Es wird mit Schadstoffen angereichert, sinkt weiter ab oder kann in ausgetrockneten Böden erst gar nicht gespeichert werden. In der Klimakrise werden Kreisläufe zu Spiralen: Die Erwärmung der Meere und die Erderwärmung insgesamt beschleunigen sich gegenseitig. Dabei verschärfen sich nicht nur die geophysikalischen Dynamiken, sondern auch die Ungleichheiten. Regionen, die selbst weit weniger Wasser und fossile Energie umsetzen als andere, sind von Überschwemmungen, Dürren wie auch von Verschmutzung besonders stark betroffen. Wasser ist eine in jeder Hinsicht elementare Angelegenheit von *environmental in/justice*. ‹Natürliche› (bzw. ‹physische›) und ‹ökonomische› Wasserknappheit, so die offizielle Unterscheidung, sind dabei kaum auseinanderzuhalten.

W

Im Wasser verschwimmt die Trennung von physikalischen, ökologischen und politischen Fragen, von Natur und Kultur – erst recht mit Blick auf aquatische Infrastrukturen wie Brunnen, Kanäle, Staudämme und Kraftwerke. Auch darin mag seine Attraktivität für die akademische Medienwissenschaft begründet liegen, die sich in einem ihrer frühen kanonisierten Texte einleitend mit den Wasserwegen kanadischer Biber beschäftigt. Mittlerweile richtet sich das Interesse vor allem auf die Ozeane als wirkmächtigste Erscheinungsform von Wasser (das in Zukunft vielen auf der Erde buchstäblich bis zum Hals stehen könnte): «The sea is on the rise», heißt es in einer doppelsinnigen Übersetzung des Satzes «Das Meer hat Konjunktur» (Heidenreich 2019, 22). Manche Texte sind im Zuge dieser Konjunktur nicht um fachbezogene Superlative wie «the ocean is the medium of all media» verlegen (Peters 2015,

54). Wasser als Ursprung allen Lebens ist in den Meeres- wie in den Medienwissenschaften eine gewaltige Bezugsgröße, die umfassende Deutungsansprüche provoziert. Es eignet sich als Projektionsfläche und als Spielfeld begrifflicher Konzepte wie Immersion oder Fluidität.

Medienwissenschaftler*innen machen sich also gerne nass – wenn auch meistens nicht zu sehr. Forschungen wie die von Melody Jue, die in *Wild Blue Media* (2020) zentrale Medienbegriffe ausgehend von der Praxis des Tauchens phänomenologisch neu zu fassen versucht, sind eher die Ausnahme. Beliebtere Forschungsgegenstände sind Inseln, Strände oder das Aquarium als domestizierter ‹Ozean im Glas›. Und immer wieder das Schiff als abgegrenzter Raum, der als Chiffre des Politischen dient – in Verbindung mit, aber auch Abgrenzung von dem, «was das Bild ‹rahmt›, das Formlose, die Bedrohung von außen, das Meer» (Siegert 2005, 41). Furcht und Faszination angesichts dieser Bedrohung machen das Schiff auch zu einem Medium der (zumindest vermeintlichen) Herrschaftsausübung. Perspektiven auf Meeresräume über und unter Wasser sind durch eine lange Geschichte der Exploration und Eroberung des ‹Unbekannten› geprägt. In Texten, Filmen und auch in der Forschung dominierten meist romantische Affirmationen von Abenteuer-Narrativen – erst in letzter Zeit zeigt sich eine Politisierung in der Weise, dass auch die kolonialen und vergeschlechtlichten Dimensionen dieser Erzählungen deutlicher benannt werden.

Wenn Wasser selbst ein Medium ist, wie auch der naturwissenschaftliche Begriff des ‹wässrigen Mediums› nahelegt, kann das jenseits des Wortspiels als Aufforderung verstanden werden, sowohl seine symbolischen als auch seine stofflichen Dimensionen in den Blick zu nehmen. Bei der aktuellen Präsenz von aquatischen Themen geht es nicht nur um medienreflexive oder ästhetische Fragen, sondern auch um drängende politische Zuspitzungen. Dazu zählen wiederum nicht nur Klimakrise und Wasserknappheit, sondern auch das Sterben im Wasser. Als Umgebungsmedium für menschliche Lebewesen ist es, auch wenn sie selbst zu 70 Prozent aus Wasser bestehen, auf Dauer nicht geeignet, weil die elementarste aller Lebensfunktionen, das Atmen, hier nicht möglich ist. Durch Rassismus und gewaltvolle Grenzregime ist es, von transatlantischer Versklavung während der *middle passage* bis zur Flucht über das Mittelmeer, zum todbringenden Element vor allem für Schwarze Menschen geworden. Doch es gibt auch fantastische Imaginationen zum afrofuturistischen Überleben unter Wasser, etwa die akustisch-visuellen Unterwasserwelten des Musik-Duos Drexciya, oder die wie Meditationsübungen formulierten Texte von Alexis Pauline Gumbs in *Undrowned* (2020), die sich von eher herrschaftsförmigen Konzepten wie etwa dem von Jacques-Yves Cousteau (2022) propagierten «Homo aquaticus» unterscheiden.

Wasser kann andere Stoffe lösen, transportieren und transformieren. Obwohl es das Medium der Vermischung schlechthin ist, sind seine Imaginationen oft von einem sakralen Reinheitsfetisch geprägt, der religiös oder spirituell geprägte Heilungsfantasien in sich trägt und insofern über den ganz realen Bedarf nach sauberem Trinkwasser hinausgeht. Auf diskursiver Ebene gibt es aber auch gegenläufige Bilder wie *muddiness*: verunreinigtes, schlammiges, stehendes oder kippendes Wasser anstelle reibungslosen Fließens – die Anerkennung von (auch unliebsamer) organischer Verbundenheit. In der Betonung von Verbundenheit, für die unter anderem Astrida Neimanis in *Bodies of Water* (2017) plädiert, liegt ein Ansatz, Wasser nicht einfach nur als das Andere, sondern anders zu denken. Dass aber auch ein solches Denken zukünftige Konflikte um Wasser als Ressource nicht verhindern kann, ist zu befürchten.

NATALIE LETTENEWITSCH

Lit.: **Gumbs, Alexis Pauline** (2020): *Undrowned. Black Feminist Lessons from Marine Mammals*, Chico, Edinburgh. • **Heidenreich, Nanna** (2019): Meer denken, in: Akademie der Künste der Welt (Hg.): *Hybrid Transactions*, Köln, 22–23. • **Jue, Melody** (2020): *Wild Blue Media. Thinking through Seawater*, Durham, London. • **Neimanis, Astrida**

(2017): *Bodies of Water. Posthuman Feminist Phenomenology*, London. • **Peters, John Durham** (2015): *The Marvelous Clouds. Toward a Philosophy of Elemental Media*, Chicago, London. • **Rozwadowski, Helen M.** (2022): «Bringing Humanity Full Circle Back into the Sea»: *Homo aquaticus*, Evolution, and the Ocean, in: *Environmental Humanities*, Bd. 14, Nr. 1, 2022, 1–28, doi.org/10.1215/22011919-9481407. • **Siegert, Bernhard** (2005): Der Nomos des Meeres. Zur Imagination des Politischen und ihren Grenzen, in: Daniel Gethmann / Markus Stauff (Hg.): *Politiken der Medien*, Berlin, 39–56.

WISSENSCHAFTSFREIHEIT In den vergangenen Jahren wurde im deutschsprachigen Raum eine intensive akademische Auseinandersetzung um den Begriff der Wissenschaftsfreiheit geführt. Dies geschah nicht zuletzt aufgrund eines Zusammenschlusses von Wissenschaftler*innen, der vom *Tagesspiegel* in der Überschrift zu einem kritischen Beitrag von Simon Strick und Johanna Schaffer als «Verein der pöbelnden Professoren» bezeichnet wurde (Strick/Schaffer 2023). Dieser Verein – dies arbeitet der Beitrag analytisch gut heraus – sucht den Begriff der Wissenschaftsfreiheit für eine rechtskonservative, Deutungshoheiten erhaltende Agenda einzunehmen und blendet dabei wichtige Aspekte wie Macht und Privilegienstrukturen konsequent aus (Celikates u.a. 2021; Hoppe u.a. 2021; Strick/Schaffer 2023).

An anderen Stellen wurde hingegen erörtert, dass ein kritischer Begriff der Wissenschaftsfreiheit konstitutiv davon geprägt ist, Vermachtung und Privilegien nicht auszublenden, sondern die Vermachtung von Wissen (Foucault 1983) ebenso in den Blick zu nehmen wie sich von einem klassisch liberalen, negativen Freiheitsbegriff abzugrenzen (Gözen 2023). Dabei wurde auch gezeigt, dass Wissenschaft aus verschiedenen Gründen keinen Gegensatz zur Politik darstellt. Das fängt beispielsweise damit an, dass Wissenschaft häufig mit erheblichem Ressourcenaufwand von der Politik unterstützt und gesetzlich geregelt wird. Zudem sind politische und gesellschaftliche Aushandlungsprozesse der Wissenschaft inhärent.

W

Diese Verquickung von Wissenschaft und Politik ist auch gänzlich im Sinne der Wissenschaftsfreiheit zu verstehen, da nur so eine Demokratisierung der Forschungsagenden, eine Diversifizierung des wissenschaftlichen Betriebs und somit maximale Objektivität möglich werden. All diese Punkte sind argumentativ bereits gut herausgearbeitet worden (Schubert 2023), wie nicht zuletzt auch das vom Forum Antirassismus Medienwissenschaft (FAM) veröffentlichte Statement zur Wissenschaftsfreiheit gezeigt hat, das von mehr als 500 in der Wissenschaft tätigen Personen und Initiativen unterzeichnet wurde. Sich gegen ein verkürztes Verständnis von Wissenschaftsfreiheit wendend, in dem eine vermeintliche Freiheit der Wissenschaft als ‹Freiheit von› zu etablieren und verteidigen gesucht werde, formulierte das FAM:

> Wir verstehen Wissenschaftsfreiheit als einen Prozess der Erweiterung von Teilhabe an Wissenschaft, und damit bedeutet Wissenschaftsfreiheit auch Ermöglichung: von Forschung, von Lehre und von Räumen kritischer Auseinandersetzung über jenes System Wissenschaft, dessen Funktionieren auch auf Diskriminierung, Prekarisierung und Ausschluss beruht. (Forum Antirassismus Medienwissenschaft 2021)

W

Dass Wissenschaftsfreiheit hier als Prozess der Erweiterung von Teilhabe beschrieben wird, weist auf den wichtigen Punkt hin, dass die Freiheit oftmals schon an der Teilhabe scheitert. Damit ist das beständige Sprechen von Freiheit eigentlich eine Nebelkerze. Denn Freiheit löst sich weder für diejenigen ein, die prekär beschäftigt und in personelle, institutionelle und persönliche Abhängigkeiten verstrickt sind, noch für diejenigen, die unter einem beständigen Druck zum Verteidigen ihrer Disziplin oder gar ihrer (akademischen) Existenz stehen.

Unter der Prämisse «Was uns ausgeht» einen Text zu Wissenschaftsfreiheit zu verfassen, erscheint aus diesem Grund als ein viel komplizierteres Unterfangen, als einen kritischen Begriff der Wissenschaftsfreiheit zu erarbeiten oder zumindest zu skizzieren. Und dies nicht zuletzt,

weil sich die Positionen und Situierungen, die in jenem Gefüge verankert sind, aus dem heraus über Wissenschaftsfreiheit debattiert, diskutiert und gestritten wird, deutlich voneinander unterscheiden. In Arbeiten, die eine differenzierte Perspektive auf die Vorstellung von Wissenschaftsfreiheit in Deutschland eröffnen, wird oft zuallererst darauf hingewiesen, dass die Situation für kritische Lehre und Forschende in Ländern wie China, Russland, Brasilien und dem Iran Anlass zu großer Sorge gibt. Es wird außerdem darauf hingewiesen, dass auch die Entwicklungen in Demokratien wie den USA in Bezug auf kritische Lehre und Forschung besorgniserregend sind, wie beispielsweise die Einschränkung der *critical race theory* in mehreren Bundesstaaten zeigt. Der Academic Freedom Index 2023 konstatiert, dass sich die Lage für Forschende und Hochschulen in den vergangenen zehn Jahren kontinuierlich verschlechtert hat und die Hälfte der Weltbevölkerung Rückschritte in Bezug auf Wissenschaftsfreiheit erlebt (Krapp 2023). Bei der Frage danach, wie es um die Möglichkeit bestellt ist, Wissenschaft zu betreiben, geht es auch um die Frage, wer die Macht hat, wessen Freiheit mit welchen Mitteln zu verteidigen. Es geht um Zugang und damit auch um Verantwortung. Ebenso wie der Zugang ist diese Verantwortung sehr unterschiedlich verteilt. Und dies gilt auch für die Wahrnehmung, was Verantwortung in diesem Zusammenhang bedeutet.

Wenn ich heute über Wissenschaftsfreiheit schreibe, dann aus einer Position, die viel Zugang und einiges an Teilhabe bedeutet und – in einem gewissen Rahmen – eine Stimme im Diskurs hat. Ich schreibe jedoch auch aus einer Position, die von der Erfahrung und dem Wissen geprägt ist, dass die Einschränkung der Freiheit von Lehre und Forschung so weit gehen kann, dass der heimliche Druck eines Lehrbuchs in einer verbotenen Sprache für einen angehenden Universitätsprofessor nicht nur das Zerbrechen aller Träume von einer akademischen Laufbahn und von gesellschaftlicher Teilhabe bedeuten kann, sondern Gefängnis und Folter. Ich verdanke dieser drakonischen Bestrafung der Freiheit des Denkens, des Sprechens, des Publizierens und der damit verbundenen Möglichkeit des Lehrens und Forschens, des Betreibens von Wissenschaft, dass ich in Deutschland geboren und aufgewachsen bin. Diese Perspektive, die von verschiedenen Dimensionen der Unmöglichkeit des ‹Sprechens über›, ‹einer Sprache finden für› und – wegen der politischen und psychischen Risiken, die darin lauern – tatsächlich Un(aus)sprechbarem durchzogen ist, ist auch davon gekennzeichnet, dass sie in einer Sprache formuliert wird, die nicht verboten und deswegen zu der meinen geworden ist. Die Teilhabe, die mir dies ermöglicht hat, ist durchzogen von einem komplexen und ambivalenten Gefüge der Verantwortung (etwa denen gegenüber, die nicht nur eine politische, sondern auch existenzielle Angst davor haben, über das, was geschehen ist, zu sprechen), den Unmöglichkeiten der Verantwortung (etwa denen gegenüber, für die es keinen Ort in einer anderen Sprache gibt, welche zu der ihren geworden ist) und damit von Verlust. Hinzu kommen Erfahrungen der Trennung; denn trotz einer Situation, die ‹im Vergleich› besser abschneidet, kann dieser Vergleich mit einer anderen Situation, die noch viel schlechter ist, nicht gegen Ausschlüsse produzierenden strukturellen Rassismus ins Feld geführt werden, der ja gerade mit den Stätten der Wissenschaft historisch verflochten und bis in die Gegenwart wirksam ist. Der Frage danach, «was uns ausgeht», kann in Bezug auf Wissenschaftsfreiheit aus der beschriebenen Perspektive daher nur im sich widersprechenden Wissen begegnet werden, dass sie noch nie existiert hat und gleichzeitig etwas vergleichsweise so Umfassendes verspricht und in Teilen auch einlöst, dass sie gegen rechte Diskursverschiebungen unbedingt zu verteidigen ist. Und das insbesondere in der Sprache, die zu der meinen geworden ist. Für die Verteidigung von Wissenschaftsfreiheit sollten den Zuspitzungen der bestehenden Debatten, durch die so viel aus dem Blick gerät, zunehmend partikulare Perspektiven entgegengesetzt werden, um so auch migrantisches und minoritäres Wissen in den Diskurs einzubeziehen. Diese Perspektiven mögen zunächst in den Verdacht geraten, sich auf einen anderen Ort zu beziehen. Es gilt jedoch anzuerkennen, dass diese anderen Orte kein *Außen* sind, sondern diesem Ort *innerlichst*. Sie durchziehen die Gesellschaft und werden von all jenen in die deutsche Wissenschaftslandschaft gebracht, die das komplexe Wissen darum in sich tragen, dass Teilhabe, Verantwortung und Sprache sich in einem ambivalenten Verhältnis gegenüberstehen, welches sich nur schwerlich auflösen lässt. Es handelt sich dabei um partikulare Perspektiven, die in ihrer Partikularität jedoch alles andere als singulär sind. Und genau deswegen sollte das Gespräch darüber, «was uns ausgeht», in Bezug auf Wissenschaftsfreiheit von hier ausgehend weitergeführt werden.

ANONYM

Lit.: **Celikates, Robin u. a.** (2021): Wissenschaftsfreiheit, die wir meinen, in: *Zeit Online*, 18.11.2021, www.zeit.de/ 2021/47/wissenschaftsfreiheit-universitaeten-cancel-cul ture-kathleen-stock (10.10.2023). • **Forum Antirassismus Medienwissenschaft** (2023): *Wissenschaftsfreiheit ist nicht die Freiheit von Verantwortung*, in: Website des FAM, forum-antirassismus-medienwissenschaft.de/wissenschafts freiheit (10.10.2023). • **Gözen, Jiré Emine** (2023): Identitätspolitik mit anderen Mitteln. Wessen Freiheit soll geschützt werden?, in: *Aus Politik und Zeitgeschichte*, Jg. 71, Nr. 46: *Wissenschaftsfreiheit*, 22–25, www.bpb.de/ shop/zeitschriften/apuz/wissenschaftsfreiheit-2021/343 226/identitaetspolitik-mit-anderen-mitteln (10.10.2023). • **Krapp, Claudia** (2023): Akademische Freiheit geht vielerorts zurück, in: *Forschung & Lehre*, 2.3.2023, www.for schung-und-lehre.de/politik/akademische-freiheit-geht weltweit-zurueck-5440 (10.10.2023). • **Schubert, Karsten** (2023): Zwei Begriffe der Wissenschaftsfreiheit. Zum Verhältnis von Wissenschaft und Politik, in: *Zeitschrift für Praktische Philosophie*, Bd. 10, Nr. 1, 39–78, doi.org/10.22613/ zfpp/10.1.2. • **Strick, Simon / Schaffer, Johanna** (2023): Zoff um Genderforschung: Verunglimpfen, polemisieren, eskalieren, in: *Der Tagesspiegel*, 23.2.2023, www.tagesspie gel.de/wissen/das-beleidigungsnetzwerk-der-verein-der pobelnden-professoren-9390224.html (10.10.2023)

W

X—

XEROGRAFIE Wir befinden uns längst in einer post-xerografischen Ära. Bereits Anfang der 2000er Jahre waren die meisten Fotokopierer digital umgerüstet und funktionierten nicht mehr analog. Auch wenn man das auf dem Papier nicht sofort erkennt, ist der Unterschied bedeutend. Die analoge, sogenannte xerografische Kopiermethode belichtet das Dokument mittels Blitzlicht und das daraus entstehende Bild wird auf eine elektrostatisch aufgeladene, fotoleitende Oberfläche projiziert, wo es als latentes Ladungsbild den entgegengesetzt geladenen Toner originalgetreu annimmt. Anschließend wird der Toner auf Papier aufgetragen und fixiert. Das latente Bild wird mit der Reinigung des Fotoleiters gelöscht (Urbons 1991, 53–60). Im Gegensatz dazu scannen digitale Kopierer, die oftmals zugleich als Netzdrucker und Faxgerät fungieren, die Bilder in einen Speicher. Die digitalen Dateien werden dann an den Drucker der Maschine gesandt, der mehr einem kraftvollen Tintenstrahldrucker als einem analogen Kopiergerät ähnelt. Infolgedessen beinhalten Kopiergeräte heute eine Festplatte. Je nach Hersteller und Maschinentyp archivieren diese Festplatten Tausende von Bildern (Keteyian 2010). Während Kopiergeräte lange zum Aufbau von Archiven genutzt wurden, blieben sie und ihr archivalischer Output bis vor Kurzem vollständig voneinander getrennt. Die Dokumente wurden durch Kopiermaschinen reproduziert und erst danach in Archiven abgelegt. Mit dem Aufkommen digitaler Kopierer tragen die Kopiergeräte ihre Archive mit sich. Theoretisch ist die vormalige undokumentierte, spurenlose Nutzung nun Teil des Maschinengedächtnisses, sodass Kopiergeräte zu geladenen Datenwaffen werden, die potenziell gegen ihre Nutzer*innen gerichtet werden können.

Das Versprechen der Xerografie war niemals nur einfache fortwährende Replikation, sondern Replikation, ohne dabei einer Masterkopie oder

X

Abb. 1 «Orchester», Installation des Museums für Fotokopie im Osthaus-Museum Hagen, 1992 (Foto: Klaus Siepmann)

eines Negativs zu bedürfen. Man konnte ein Original kopieren oder eine Kopie kopieren, ohne einen Beweis zu hinterlassen, dass man das eine oder das andere getan hatte. So sehr auch weiterhin heimliche, spurlose Nutzungen von Kopierern vorstellbar sind, so wenig Klandestines gibt es in Wirklichkeit noch an ihnen. Jetzt, im 21. Jahrhundert, scannt das Kopiergerät gleich beides: die Dokumente und die Subversion. In diesem Sinne wurden die Kopiergeräte, die immer noch hergestellt und benutzt werden und die in ihrer xerografischen Verfahrensweise so radikal die gesellschaftliche Spannweite und damit die Ränder der Gesellschaft im späten 20. Jahrhundert erweitert haben, ersetzt.

Während jedoch die Maschinen selbst – und mit ihnen das xerografische Verfahren – nahezu ausgestorben sind, bleibt der ‹Xerox-Effekt›. Denn wenn die Xerografie die gelebten und imaginierten Ränder der Gesellschaft berichtigt hat, so gleich auf mehreren Ebenen: Sie lockerte den engen Griff der Buchdruckkultur und den Einfluss der imaginierten Gemeinschaften, die sie einstmals förderte, insbesondere die erfundene Gemeinschaft der Nation selbst. Während Druckkulturen oft durch ihre Homogenität (Einführung standardisierter Grammatiken, standardisierter typografischer Konventionen usw.) charakterisiert werden, lässt sich der Effekt der Xerografie wohl als deren Gegenteil beschreiben. Sie hat es abtrünnigen Herausgeber*innen und Autor*innen erlaubt, Dokumente aller Art zu reproduzieren, ob sie nun die linguistischen und typografischen Konventionen, die der Buchdruck fest etabliert hatte, einhielten oder nicht. Mit der Xerografie wurde ein zunehmend freierer Umgang mit Texten in der Erarbeitung und in der Verbreitung etabliert, der die ‹Sprache der Macht› des Buchdrucks weder widerspiegelte noch unterstützte. In dieser Hinsicht wurden die Stabilität und die Uniformität der Buchdruckkulturen durch die von der Xerografie geförderte Heterogenität wirksam gestört. Zudem hat die Xerografie in dem Maße, in dem sie die Buchdruckkultur durch die Produktion eklektischer Texttypen irritierte, grundlegend auch unsere Wahrnehmung von Öffentlichkeiten und Gegenöffentlichkeiten, Städten und Netzwerken gewandelt. Künstler*innen, Musiker*innen, Poet*innen, Performer*innen aller Art publizierten ihre Arbeit über fotokopierte Ankündigungen, Poster, Flyer, aber auch Street Art oder zirkulierende Zines. Dank der oft nur heimlich zur Verfügung gestellten oder verbotenerweise genutzten Kopierer (an Arbeitsplätzen, in Bürogebäuden) konnten Künstler*innen und Aktivist*innen mit an Wände gekleisterten, verschickten und weitergegebenen Fotokopien den innerstädtischen Raum erobern und aktiv an der Umdeutung der Städte mitwirken. Schließlich erschien in den späten 1980er Jahren die Xerografie als das Medium, durch welches die innerstädtischen Szenen und Subkulturen deterritorialisiert wurden und in eine Vielzahl vernetzter oder textueller Gemeinschaften übergehen konnten. So hat die Xerografie zugleich das Lokale intensiviert und das Fundament für virtuelle Gemeinschaften gelegt, die wir im Nachhinein als gegeben ansehen.

Vielleicht erklärt das, warum nur wenige Tage nach der Besetzung des Zuccotti Park in Lower Manhattan 2011 der Boden mit fotokopierten Flyern und Postern übersät war. Zwar begann die Occupy-Bewegung in den sozialen Medien – genauer durch eine E-Mail des werbefreien, konsumkritischen Magazins *Adbusters*, in der seine Leser*innen dazu ermutigt wurden, die Wall

Abb. 2 Klaus Urbons Fotokopierer-Sammlung, Depot des Deutschen Technikmuseums Berlin, 2014 (Foto: Andrea Gil)

Street zu besetzen: «occupy Wall Street» –, und mit dem später kreierten Hashtag *#occupywallstreet*; doch dies ist nur ein Teil der Geschichte. Die Besetzer*innen schrieben nicht nur Tweets, luden Bilder und Status-Updates auf Facebook hoch, sondern sie verschickten auch Poster, Flyer, Zines und DIY-Bücher aller Art. So bildeten die Protestierenden textuelle Gemeinschaften, an verschiedenen Occupy-Standorten in Nordamerika und darüber hinaus. Ironischerweise wurden in manchen Fällen fotokopierte Poster und Flyer oder Kopien von Kopien von Postern und Flyern hochgeladen und an andere Occupy-Standorte gesendet, wieder heruntergeladen und auf Kopierern hunderte oder tausende Kilometer entfernt erneut kopiert. Das Kopiergerät war kein isoliertes Medium, sondern in ein komplexes Netzwerk von Medientechniken eingebunden, das auch die sozialen Medien einschloss, mit denen die Occupy-Bewegung schnell gleichgesetzt wurde. Es ist sehr unwahrscheinlich, dass sich unter den ausgedruckten Ephemera der Occupy-Bewegung auch tatsächlich xerografierte befanden. Denn für das Jahr 2011 lässt sich mit einiger Sicherheit davon ausgehen, dass die Besetzer*innen ihre Poster, Flyer und Zines auf digitalen Kopiergeräten anfertigten. Aber das heißt nicht, dass die Xerografie – oder ihr ‹Geist› – auf dem Boden des Zuccotti Park und an anderen Occupy-Orten nicht doch präsent war. Wenn die kopierten Poster, Flyer und Zines noch

X

immer rasch ihren Platz bei Occupy fanden, dann deshalb, weil die Ästhetik dieser Formen weiterhin etwas bedeutet, das die Technik der Vervielfältigung übersteigt. Die harte, grobkörnige Ästhetik der Fotokopie ist anarchisch und punk, radikal und queer. Nicht zuletzt feministische, queere Gruppen hatten in den 1980er Jahren (etwa während der umfassenden AIDS-Kampagnen) die Verbreitung von Informationen und nur schwer zugänglichen Dokumenten mittels Kopiergerät sichergestellt, indem sie sammelten und zusammenstellten, ohne zu publizieren.

Der Erfolg der von der Occupy-Bewegung fotokopierten DIY-Poster und -Flyer sowie Zines erklärt sich teilweise daraus, dass die Vorgänger dieser Kopien – die verschiedenen Dokumente, die von den 1970ern bis in die 1990er aus xerografischen Kopierern kamen – schon früher mit sozialen Bewegungen und Aktionen der Besetzung verbunden waren. Die Xerografie war ein Medium, das uns die Vorstellung, hier und jetzt Räume zu besetzen und Ränder zu berichtigen (ob den Zuccotti Park oder das ‹1 %›), leicht machte. Dennoch gab es auch eine praktischere Weise, in der Kopiergeräte eine kritische Rolle in der Occupy-Bewegung spielten. Da die sozialen Medien, die die Bewegung initiiert hatten, recht vorhersehbar gegen die Besetzer*innen gewendet wurden (viele Demonstrationszüge schlugen fehl, weil die Routen und Taktiken der Aktivist*innen auf den Plattformen der sozialen Medien sichtbar waren und den Strafverfolger*innen somit einen noch nie dagewesenen Zugang zu Insiderwissen verschafften), erhöhte sich der Druck, zum Papier zurückzukehren. Als die Wochen dahingingen, kamen fotokopierte Stadtpläne und Informationszettel als zunehmend wichtige Kommunikationsmodi wieder auf. Eine kopierte Karte kann man im äußersten Fall die Toilette hinunterspülen oder, wenn man richtig verzweifelt ist, in den Mund stecken und runterschlucken – für ein Status-Update oder einen Tweet gilt das nicht.

Im 21. Jahrhundert haben die meisten Bibliotheken ihre Stapelkopierer durch Scanner ersetzt.

Geräusch und Geruch der xerografischen Kopierer sowie die Frustration über ihre Störungsmeldungen sind ebenso verschwunden wie die Münzautomaten, die einst neben den Kopiergeräten standen. Heutzutage ist Kopieren typischerweise digital, kosten- und geruchlos. Dabei ist die Art, wie wir digitale Fotokopierer benutzen, grundlegend verschieden von der Art, in der wir einstmals mit elektrostatischen Kopiergeräten interagierten. Die Maschinen, die wir heute als Fotokopierer bezeichnen, sind bestenfalls entfernte und mutierte Verwandte von Chester Carlsons Erfindung – die noch in ihrem Namen weiterbesteht, aber nicht notwendigerweise im Verfahren oder der Funktionsweise. Dennoch gibt es keinen Grund anzunehmen, dass die Xerografie komplett verschwinden wird. Sie wird als Zeichen eines spezifischen Stils, einer spezifischen Haltung und einer Politik bestehen bleiben, die verändert haben, wie wir lebten, erschufen, in Kontakt traten und uns selbst in öffentlichen Räumen im späten 20. Jahrhundert organisierten. Und wenn die Xerografie weiterhin von Bedeutung ist, dann deshalb, weil sie ein Medium war, durch das wir uns vorstellen konnten und können, wie neue Öffentlichkeitstypen, Gegenöffentlichkeiten, Städte und Gemeinschaften zu gestalten sind.

KATE EICHHORN
aus dem Englischen von Jana Mangold

Die hier erstmalig ins Deutsche übertragenen Textauszüge sind ursprünglich erschienen in Eichhorn, Kate (2016): Requiem at the Copy Machine Museum, in: dies.: *Adjusted Margin. Xerography, Art, and Activism in the Late Twentieth Century*, Cambridge (MA), 147–163. Wiederabdruck / Übersetzung mit freundlicher Genehmigung von The MIT Press Cambridge (MA).

Lit.: **Eichhorn, Kate** (2016): *Adjusted Margin. Xerography, Art and Activism in the Late Twentieth Century*, Cambridge (MA). • **Keteyian, Armen** (2010): Digital Photocopiers Loaded with Secrets, in: *CBS Evening News*, 19.4.2010, www.cbsnews.com/news/digital-photocopiers-loaded-with-secrets (30.10.2023). • **Urbons, Klaus** (1991): *Copy Art. Kunst und Design mit dem Fotokopierer*, Köln.

Z_

ZEIT

Standardisierte Zeit im Berliner Stadtraum

Es ist fünf vor zwölf. Die Zeit geht uns aus.

> Die nächsten fünf Jahre werden vermutlich die wärmsten seit Beginn der Wetteraufzeichnung. Wir befinden uns mitten in der Klimakrise. Deswegen müssen wir jetzt raus aus Kohle, Öl und Gas, brauchen eine echte Verkehrswende und einen Aufbruch auf allen Ebenen. (Fridays for Future Deutschland: Aufruf zum globalen Klimastreik, 15.9.2023)

> Handelt jetzt! Jeder Tag zählt! Die Bundesrepublik Deutschland muss jetzt handeln, um die Biodiversitäts- und die Klimakatastrophe aufzuhalten und mutige sowie wirksame Maßnahmen sofort einleiten. (Extinction Rebellion: Unsere drei Forderungen, o.J.)

> Denn *wir alle sind die letzte Generation*, die den völligen Erdzusammenbruch vielleicht noch aufhalten kann, ob wir es wollen oder nicht. (Letzte Generation: Mach mit!, o.J., Herv. i. Orig.)

In katastrophischen Szenarien von einer Zeit, die ‹uns ausgeht›, einer tickenden Uhr, die unausweichlich auf die Zwölf zugeht, versuchen wir, die dramatischen Umwelt-Veränderungen unserer Zeit in Worte und Bilder zu fassen. Katastrophische Szenarien affizieren und – so die aktivistische Hoffnung – mobilisieren uns. Doch werden

Anrufungen der Endzeit, einer ‹ausgehenden Zeit›, von den Verwertungslogiken der Populär- und Vergnügungskultur schon seit den 1970er Jahren erfolgreich kapitalisiert und eingefriedet, statt die Notwendigkeit einer radikalen Umwälzung techno-industriell-kapitalistischer Wirtschaftssysteme und ihrer intrinsischen Wachstumslogiken zu plausibilisieren und anzutreiben.

Bestechend kommentiert Indigenous Action unter dem Eindruck der weltweiten Corona-Pandemie die medialen Endzeitszenarien:

> A world of fetishized endings [...]. [E]ach imagined timeline constructed so predictably; beginning, middle, and ultimately, The End. (Indigenous Action 2020)

Statt Zeit, die ‹ausgeht› wie aus einem sich leerenden Füllhorn, wird Zeit in ihrem Indigenous Anti-Futurist Manifesto zirkulär gedacht – charakterisiert als Wiederkehr der brutalen Vernichtungen durch die Kolonisierung:

> **An ending that has come before.**
> The physical, mental, emotional, and spiritual invasion of our lands, bodies, and minds to settle and to exploit, is colonialism. Ships sailed on poisoned winds and bloodied tides across oceans pushed with a shallow breath and impulse to bondage, millions upon millions of lives were quietly extinguished before they could name their enemy. 1492. 1918. 2020 ... (ebd., Herv. i. Orig.).

Z

Ein Ende also, das für Indigene der Amerikas nicht bevorsteht, sondern schon geschehen ist. Entsprechend zieht das Kollektiv Indigener Aktivist*innen eine Differenz in das imaginierte universale ‹Wir› ein: «We live the future of a past that is not our own» (ebd.) – die Zeit der Indigenen ist gewissermaßen nicht ‹ausgegangen›, sie positionieren sich in einem spekulativen Außerhalb:

> ... *This is a transmission from a future that will not happen. From a people who do not exist* ... (ebd., Herv. i. Orig.).

Die Katastrophe hat – so ist auch in Christina Sharpes *In the Wake*, mit Blick auf Schwarze Leben, zu lesen – schon stattgefunden: «Transatlantic slavery was and is the disaster.» (Sharpe 2016, 5) Diese Katastrophe ist nicht vorbei, sondern für Schwarze Leben weiter virulent, wie Sharpe dies entlang der schiffsbezogenen Szenen «The Wake», «The Ship», «The Hold» und «The Weather» charakterisiert. Mit Blick auf die im transatlantischen Dreieckshandel über Bord geworfenen Körper Schwarzer Versklavter entlehnt sie den umweltwissenschaftlichen Begriff der «residence time»: «This is what we know about those Africans thrown, jumped, dumped overboard in Middle Passage; they are with us still, in the time of the wake, known as residence time.» (Sharpe 2016, 19) Und Toni Morrisons *Beloved* (1987) zitierend konstatiert sie: «We, Black people, exist in the residence time of the wake, a time in which ‹everything is now. It is all now›» (ebd., 41).

Z Nicht von ausgegangener oder ausgehender Zeit ist hier also die Rede, sondern von einer Gegenwärtigkeit der Vergangenheit, die nicht vergeht: «In the wake, the past that is not past reappears, always, to rupture the present» (ebd., 9). Die Vergangenheit durchbricht, erschüttert, sprengt das Jetzt und wird gleichsam immer wieder aktualisiert:

> Living in the wake on a global level means living the disastrous time and effects of continued marked migrations, Mediterranean and Caribbean disasters, trans-American and -African migration, structural adjustment imposed by the International Monetary Fund that continues imperialisms/colonialisms, and more (ebd., 15).

Diese Verschlungenheit und Erschütterung von Zeit, die Gegenwärtigkeit des Nicht-Vergehenden, die Durchdringung unserer Welt mit dem Nachleben des Kolonialismus ist vielleicht ein Hinweis auf die Unmöglichkeit, den Kolonialismus zu beenden. Doch lese ich die Frage der Indigenous Action «Why can we imagine the ending of the world, yet not the ending of colonialism?» (Indigenous Action 2020) gleichzeitig doch als eine dringliche Anrufung, es zumindest zu versuchen. Es ist daher wohl kein Wunder,

dass die Frage nach dem, ‹was uns ausgeht›, dann unversehens doch wieder zur Frage der letzten Jubiläumsausgabe der *Zeitschrift für Medienwissenschaft* führt: *Was uns angeht* (ZfM 20 [1/2019]).

Als Ausgangspunkt wäre dann zu fragen: Was macht die von Sharpe und Indigenous Action eröffnete Einsicht in Schwarze und Indigene Leben *in the wake* mit ‹uns›? Mit uns überwiegend *weißen* deutschsprachigen Medienwissenschaftler*innen (Arbeitskreis Umfrage des Forum Antirassismus Medienwissenschaft [FAM] 2022), Nachfahr*innen und Profiteur*innen des Kolonialismus? Wo punktiert, wo erschüttert, wo zerreißt dieses Nachleben auch ‹unsere› Gegenwart in *weißen* privilegierten Positionen des Globalen Nordens, wo lassen wir dies zu?

Wie können wir dies mit den dennoch beunruhigenden katastrophischen Erzählungen zusammendenken (statt gegeneinander)? Zum einen wären wohl die anfangs zitierten klimaaktivistischen Formulierungen ausgehender Zeit und das jeweils postulierte ‹Wir› mit dem Wissen um unterschiedliche Situiertheiten und das Nachleben des Kolonialismus zu punktieren und zu erschüttern. «Colonialism is a plague, capitalism is pandemic.» (Indigenous Action 2020) Auf einer Dringlichkeit und Verantwortlichkeit, die ‹uns› im Globalen Norden angeht, würde ich zum anderen gerne beharren – ohne jedoch in kybernetische und technizistische Regulierungsmodelle zu verfallen. Die metaphorische Uhr lässt sich als Instrument kolonialer und kapitalistischer Standardisierungen von Raum und Zeit dechiffrieren, doch lässt sie sich, aus dem Takt gebracht, auch als taktisches Instrument der Affizierung und Intervention verstehen.

Allerhöchste Zeit also, nachhaltiger gegen die Abschottungspolitik Europas und die tausenden Toten europäischer Flüchtlingspolitik *in the wake* des Kolonialismus zu agieren, allerhöchste Zeit also, kapitalistische Verwertungs- und Wachstumslogiken zu durchbrechen, allerhöchste Zeit also, Dekolonisierung als mich/uns verstörende Praxis in Angriff zu nehmen (Tuck/Yang 2012), allerhöchste Zeit also, im Sinne intergenerationeller globaler Nachhaltigkeit ein*e bessere*r Vorfahr*in für kommende Generationen zu werden (Biswas 2023), allerhöchste Zeit also, die institutionelle Non-Performativität von Antirassismus (Ahmed 2020) in wirksame antirassistische sowie feministische und queere Praktiken umzusetzen. CHRISTINE HANKE

Lit.: **Ahmed, Sara** (2020): The Nonperformativity of Antiracism, in: *Meridians. feminism, race, transnationalism*, Bd. 19, Nr. S1, 196–218, <u>doi.org/10.1215/15366936-85</u> <u>65957</u>. • **Arbeitskreis Umfrage des FAM** (2022): «Wie ‹weiß› ist die deutschsprachige Medienwissenschaft?» Hintergründe, Ergebnisse und Reflexionen zur Umfrage der GfM und des Forum Antirassismus Medienwissenschaft, in: *Zeitschrift für Medienwissenschaft*, Jg. 14, Nr. 1: *X | Kein Lagebericht*, 192–198, <u>doi.org/10.25969/media</u> <u>rep/18122</u>. • **Biswas, Tanu** (2023): Becoming good ancestors: A decolonial, childist approach to global intergenerational sustainability, in: *Children & Society*, Bd. 27, Nr. 4: *Childism*, hg. v. dems./John Wall, 1005–1020, <u>doi.</u> <u>org/10.1111/chso.12722</u>. • **Extinction Rebellion** (o.J.): Unsere drei Forderungen. Der Kern unserer Kampagne, in: *Extinction Rebellion* (Website), <u>extinctionrebellion.de/</u> <u>wer-wir-sind/unsere-forderungen/</u>(29.9.2023). • **Fridays for Future Deutschland** (2023): Aufruf zum globalen Klimastreik am 15.9.2023, in: *Fridays for Future* (Website), <u>fridaysforfuture.de/klimastreik/</u> (29.9.2023). • **Indigenous Action** (2020): Rethinking the Apocalypse: An Indigenous Anti-Futurist Manifesto, in: *Indigenous Action* (Website), 19.3.2020, <u>www.indigenousaction.org/rethinking-the-apo</u> <u>calypse-an-indigenous-anti-futurist-manifesto/</u>(29.3.2023). • **Letzte Generation** (o.J.): Mach mit!, in: *Letzte Generation* (Website), <u>letztegeneration.org</u> (29.9.2023). • **Morrison, Toni** (1987): *Beloved*, New York. • **Sharpe, Christina** (2016): *In the Wake. On Blackness and Being*, Durham, <u>doi.org/10.2307/j.ctv1134g6v</u>. • **Tuck, Eve /** **Yang, K. Wayne** (2012): Decolonization is not a metaphor, in: *Decolonization. Indigeneity, Education & Society*, Bd. 1, Nr. 1, 1–40. • **ZfM = Zeitschrift für Medienwissenschaft**, Jg. 11, Nr. 20 (1/2019): *Was uns angeht*, hg. v. Ulrike Bergermann u.a., <u>dx.doi.org/10.25969/mediarep/3729</u>.

ZEITLUPE

In Zen they say: If something is boring after two minutes, try it for four.

If still boring, try it for eight, sixteen, thirty-two, and so on.

Eventually one discovers that it's not boring at all but very interesting.

(John Cage 1961, 93)

Die Zeitlupe ist spezifisch für Bewegtbildmedien. In der Musik kann beliebig verlangsamt werden, ohne dass dadurch das Erkenntnisgeleitete einer filmischen Zeitlupe in den Vordergrund rücken würde. Die Komposition *ORGAN²/ASLSP* (1987) von John Cage wird seit 2001 in Halberstadt mit einer auf 639 Jahre angelegten Gesamtdauer gespielt. Diese Idee der Verlangsamung findet sich im englischen Begriff der Slow Motion, wobei eine beliebige Verlangsamung aufgrund der Bildfrequenz anders als in der Musik nicht möglich ist, da im Filmbild irgendwann keine Bewegung mehr zu sehen ist, sondern nur noch sich abwechselnde Standbilder – oder der angehaltene Film, der im Projektor verbrennt.

Als *Zeitlupe* bezeichnet man bereits seit den 1910er Jahren Aufnahmen, die mit deutlich mehr als den 16 bis 24 Bildern der normalen Projektionsgeschwindigkeit gemacht werden, wobei der Begriff einen Zusammenhang zu optischen Untersuchungen herstellt: Bewegungen werden nicht einfach nur verlangsamt. Sie werden – unter die *Lupe* genommen – besser sicht- und studierbar. Wesentlich ist nicht nur die Erhöhung der Bildrate, sondern damit verbunden auch die zwangsläufige Verkürzung der Belichtungszeit des Einzelbildes, die gegenüber dem oftmals leicht unscharfen Einzelbild des Films eine ‹unnatürliche› Schärfe erzeugt.

Der analytisch-experimentelle Zusammenhang findet sich häufig in naturwissenschaftlichen Aufnahmen, wenn z.B. Objekte bei einem Aufprall gefilmt werden oder Bewegungen von Tieren, die so schnell sind, dass sie dem menschlichen Auge

Z

andernfalls verborgen blieben. Für die enormen Geschwindigkeiten von bis zu 10.000 Bildern pro Sekunde wurde dafür nicht wie sonst üblich der Filmstreifen vor dem Objektiv entlanggeführt, sondern ein bewegliches Prisma lenkte den eintreffenden Lichtstrahl auf den im Magazin ausgelegten Film um. Heutzutage können digitale Consumer-Kameras ohne Weiteres hohe Bildfrequenzen mit bis zu 1.000 Bildern erreichen. Zahlreiche Urlaubs-, Familien- oder Sportvideos nutzen die einfach zu erzeugenden Zeitlupenaufnahmen, um willkürlich Momente auszudehnen, ohne dass in der verlangsamten Bewegung tatsächlich mehr Informationen zu erkennen wären als das Verlangen, damit zu beeindrucken. Das Ziel ist eine Ästhetik, die nach Rudolf Arnheim über das Studium hinausweist und «nicht als Verlangsamungen schneller Bewegungen, sondern als eigentümlich gleitende, schwebende, überirdische wirk[t]» (Arnheim 2002, 118). Diese Ästhetik wird von Walter Benjamin auch als das «Optisch-Unbewusste» bezeichnet (Benjamin 1977, 50), etwas, das auf den medialen Eigensinn dieser Bilder hinweist.

Z

Dieser «Oberflächenglanz» (Brockmann 2014, 337) ist auch im Spielfilm zu finden, wenn durch die Zeitlupe die Wirkung von herumspritzendem Blut oder fliegenden Glassplittern gesteigert wird. Was dabei verloren geht, ist der «Realitätseindruck» (Metz 1972, 61) des Films. Denn auf physikalische Realitäten wie Geschwindigkeit, Gewicht oder auch die Einwirkung eines Schlags kann in der extremen Verlangsamung nicht mehr geschlossen werden.

Eine besondere Form der Verlangsamung ist das Standbild im Film bzw. im Video. Das Anhalten des Films wird von Raymond Bellour auch als Geste einer neuen Art von Analyse bezeichnet, die mit dem Videorekorder erst möglich und popularisiert wurde: «Indem jedoch diese Geste gegen das ‹natürliche› Vorbeiziehen der Bilder ankämpft, bedeutet sie mehr als nur das: Ein Spiel, eine Umwandlung, ein Abschweifen …, eine abgeleitete Neuschaffung» (Bellour 1999, 19). Am

bekanntesten ist diese Art der Verlangsamung wahrscheinlich in der Videoinstallation *24 Hour Psycho* (UK 1993) von Douglas Gordon, in der der bekannte zweistündige Hitchcock-Film auf einen Tag Projektionsdauer gestreckt wird. Don DeLillos Roman *Der Omega-Punkt* (2010) schildert zu Beginn die Betrachtung dieser Installation, bei der sich der Erzähler in den Details verliert: «Tot geborene Bilder, zusammenbrechende Zeit», so beschreibt er an einer Stelle die von Sinn und Information befreiten Bilder (ebd., 59).

Für den Film *Havarie* (DE 2017) hat Philip Scheffner einen dreiminütigen Youtube-Clip auf 90 Minuten gedehnt, womit der Film um die Hälfte langsamer als *24 Hours Psycho* ist. Um eine stereotype Bebilderung des Films über das Schicksal Flüchtender zu vermeiden, wird das kurze Amateurvideo eines havarierten Schlauchbootes auf die Dauer eines Dokumentarfilms ausgedehnt, wodurch die Bilder in gewisser Weise von der Last ihrer Informationsvermittlung befreit werden. Das damit einhergehende genauere Hinsehen auf das Material verweist auf das Mediale der Vorführung und lässt etwas zum Vorschein kommen, was in Normalgeschwindigkeit nicht sichtbar würde: Bilder zwischen den Bildern. Es ist eine Analyse des Materials und nicht die der Bewegung in der Realität, wodurch das Vertraute der Bilder in den Hintergrund tritt. Bei Scheffner wird durch diese extreme Verlangsamung die medial eingeübte Dramatik der allseits bekannten Bilder der Flucht über das Mittelmeer ins Ungenaue verschoben. Sowohl *24 Hour Psycho* als auch *Havarie* befragen auch die eigene Zeiterfahrung im Verhältnis zum Gezeigten.

Eine sinnbefreiende Funktion der Zeitlupe wurde bereits im Experimentalfilm erprobt. In Mieko Shiomis *Disappearing Music for Face* (JPN/USA 1966), der Teil der *Fluxfilm Anthology* ist, wurde das Aufkommen eines Lächelns mit 2000 Bildern pro Sekunde aufgenommen. Daraus entstand ein elfminütiger 16mm-Film, in dem kaum Bewegung zu sehen ist, aber zwischen dem ersten und dem letzten Bild trotzdem ein deutlicher Unterschied erfahrbar wird. Damit übt diese Form der Zeitlupe ein genaues Hinsehen ein, das nichts mehr mit dem ursprünglichen, am Beweis orientierten Verfahren zu tun hat. Es ähnelt eher den Techniken der verschiedenen Slow-Bewegungen wie dem *Slow Cinema*, das häufig mit langen Einstellungen (in Normalgeschwindigkeit) die Erzählung nahezu zum Stillstand bringt und das Beobachtende in den Vordergrund stellt. «Wir bräuchten Zeit, um das Interesse an Dingen zu verlieren», fasst die Tochter des Protagonisten in *Der Omega Punkt* ihre Gedanken angesichts von *24 Hours Psycho* zusammen (DeLillo 2010, 103). Das Gegenteil dieser Form der Verlangsamung besteht nicht im Zeitraffer, sondern in der Möglichkeit zur Beschleunigung, die durch die entsprechenden Buttons bei YouTube-Videos oder Podcasts dafür sorgen, das Material in doppelter Geschwindigkeit rezipierbar zu machen (die eingeblendete Werbung läuft übrigens weiter im normalen Tempo), etwas, das auch in Kursen zum Speed Reading eingeübt wird. Was bei diesem *Mehr*sehen jedoch ausgeht, ist die Zeit zum genauen *Hin*sehen.

WINFRIED GERLING
FLORIAN KRAUTKRÄMER

Lit.: **Arnheim, Rudolf** (2002 [1931]): Die Zeitlupe, in: ders: *Film als Kunst*, Frankfurt/M., 118–119. • **Bellour, Raymond** (1999): Die Analyse in Flammen (Ist die Filmanalyse am Ende?), in: *Montage AV*, Bd. 8, Nr. 1: *Film als Text: Bellour, Kuntzel*, 18–23, montage-av.de/pdf/081_1999/08_1_Raymond_Bellour_Die_Analyse_in_Flammen. pdf (26.11.2023). • **Benjamin, Walter** (1977): Kleine Geschichte der Photographie (1931), in: ders.: *Das Kunstwerk im Zeitalter seiner technischen Reproduzierbarkeit. Drei Studien zur Kunstsoziologie*, Frankfurt/M., 45–64. • **Brockmann, Till** (2014): *Die Zeitlupe. Anatomie eines filmischen Stilmittels*, Marburg. • **Cage, John** (1961): Four statements on the dance, in: ders.: *Silence – Lectures and Writings*, Middletown, 86–97. • **DeLillo, Don** (2010): *Der Omega-Punkt*, Köln. • **Metz, Christian** (1972): *Semiologie des Films*, München.

ZEUG*INNENSCHAFT In Swakopmund, Namibia, am Rande der Namib-Wüste erinnert ein 2007 errichteter Gedenkstein auf dem ansonsten unmarkierten Massengrab an die Opfer des Genozids unter deutscher Kolonialherrschaft (1904–1908). Für den Genozid hat sich Deutschland bis heute nicht offiziell entschuldigt, viele deutschsprachige Namibier*innen erkennen ihn nicht an. Noch heute werden Massengräber gefunden, und so kann die namibische Landschaft als ein Ort des Todes verstanden werden, oder als *necrocene*, eine Landschaft des Genozids, wie Jill H. Casid in ihrer Diskussion des Anthropozän es formuliert. Für Casid ist das Nekrozän ein Übergang vom Tod «as the opposite of life, to death as felt, material presence and active process by giving us death as a scene in which we are vulnerable situated» (Casid 2018, 239).

Diese affektive und materielle Präsenz genozidaler und kolonialer Gewalt in der namibischen Landschaft, besonders in der Namib-Wüste, wirft die Frage auf, inwiefern wir nicht auch nichtmenschliche bzw. mehr-als-menschliche Sphären als Zeug*innen anerkennen sollten. Dies wird jüngst auch in der Medienwissenschaft vor allem in Bezug auf Infrastrukturen, Klimakatastrophe und Migration diskutiert, und in diesem Beitrag will ich den Begriff der materiellen Zeug*innenschaft hinsichtlich der Erinnerungskulturen kolonialer Verbrechen erweitern. Während der Wüstensand nach allgemeinem Verständnis die Dinge bedeckt und begräbt – sie also verschwinden lässt –, möchte ich argumentieren, dass der Wüstensand auch freilegt, bewahrt und über die eigene Materialität Zeug*innenschaft ablegt. Unter welchen Bedingungen tritt die Wüste als Zeugin in Erscheinung und wie kann ihre koloniale und genozidale Geschichte aufgezeigt werden? In meiner aktuellen Forschung zu spektralen Infrastrukturen der kolonialen Diamantenextraktion in der Namib-Wüste interessiere ich mich für die Frage, inwiefern die Wüste selbst zur *material witness* wird, die nach Susan Schuppli als eine Untersuchung der beweiskräftigen Rolle der Materie bei der Registrierung von äußeren Ereignissen sowie bei der Aufdeckung

Z

Abb. 1 Unmarkiertes Gräberfeld in Swakopmund, Namibia, mit der Namib-Wüste im Hintergrund, 2021
(Foto: Henriette Gunkel)

Z

der Praktiken und Verfahren, die es der Materie ermöglichen, Zeugnis abzulegen, verstanden wird (Schuppli 2020, 3). Welche Rolle spielen in diesem Prozess der Zeug*innenschaft die Bewegungen in der Wüste selbst: die Verbindung zwischen Sand, Atmosphäre, Wetter und Verwitterung?

Die Wüste wird im Allgemeinen als lebensfeindliche, weitgehend unbewohnte Umgebung verstanden, und zwar in meteorologischer Hinsicht vor allem wegen der geringen Niederschläge und trockenen Luftmassen. In der Negev-Wüste, so argumentieren Eyal Weizman und Fazal Sheikh, sei die Trockenheitslinie (*aridity line*) auch die Linie der Enteignung, da Eigentumsrechte südlich von ihr nicht anerkannt wurden / werden (Weizman / Sheikh 2015). Ihre Forschung zeigt, dass das Wetter als komplexes meteorologisches Phänomen, als Zusammenspiel von Temperatur, Luftdruck, Luftfeuchtigkeit, Sichtweite, Wolken und Niederschlag erfasst werden muss. Wie Christina Sharpe im Kontext von *anti-Blackness* argumentiert, ist das Wetter auch die «totality of the environments in which we struggle; the machines in which we live» (Sharpe 2016, 111). Aufbauend auf Sharpes Verständnis des Wetters schlagen

Astrida Neimanis und Jennifer Mae Hamilton den Begriff der Verwitterung (*weathering*) vor, ein Begriff, der für die Entstehung der Sandkörner von zentraler Bedeutung ist (Neimanis / Hamilton 2018, 80 f.). Für sie erlaubt das Konzept der Verwitterung, Körper und Orte mit dem Wetter in einer sich klimatisch verändernden Welt ins Verhältnis zu setzen, und zwar über historische, geologische und klimatologische Zeiten hinweg.

Ein geomorphologisches Verständnis von Verwitterung hebt meist die chemischen, physikalischen und biologischen Prozesse hervor, die bei der Entstehung von Sand am Werk sind und sich der Auflösung widersetzen. Die in den Black Studies angesiedelte Konzeption von Verwitterung, wie sie Neimanis und Hamilton vorschlagen, weist jedoch auf eine komplexere Beziehung zwischen Körper, Ort und Zeit hin, die das Soziale, Politische, Materielle und Kulturelle miteinschließt. Der Sand trägt die Spuren verschiedener Erfahrungen und Geschichten in sich, die Teil eines Verständnisses der Atmosphäre sind, und vereint somit die jüngste Geschichte Namibias, die in gewisser Weise im Land gewaltvoll fortlebt, mit geologischer Tiefenzeit. Hier verweisen die Überreste in der Wüste auf die breitere Ökologie der Überreste, oder wie Ioana B. Jucan in der Einleitung zu *Remain x Remain(s)* fragt: «How are remains and remainders, and the process of remaining, to be understood, engaged, and entered into a relationship with?» (Jucan 2019, ix).

Wichtig ist, dass Überreste (*remains*) zeitlich gefasst werden: nicht notwendigerweise in Bezug auf alt und neu, im Sinne einer linearen Zeit, sondern eher als eine Form der Polytemporalität, wie sie Tavia Nyong'o vorschlägt (Nyong'o 2018), die dem von Jucan beschriebenen «undecidable space between registers of what is live and what is passed», wie man ihn in der namibischen Wüste vorfindet, besser gerecht zu werden scheint (Jucan 2019, x). Überreste jenseits binärer Unterscheidungen zu denken – zwischen alt und neu, Subjekt und Objekt, Immateriellem und Materiellem, Anorganischem und Organischem, Leben und Nicht-Leben –, bedeutet, die Atmosphäre in der Namib-Wüste als eine zu verstehen, in der Dinge festgehalten werden, in der aber einfache Unterscheidungen zwischen diesen Dingen buchstäblich angegriffen und aufgebrochen werden. Durch die Atmosphäre in ihrer Wechselwirkung mit der Lithosphäre und der Hydrosphäre lösen sich die Unterscheidungen zwischen Granitgestein und Sand z. B. auf, so wie schließlich die menschlichen Überreste, die auf dem Gestein liegen, zerbrechen, vom Sand getragen werden, Teil der äolischen Bewegung werden und uns umgeben.

Der ständige energiereiche Austausch in der zwischen Conception Bay und Meob Bay gelegenen extraktiven Zone der Namib-Wüste – die Sandverwehungen, die extremen Temperaturschwankungen und die Veränderungen der Luftfeuchtigkeit – greift nicht nur Felsen und Gestein, sondern auch andere Körper und menschliche Überreste an. Größere, festere Elemente der Knochenstruktur werden konserviert, in manchen Fällen von wandernden Sicheldünen überdeckt und irgendwann wieder den Blicken preisgegeben. Andere Knochenpartikel, die viel kleiner, aber möglicherweise auch größer als das durchschnittliche Sandkorn in diesem Gebiet sind, werden durch die

Saltation aufgenommen und weitergetragen. Die menschlichen Überreste werden somit wie von Casid beschrieben «part of the matter and mattering of landscaping as processes of inhumation» (Casid 2018, 240) und nehmen an Prozessen der Witterung sowie der Dünenbewegung teil. Wie Vanessa Agard-Jones (2012) argumentiert, existiert Sand an und neben uns; er umgibt uns. Sie erinnert uns auch daran, dass nicht nur das Wasser und der Wind, sondern auch wir, wenn wir die Wüste passieren, diese kolonialen und genozidalen Überreste an und mit uns tragen. Das Gefühl, auf menschlichen Überresten zu gehen, das diese Untersuchung zu Zeug*innenschaft initiiert hat, ist also nur eine Möglichkeit zu verstehen, wie die genozidale Gewalt und ihr Nachleben Teil der namibischen Landschaft bleiben und wie wir mit diesen Überresten umgehen.   HENRIETTE GUNKEL

Eine englische Langversion dieses Textes findet sich in *INSERT. Artistic Practices as Cultural Inquiries #4, dis/sense in der Anthropozänkritik*, 2023, hg. von Katrin Köppert/Alisa Kronberger/Friederike Nastold, insert.art/ausgaben/dis-sense/sand-atmosphere-memorialization (28.11.2023).

Z

Lit.: **Agard-Jones, Vanessa** (2012): What the Sands Remember, in: *GLQ*, Bd. 18, Nr. 2–3 (Juni 2012): *Black/Queer/Diaspora*, hg. v. Jafari S. Allen, 325–346, doi.org/10.1215/10642684-1472917. • **Casid, Jill H.** (2018): Necrolandscaping, in: Jens Andermann/Lisa Blackmore/Dayron Carrillo Morell (Hg.): *Natura. Environmental Aesthetics after Landscape*, Zürich 2018, 237–264. • **Jucan, Ioana B.** (2019): Introduction. Remain x Remain(s), in: dies./Jussi Parikka/Rebecca Schneider (Hg.): *Remain*, Lüneburg, ix–xx, doi.org/10.25969/mediarep/12387. • **Neimanis, Astrida/Hamilton, Jennifer Mae** (2018): Open Space Weathering, in: *Feminist Review*, Bd. 118, Nr. 1, 80–84, doi.org/10.1057/s41305-018-0097-8. • **Nyong'o, Tavia** (2018): *Afro-Fabulations. The Queer Drama of Black Life*, New York. • **Schuppli, Susan** (2020): Material Witness. Media, Forensics, Evidence, Cambridge (MA), London. • **Sharpe, Christina** (2016): *In the Wake. On Blackness and Being*, Durham, doi.org/10.1215/9780822373452. • **Weizman, Eyal/Sheikh, Fazal** (2015): *The Conflict Shoreline. Colonization as Climate Change in the Negev Desert*, Göttingen.

ZIMMERPFLANZEN Ich schrecke aus dem Schlaf hoch. Irritiert gucke ich mich um. Was war das für ein lauter Knall? Einbrecher*innen? Vogel gegen Scheibe? Stellt sich raus: weder noch. Stattdessen liegt sie da, meine Monstera – auf dem Boden, geknickt und sturzgezeichnet, mit abgebrochenen Blättern, Luftwurzeln und Erde überall. War der Fall vom Regal ihre Art mir zu sagen, dass sie sich vernachlässigt fühlt? Ein (gar nicht mal so) stummer Schrei nach Aufmerksamkeit und Pflege?

Denn – ich gebe es offen, wenn auch ein klein wenig beschämt zu – es ist so: Die Pflanze hatte es bei mir schon mal besser. Wurde gehegt und gepflegt, bekam die löchrigen Blätter mit einem feuchten Tuch gestreichelt und durfte im Sprühnebel baden. Aber die Zeiten haben sich geändert. Regelrechte Pflanzenblindheit, trotz – oder gerade wegen? – der pandemiebedingten gesteigerten Zuhausezeit, andere Sorgen und längere Abwesenheiten meinerseits führten dazu, dass ich die Monstera vernachlässigte. Jetzt gucke ich sie mit müden Augen fragend an: Was brauchst du, wer bist du, was ist deine Geschichte?

Ich begebe mich auf die Suche. Die (Kultur-) Geschichte von Zimmerpflanzen ist untrennbar mit der Kolonialgeschichte verwoben. Ursprünglich stammt die Monstera aus dem tropischen Regenwald Zentral- und Südamerikas, wo sie mit ihren Luftwurzeln 20 Meter hohe Bäume in Richtung Licht erklimmen kann, ohne sich, wie bei mir, an die vergilbte Raufasertapete schmiegen zu müssen. Bereits Mitte des 19. Jahrhunderts begann ihre Karriere als Zimmerpflanze; sie durfte in keinem Gewächshaus der Adligen und Reichen fehlen – und wurde über die Jahrhunderte hinweg ein Gewächs für die Massen. Nach dem Berliner Industriebaron August Borsig, der seine Gewächshäuser der Öffentlichkeit zugänglich machte, wurde sogar eine Art benannt: *Monstera deliciosa var. borsigiana*. Die uns geläufige Nomenklatur von Pflanzen basiert demnach auf lateinischen Namen, ungeachtet der Tatsache, dass die Gewächse lange vor ihrer vermeintlichen Entdeckung durch europäische und meist männliche Siedler, Forscher und Pflanzenjäger bereits unter anderen Namen bekannt waren. Dieser beraubt und der natürlichen Umgebung gewaltvoll entrissen, wurden tropische Pflanzen in Ward'schen Kisten verschifft, um das Überleben während der langen und mitunter strapaziösen Reise sicherzustellen, und landeten in klimatisch völlig anderen Gefilden. Folglich entstanden mehr und mehr Orangerien sowie gläserne Gewächshäuser in Europa. Als Paradebeispiel der «totalen Kolonisierung der Natur», zu der Verena Winiwarter (2006) in «Vom Glashaus zu Biosphere 2» aufschlussreiche Überlegungen anstellt, konnte der vom britischen Gärtner Joseph Paxton entworfene und zur Londoner Weltausstellung 1851 eröffnete Crystal Palace herhalten. An diesem Ort waren nebst unterschiedlichen Errungenschaften der Kolonialmächte auch Pflanzen aus aller Welt und meterhohe Palmen zu finden, denn, so betont Sinthujan Varatharajah in *an alle orte, die hinter uns liegen*:

> Koloniale Geschichten sind […] nicht nur Erzählungen und Erfahrungen, die Menschen berühren. Sie sind auch Geschichten über die Naturen dieser Welt, die besiedelt wurden. Sie sind Zeugnisse der Orte, die uns noch immer als *fremd, bedrohlich* und *andersweltig* erscheinen. Denn auch diese zuvor von Menschen vermiedenen oder unbesiedelten Landschaften, die von europäischen Imperien gerne als entleert verstanden wurden – und noch immer werden –, blieben vor der Gewalt des Kolonialismus nicht verschont. (Varatharajah 2022, 202)

Auch in Zimmerpflanzen schreibt sich das koloniale Erbe der Ausbeutung bis heute fort. Laut Fairtrade Deutschland erfolgt «der Großteil der Schnittblumen- und Pflanzenproduktion […] in Ländern des globalen Südens», meist in Afrika oder Lateinamerika (Fairtrade Deutschland o. J.). Eine kurze Recherche im Onlineshop eines großen schwedischen Möbelhauses, das Monsterapflanzen zu sehr günstigen Preisen vertreibt, bestätigt die Herkunft seiner Gewächse aus Zentralamerika. Unter welchen Bedingungen sie

Z

Z

Abb. 1 Monstera hinter Glas (Foto: Philippa Halder)

Abb. 2 Monstera nach dem Fall (Foto: Philippa Halder)

dort gewachsen sind, zu welchen Konditionen die Menschen gearbeitet (oder sich an ihnen abgearbeitet) haben, mit wie vielen für Lebewesen und Umwelt giftigen Pestiziden die Pflanzen besprüht wurden – darüber gibt es keine Informationen. Fest steht: In den meisten Fällen sind Zimmerpflanzen weder fair gehandelt, noch ist es möglich, ihre tatsächliche Herkunft zurückzuverfolgen. Oft benennt der dazugehörige Pflanzenpass als Ursprungsland die Niederlande, seltener Dänemark, also das Land, in dem die Pflanze *zuletzt* gewachsen ist, sagt aber nichts darüber aus, ob der Steckling zuvor woanders verwurzelt war. Besonders viele Kakteenarten sind heutzutage vom Aussterben bedroht. Sie gehen uns nicht einfach aus, sondern werden Opfer von Raubbau, der selbst in Naturschutzgebieten viel zu häufig betrieben wird. Damit stehen wir brutal vorgehenden Pflanzenjäger*innen des Kolonialzeitalters, wie sie Kej Hielscher und Renate

Hücking (2002) in ihrem Buch beschreiben, quasi in nichts nach.

Statt das billige und nicht-nachhaltige Grün im Discounter oder Baumarkt zu kaufen, sollten Ableger und Stecklinge von bereits verfügbaren Pflanzen genommen werden. Meine Monstera habe ich vor Jahren aus einem Ableger großgezogen, den meine Mutter mir geschenkt hat. Und sie soll es doch gut bei mir haben! Morgen früh kriegt meine Pflanze frische Erde und einen größeren Topf. Und endlich den kräftigen Schluck Wasser, nach dem sie lechzt, vielleicht sogar eine Spa-Behandlung mit dem feuchten Tuch. Versprochen!

PHILIPPA HALDER

Lit.: **Fairtrade Deutschland** (o. J.): Fairtrade-Blumen & Pflanzen, in: *Fairtrade Deutschland* (Website), www. fairtrade-deutschland.de/produkte/blumen (27. 11. 2023).
• **Hielscher, Kej / Hücking, Renate** (2002): *Pflanzenjäger. In fernen Welten auf der Suche nach dem Paradies,*

München. • **Varatharajah, Sinthujan** (2022): *an alle orte, die hinter uns liegen*, München. • **Winiwarter, Verena** (2006): Vom Glashaus zu Biosphere 2. Überlegungen zur totalen Kolonisierung von Natur, in: Andreas Dix / Ernst Langthaler (Hg.): *Grüne Revolutionen. Agrarsysteme und Umwelt im 19. und 20. Jahrhundert. Jahrbuch für Geschichte des ländlichen Raumes*, Innsbruck, 199–215, <u>doi. org/10.25365/rhy-2006-10</u>.

↳ ZURÜCKHALTUNG
vgl. Tafel II (S. 148/149)

Meine Dokumentarfilmpraxis erlaubt mir, verschiedene Landschaften, Kulturen und Praktiken in unterschiedlichen Gegenden Indiens zu untersuchen. Teil dieser Praxis ist auch meine Auseinandersetzung und Zusammenarbeit mit lokalen Gemeinschaften. Über die Jahre habe ich eine Reihe von Filmen zu Biodiversität, Ernährung und heilkundlichen Praktiken sowie dem damit verbundenen Indigenen Wissen gemacht. Die langen und aufwendigen Produktionsprozesse haben mein Verständnis Indigener Lebensweisen und der Beziehungen zwischen Indigenen Gemeinschaften und ihrer natürlichen Umwelt, die meist praktischer Art und unmittelbar an das tägliche Überleben gebunden sind, geformt.

Gemäß dem Zensus von 2011 machen die 104,5 Millionen Adivasis, Indigene Menschen, 8,6 Prozent der Gesamtbevölkerung Indiens aus. Die meisten von ihnen leben in Regionen, in denen es ausgedehnte Waldbestände und extrem viele Bodenschätze gibt. Paradoxerweise ist dieser Ressourcenreichtum im heutigen Indien aufgrund der Bemühungen des indischen Staates und der Marktkräfte, die Kontrolle über diese Ressourcen wiederzuerlangen, zu einer Ursache für die Armut und Enteignung der Indigenen Gruppen geworden. Dies hat zum Verlust der Lebensräume vieler Indigener Gemeinschaften und zum Verschwinden der Rohstoffe geführt. Dazu kommt, dass Indigene Menschen im heutigen Indien noch immer der Exotisierung durch Anthropologie und Tourismus unterworfen sind und selten als Subjekte der Geschichte in Erscheinung treten. Ihre Lebensweisen werden missachtet und ihre enge Verbindung mit der Natur wird häufig abwertend als ‹vormodern› beschrieben. Die Besonderheiten der Beziehung Indigener Gruppen zu ihrer natürlichen Umwelt deuten jedoch darauf hin, dass sie ihre Verbundenheit mit der Natur mit Stolz und Entschlossenheit betrachten und beanspruchen. Zugleich verdeutlicht ihr Wissen über nachhaltige Bewirtschaftung und Nutzung der lokalen ökologischen Ressourcen über Jahrhunderte hinweg die Aktualität dieser Verbindung. Zwei meiner Filme, *Johar Welcome To Our World* (2010) zu Indigenen Ernährungskulturen im ostindischen Bundesstaat Jharkhand, und *Under This Sun* (2005) zu Biodiversität und damit verbundenem Indigenem Wissen in Indien, ebenso wie die Zwei-Kanal-Videoinstallation *Quiet Flows the Stream* (2018) zu Indigenen medizinischen Praktiken und grenzüberschreitendem Wissensaustausch in Indien widmen sich insbesondere der Komplexität und der Bedeutung Indigenen Wissens für die nachhaltige Bewirtschaftung ökologischer Ressourcen in seinen spezifischen Ausformungen.

Bei meiner filmischen Arbeit in unterschiedlichen Gemeinschaften, sei es mit Monpas im Westen oder Nishis im Osten des Bundesstaats Arunachal Pradesh, mit Dongria Kondhs in Odisha oder Korwas in Jharkhand, konnte ich beobachten, dass Erdverbundenheit, Kollektivität, ein an den Jahreszeiten orientiertes Verständnis von Zeitlichkeit, Dankbarkeit und alles durchziehende Weisheit einige verbindende Aspekte dieser Gesellschaften sind. Indigene Gruppen, insbesondere diejenigen, die in großer Verbundenheit mit ihrer Umwelt leben und auf die natürlichen Ressourcen angewiesen sind, haben sehr spezifische Herangehensweisen an die Extraktion aus der Natur. Im Unterschied zu kapitalgesteuerten und konsumorientierten Gesellschaften, die Extraktion als ein Verhältnis begreifen, das beliebig große Mengen an Ressourcen zu entnehmen erlaubt, ohne dabei Reziprozität zu üben, artikuliert

Z

sich die Haltung Indigener Gesellschaften in einer anderen, von Entgegenkommen gekennzeichneten, respektvollen und auf verschiedene Dynamiken des gesamten Ökosystems reagierenden Praxis der Entnahme. Ich möchte dies an drei beeindruckend einfachen und gleichzeitig multidimensionalen und miteinander verbundenen Einstellungen verdeutlichen, die meiner Meinung nach grundlegend sind für Indigene Praktiken der Extraktion und Bewirtschaftung natürlicher Ressourcen und helfen, über Tausende von Jahren eine freundliche und anhaltende Beziehung mit ihrer natürlichen Umwelt aufrechtzuerhalten.

Respekt

Die Entnahme natürlicher Ressourcen, von Nahrung, Heilkräutern und vielen anderen Dingen des täglichen Verbrauchs ist von einem tiefen Gefühl der Dankbarkeit gegenüber der Natur getragen. Die Dankbarkeit ist verbunden mit einem grundlegenden Respekt für die Natur, der wiederum eingebettet ist in Indigene Glaubenssysteme und sich häufig in den alltäglichen Praktiken und Ritualen zeigt. Hier denke ich an das, was Mangra Tana Bhagat, ein Mann mittleren Alters aus der Oraon-Gemeinschaft in Jharkhand in einem Gespräch mit mir sagte, das sich in meinem Film *Johar Welcome To Our World* findet:

> [Sarhul] ist ein Ritual, um die Erde (*soil*) zu verehren. Es wird seit Urzeiten praktiziert. [...] Die Tradition setzt sich noch fort. Das Ritual symbolisiert die wahre Seele (*true spirit*) unserer Existenz. Ohne die Verehrung der Erde essen wir die neuen saisonalen Früchte, Blüten oder Kräuter nicht. Niemand darf essen. Erst dann, wenn wir das Ritual vollzogen haben, beginnen wir zu essen. (TC 00:49:05–00:50:00)

Während Indigene Gruppen die Erde als ihre Mutter erachten und sie verehren, um ihren Respekt für sie zum Ausdruck zu bringen, artikuliert sich in den begleitenden Verboten tatsächlich ihr Wissen über die Lebenszyklen der Pflanzen, über das Fallen und Sprießen der Blätter, die Blüte, den Fruchtstand usw., und – ebenso wichtig – über den richtigen Zeitpunkt der Ernte. Solche Überprüfungen des Verbrauchs tragen Sorge dafür, dass die neuen Blätter und die neuen Früchte genug Zeit zu wachsen haben und nur zu einem bestimmten Zeitpunkt geerntet werden, sodass der Regenerationsprozess der Pflanzen nicht unterbrochen wird. Hier zeigt sich, dass unter dem allumfassenden Respekt ein Mechanismus zur Bewirtschaftung von Ressourcen liegt, der einzigartig und seit Jahrhunderten am Werk ist.

Verantwortung

Vorratssuche ist eine althergebrachte Praxis Indigener Gruppen und sie besitzen ein reiches Wissen darüber. Als Begleiter bei ihren Sammelstreifzügen konnte ich beobachten, wie mühelos sie sich im Wald zurechtfinden und verschiedene Früchte, Kräuter, Samen, Knollen, Wurzeln und Zwiebeln sammeln – eine für die meisten von uns unbekannte Art der Nahrungsmittelbeschaffung, die wir für gewöhnlich auf dem Markt oder im Geschäft erledigen. Der Ertrag ist häufig gering, und Sammler*innen sorgen dafür, dass die Wurzeln bei der Entnahme nicht beschädigt werden. In den meisten Fällen verfügen sie über Wissen davon, wodurch die Regeneration und das Nachwachsen der geernteten Ressourcen begünstigt werden, und wenden dieses vor Ort direkt an. Dies wird in einem Zitat von Kunjira Moolya, einem erfahrenen Mediziner der Gemeinschaft der Mala in Karnataka, der auch einer der Protagonisten meines Films *Under This Sun* ist, treffend beschrieben. Während der Entnahme von Wurzeln der zur Schmerzlinderung angewendeten medizinischen Pflanze Almura Ber erzählte er mir:

> Ich muss die Wurzeln in einem Kreis entnehmen und in kleinen Mengen. Die Hauptwurzel muss unberührt bleiben. Sollte ich die Hauptwurzel doch irgendwie verletzen, wird der Baum sterben und ich gerate in große Schwierigkeiten. Das gesamte Dorf wird leiden. Wenn du einen Baum tötest, wird das gesamte Dorf mit einem Fluch belegt und zerstört werden (TC 00:05:49–00:06:10)

Z

Es ist anzunehmen, dass selbst wenn Kunjira diese medizinische Pflanze aus Versehen oder mit Absicht getötet hätte, ihm oder dem Dorf nichts passiert wäre. Dennoch können wir, wenn wir die Absicht hinter dieser Überzeugung dekodieren, erkennen, dass sie die Verantwortung unterstreicht, welche die Entnahme aus der Natur beinhaltet – eine Verantwortung für die eigenen Leute, die Umgebung und ihre mehr-als-menschlichen Entitäten –, und dass wir extrem vorsichtig beim Sammeln und Entnehmen von Ressourcen sein und die notwendigen Schritte, welche die Restauration und Regeneration der Natur ermöglichen, berücksichtigen sollten.

Zurückhaltung

Ob Respekt oder Verantwortung: Beiden Aspekten liegt das verbindende Motiv der Zurückhaltung zugrunde – als Praxis kontrollierter Extraktion ökologischer Ressourcen. Wird eine solche Zurückhaltung oder auch Beschränkung von Indigenen Gesellschaften praktiziert, zeichnen sich viele ihrer Gepflogenheiten durch Respekt und Verantwortung aus. Respekt gegenüber der Natur und Verantwortung für die Mitmenschen und die mehr-als-menschliche Welt hat Indigene Gruppen dazu gebracht, bei der Extraktion und der Nutzung natürlicher Ressourcen zurückhaltend zu sein. Außerdem ist das Wissen über die Erhaltung der natürlichen Ressourcen und die daraus resultierenden Handlungen ein integraler Bestandteil der drei Haltungen Respekt, Verantwortung und Zurückhaltung. Ein weiterer Ausschnitt aus meinem Film *Johar Welcome To Our World* zeigt vermutlich besser, was ich hier deutlich zu machen versuche. Während der Entnahme essbarer Zwiebeln und Knollen aus der Erde eines örtlichen Waldes erzählte mir Suneshar Korwa, ein junger Mann der Korwa-Gemeinschaft:

> Das ist Getthi. Es muss lange gekocht werden. Nur wenn wir es erst einweichen, können wir es morgen essen. Wir schälen sie und schneiden es in Scheiben und weichen es dann den ganzen Tag ein. Am Abend nehmen wir es heraus und kochen es. Erst dann essen wir sie. Diese (Kanda) kocht man nur eine Stunde und isst sie dann. Wir ernten nur eine Portion und lassen den Rest unberührt, damit es nachwachsen kann und in der nächsten Saison wieder kommt. [...]

Weil ich unsicher war, ob ich ihn richtig verstanden hatte, fragte ich ihn, ob man sehr vorsichtig sein müsse. Meine Naivität muss ihn verblüfft haben, aber trotzdem erklärte er es mir bereitwillig:

> Ja. Wenn wir die gesamte Pflanze herausschneiden, wird sie sich nicht regenerieren ... Im nächsten Jahr werden wir nichts haben. Deshalb ist es notwendig kleine Stückchen zurückzulassen. Sobald diese Regenwasser erhalten, beginnen sie wieder nachwachsen [...] (TC 00:11:39–00:12:48)

Suneshar spricht nicht nur über Zurückhaltung, sondern auch über die Übernahme von Verantwortung – es ist notwendig, dafür Sorge zu tragen, dass das, was aus der Natur entnommen wird, wieder nachwächst, damit es im kommenden Jahr den Mitgliedern der Gemeinschaft zur Verfügung steht.

Indigene Lebensweisen sind verbunden mit einem starken Gefühl der Zugehörigkeit zu diesem Planeten. Sich um alle Darbietungen der Natur zu kümmern und diese mit anderen Menschen und mehr-als-menschlichen Entitäten zu teilen, ist grundlegend für eine solche Zugehörigkeit. In wissenschaftlichen Wissenskulturen scheint die Auffassung von mehr-als-menschlichen Entitäten als sozialen Akteuren und ihre Unabdingbarkeit für die menschliche Existenz noch recht neu zu sein. Für Indigene Gemeinschaften hingegen war diese Überlegung seit jeher integraler Bestandteil ihrer Lebensweisen. Für sie ist die gesamte natürliche Welt eine Familie, ein großes Kollektiv aller lebenden und leblosen Wesen.

Es besteht kaum Zweifel daran, dass wir eine entscheidende Schwelle erreicht haben, an der unser lang gehegtes Dogma vollständiger Beherrschung über die mehr-als-menschliche Welt in Frage steht. Das schnelle Erodieren der Ressourcen der Erde und die weltweiten Verwüstungen durch den Klimawandel machen deutlich, dass die Umwelt des Planeten Erde zutiefst gestört ist und die menschliche Zivilisation in naher Zukunft zusammenbrechen könnte. Dennoch scheinen wir immer noch nicht bereit, unsere maßlosen, autoritären Gedanken und Praktiken zu korrigieren. Während wir damit beschäftigt sind, verschiedene Klimaschutz-Initiativen zu planen, Erklärungen abzugeben oder uns gegenseitig zu beschuldigen, vergessen wir grundlegende Dinge, die umgehend angegangen werden sollten. Wir können die natürliche Welt nicht als gegeben annehmen und müssen akzeptieren, dass wir in totaler Verbindung mit allen anderen Formen des Lebens sowie lebloser Entitäten um uns herum existieren. Daher ist es unsere Aufgabe, nicht nur über unsere Lebensweisen und Alltagspraktiken nachzudenken, sondern auch darüber, wie wir unsere Beziehung mit der natürlichen Welt verbessern und erneuern können. Angesichts dieser Aufgaben könnte es sehr hilfreich sein, die Aufmerksamkeit auf die Beziehung Indigener Gemeinschaften mit der Natur zu richten.

NILANJAN BHATTACHARYA

aus dem Englischen von Maja Figge

Z

Filmografie: *Under This Sun* (R: Nilanjan Bhattacharya, IND 2005) • *Johar Welcome To Our World* (R: Nilanjan Bhattacharya, IND 2010) • *Quiet Flows the Stream*, Zwei-Kanal-Video (R: Nilanjan Bhattacharya, IND 2018)

KATHRIN PETERS

VERLUST
—
Ein Nachruf auf Marie-Luise Angerer

Der Glossareintrag, den Marie-Luise Angerer zu diesem Heft beigesteuert hat, heißt «Verlustkontrolle» – eine geradezu Angerer'sche Formulierung. Sofort öffnet sich ein Assoziationsraum und zugleich schnappt der Begriff immer wieder zurück in das Kompositum, aus dem er hervorgegangen ist. Er führt uns an die Schwierigkeit heran, das Verhältnis von Verlust und Kontrolle zu denken. Denn ob die Wörter nun in der einen oder anderen Reihenfolge zusammengesetzt sind – je länger man versucht, ihren Bedeutungsbahnen zu entkommen, desto mehr zeigt sich, was Marie-Luise Angerer ein «poröses Phantasma» nennt.

In der psychoanalytischen Theorie ist ein Phantasma ein imaginäres Szenario, das die Leere des Subjekts auffüllt, es vom Realen abschirmt – zumindest solange dieser Schirm nicht durchlässig wird. Aber das ist er geworden: Für alle, die sehen und wissen wollen, ist unabweisbar, dass nicht mehr zu kontrollieren, nicht mehr in (eine) Ordnung zu bringen ist, was durch Klimakatastrophe, Kriege und politischen Autoritarismus verloren geht. Kein Digitalisierungsversprechen hilft mehr, die Einbußen zu überwachen. Eher ist die Vorstellung, dass digitale Technologien dies leisten könnten, noch Teil des Phantasmas.

In ihrem kurzen Artikel ist zu sehen, was Marie-Luise Angerers Schreiben auszeichnet: ihre Fähigkeit, medientheoretische, politische und künstlerische sowie immer wieder auch psychoanalytische Bezüge miteinander zu verweben und auf diese Weise Ambiguitäten, womöglich auch Verdrängungen herauszuarbeiten. Das gilt für ihre jüngeren Überlegungen zum Affekt, in denen sie das Unbewusste gegen die Biologisierung von Gefühlen in Anschlag bringt und digitale *Affektökologien* kartiert, ebenso wie für die Schriften, in denen sie seit den 1990er Jahren Gendertheorien erschlossen hat. Zu fassen seien Körper und Identitäten nur als *body options*, in denen das Imaginäre und das Materielle unablässig aufeinander verweisen.

«Verlustkontrolle» ist einer der letzten Texte, die Marie-Luise Angerer geschrieben hat. Ihr Tod ist ein Verlust, der wahrlich nicht unter Kontrolle zu bringen ist. Vielen und auch mir war sie eine so wertvolle Kollegin, Mentorin und Freundin, dass sie aus unseren Leben nicht wegzudenken ist. Mag sein, dass das zu sagen schon den Versuch darstellt, die Leere aufzufüllen, den unerträglichen Verlust verkraftbar zu machen. Wahr ist es trotzdem.

—

TAFELN

TAFEL I

Übersicht von

MAREN MAYER-SCHWIEGER / VANESSA GRAF

145–147

Abb. 1/2 *In den Kanälen. Postkarten von den Infrastrukturen des Anthropozäns, 2022–2023*

TAFEL II

Zurückhaltung von NILANJAN BHATTACHARYA

148–149

Abb. 1–4 aus *Battle of the Twins* (R: Nilanjan Bhattacharya, IND 2017), Foto: Minarul Mandal

Abb. 5 aus *Johar. Welcome To Our World* (R: Nilanjan Bhattacharya, IND 2009), Foto: Biju Toppo

TAFEL III

Seetang von SAM NIGHTINGALE

150–152

Abb. 1–5 aus der Reihe *Para-photo-mancy (ocean)*, 2019–2022

infrastructure
concealment
(vs.) infrastructure
inversion?
→ John Durham Peters,
The Marvelous Clouds (2016)

Bad Ischl, 04. August 2022

Liebe Maren,
Ich lese oft von absichtlichem "infrastructure concealment" (Peters, 2016), dabei sind Infrastrukturen meistens kaum zu übersehen. Hier auf der Katrin (1542m) in Bad Ischl markiert z.B. ein riesiger Sendemasten den Gipfel, schon von Beginn an ist das Ziel der Wanderung im Blick. Vielleicht geht es nicht um das Verschwinden, sondern einfach darum, in Stahl und Beton und Mast und Kanal überhaupt eine Infrastruktur lesen zu können? Auf der Katrin ist das jedenfalls nicht so schwer.

Liebe Grüße mit ganz viel Sonne und exzellentem Empfang vom Gipfel!
Vanessa

Lisa Parks:
infrastructure LITERACY

Gruß vom Berolina!

»Infra«
↳ nicht nur unterhalb von Strukturen sondern unterhalb der Wahrnehmungs-schwelle?
↳ Welche Wahrnehmung? Wessen Wahrnehmung?
⇒ Wer oder was liest Infra-strukturen? Oder wird adressiert?

in ICE 92 "Berolina", 06.08.2022

Liebe Vanessa,
ich sitze gerade im "Berolina", dem kleinen Bruder von der Katrin. Bei ihm gibt es auch allerhand zu lesen, nur im Gegensatz zur Katrin entschuldigt er sich permanent dafür – und das nun schon seit über drei Stunden. Wie in Büchern, die ständig stolpert, wird er ungewollt zur Hauptfigur: Sein Anzeigesystem funktioniert nicht, eine Weiche ist kaputt, die Toiletten außer Betrieb. Gern würde das Berolina still, unscheinbar und reibungslos operieren. Aber ihm geht alles Unterschwellige ab.
Das Berolina ist etwas für Leseanfänges:innen. & ist Infrastruktur in fetten Lettern.
Doch nun muss ich aussteigen. (wenn das denn geht)
Liebe Grüße von unterwegs.
Maren

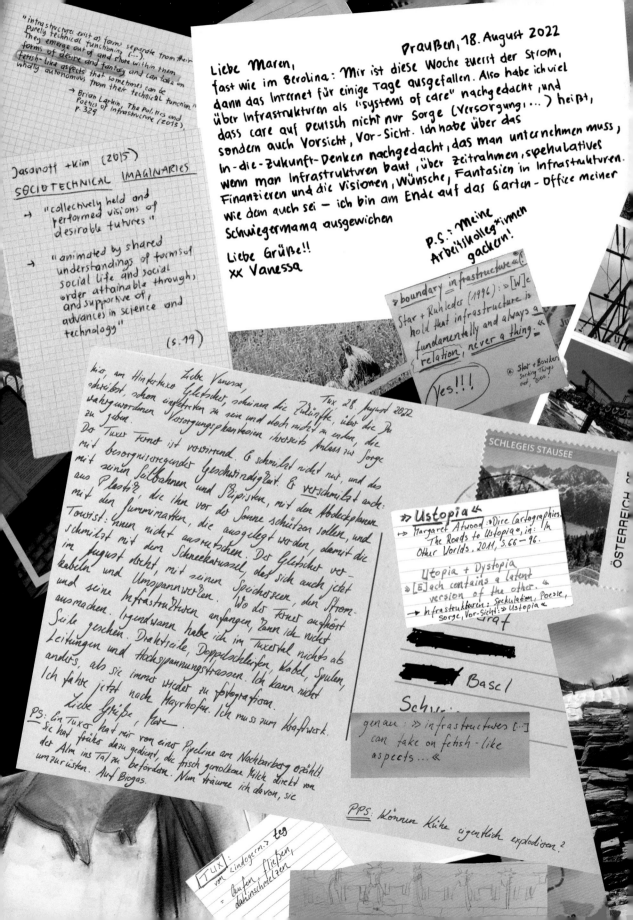

"infrastructures exist as forms separate from their purely technical functioning (...). They emerge out of and store within them forms of desire and fantasy and can take on fetish-like aspects that sometimes exceed their technical function."

→ Brian Larkin, The Politics and Poetics of Infrastructure (2013), p. 329

Jasanoff + Kim (2015)
SOCIOTECHNICAL IMAGINARIES

→ "collectively held and performed visions of desirable futures"

→ "animated by shared understandings of forms of social life and social order attainable through, and supportive of, advances in science and technology"

(S. 19)

Draußen, 18. August 2022

Liebe Maren,
fast wie im Berolina: Mir ist diese Woche zuerst der Strom, dann das Internet für einige Tage ausgefallen. Also habe ich viel über Infrastrukturen als "systems of care" nachgedacht, und dass care auf Deutsch nicht nur Sorge (Versorgung,...) heißt, sondern auch Vorsicht, Vor-Sicht. Ich habe über das In-die-Zukunft-Denken nachgedacht, das man unternehmen muss, wenn man Infrastrukturen baut, über Zeitrahmen, spekulatives Finanzieren und die Visionen, Wünsche, Fantasien in Infrastrukturen. Wie dem auch sei — ich bin am Ende auf das Garten-Office meiner Schwiegermama ausgewichen

Liebe Grüße!!
xx Vanessa

P.S.: Meine Arbeitskolleg*innen gackern!

»boundary infrastructure«(:)
Star + Ruhleder (1996): >[W]e hold that infrastructure is fundamentally and always a relation, never a thing.«
Yes!!!
* Star + Bowker, Sorting Things out, 2000.

Liebe Vanessa,
Tux 28. August 2022

hier, am Hintertuxer Gletscher, scheinen die Zukünfte, über die Du schreibst, schon eingetreten zu sein und doch nicht zu enden, die wahrgewordenen Versorgungsphantasien ihrerseits Anlass zur Sorge zu geben.
Do Tuxer Ferner ist verwirrend. Er schmilzt nicht nur, und das mit besorgniserregender Geschwindigkeit. Er verschmilzt auch: mit seinen Seilbahnen und Skipisten, mit den Abdeckplanen aus Plastik, die ihn vor der Sonne schützen sollen, und mit den Gummimatten, die ausgelegt worden, damit die Tourist:innen nicht ausrutschen. Der Gletscher verschmilzt mit dem Schneekanonell, das sich auch jetzt im August dreht, mit seinen Speicherseen, den Strom-kabeln und Umspannwerken. Wo der Ferner aufhört und seine Infrastrukturen anfangen, kann ich nicht ausmachen. Irgendwann habe ich im Tuxertal nichts als Seile gesehen. Drahtseile, Doppelschleifen, Kabel, Spulen, Leitungen und Hochspannungsstrassen. Ich kann nicht anders, als sie immer wieder zu fotografieren. Ich fahre jetzt nach Mayrhofen. Ich muss zum Kraftwerk.

Liebe Grüße, Maren

PS: Ein Tuxer hat mir von einer Pipeline am Nachbarberg erzählt. Sie hat früher dazu gedient, die frisch gemolkene Milch direkt von der Alm ins Tal zu befördern. Nun träume ich davon, sie umzurüsten. Auf Biogas.

SCHLEGEIS STAUSEE
ÖSTERREICH

» Ustopia «
→ Margaret Atwood: Dire Cartographies. The Roads to Ustopia, in: In Other Worlds. 2011, S. 66 - 96.

Utopia + Dystopia
»[E]ach contains a latent version of the other.«
→ Infrastrukturen: Spekulation, Poesie, Sorge, Vor-Sicht: » Ustopia«

...graf

Basel

Schwei...

genau: »infrastructures [...] can take on fetish-like aspects...«

PPS: Können Kühe eigentlich explodieren?

TUX: zindogerm. > teg
von laufen, fließen,
dahinschmelzen

Dazwischen, 12. September 2022

Liebe Maren,

was für eine Postkarte, ich begann sofort zu zeichnen. Da waren Betonbauten in Bondage, Männer mit offenen Mündern in Tälern, wo Milch durch gläserne Rohre direkt von den Gipfeln in Kehlen fließt, Euter mit Zapfhähnen und Gletscher in Fesseln; techno-poetisch-politische Assemblages in spekulativen Anordnungen auf Papier unter brechenden Bleistiftspitzen, mein Gott. Der Fetisch, die Fantasie in unseren Intra-Strukturen: Ein Staat baut und projiziert sich damit selbst in die Zukunft (sicht voraus), denkt an Fortschritt und Modernität und Geopolitik, an Desaster, an Störung, an Versorgung, aber eben auch an Machtansprüche und Herrschaftsfantasien – da sind sie, die desireable futures. Bei mir ist gerade kein roter Faden zu entwirren, ich siedle seit 15 Tagen. Meine Gedanken fühlen sich an wie meine Umzugskartons, irgendwann hatte ich sie einmal schön sortiert, aber aktuell liegt alles in einem großen Haufen in der Ecke – es ist denke ich besser, ich lasse es für heute.

Liebe Grüße,
Vanessa

Infrastrukturen als Beziehungs-Dimension von
Macht ← politische Dimension von
Infrastrukturen denken (?)

Lokale Prozessualen denken (?)

Intra-Strukturen

(Barad, 2007)

SOCIOTECHNICAL
IMAGINARIES →Jasanoff +
Kim, 2015

material-
semiotic
knottings
→ Haraway?

Versorgung vs. Gletscher-
Sorge (?)

Gletschersbruch – guilty
pleasure mit Ablaufdatum (?!
→ Vor-Sicht und
Nach-Sicht (und
braucht keine Zeit, nachsichtig
zu sein?)

Maren

Wien

ÖSTERREICH

Küke explodieren österreich   22:03

Magenta-T.   News   Videos   Maps   Bücher
Bilder   Rechtliche Lage in Vorarlberg   Weiter

Standard.at
https://www.derstandard.at › story
...te Kühe werden in Vorarlberg nicht
mehr gesprengt - Österreich
24.07.2001 – Panorama Österreich - International
Inland Wirtschaft ... Kuh aus einem Hubschrauber in
eine Baugrube fallen ließ, die beim Aufprall ...

Spiegel
https://www.spiegel.de › panorama
Vorarlberg: Wo Kuhkadaver
explodieren
19.04.2001 – Vorarlberg Wo Kuhkadaver
explodieren. Lawinen dürfen in Österreich zum Schutze von
Skifahrern weiter gesprengt werden. Die Sprengung ...

YouTube
https://m.youtube.com › watch
EXPLODIERENDE Kühe!! Fakten über
Österreich - YouTube

Schwa...

30

Versorgung ⇄ Entsorgung
→ Diskursebenenen, Faygfeld etc.
↳ ⇨earth care (Maria Puig de
la Bellacasa, 2010)

↳ → It's easy to say we need recyclable
sustainable technologies old and new.
I-J. But here in the midst of our
orgy of being lords of creation, ha-
ting as we drive, it's hard to put
down the smartphone and stop looking
for the next technofix. Changing our
minds is going to be a big change.
To use the world well, to be able to shep-
herd it and our time in it, we need
to relearn our being in it.
(Ursula K. Le Guin, 2017)

(poetischer Überschuss), gerade
aus der technischen Dys-/Funktion
von Infrastrukturen ⇒
neue (seh(n)suchts)-
strukturen (auch wenn sie vielleicht niemals
funktionieren...) →
→ Möglichkeit neue Beziehungen
zu stiften
→ techno-poetisch-politisch

GRÜSSE VOM
Hintertuxer Gletscher!

van Laak (2020):
Infrastrukturen und
insb. ihre Eröffnungen als
rituelle Feiern einer
Gesellschaft, die an ihre
Zukunft glaubt"

Selbehalten =
boundary + bondage

Tu felix Austria!

Hochfeiler
3509

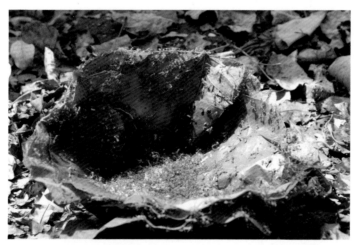

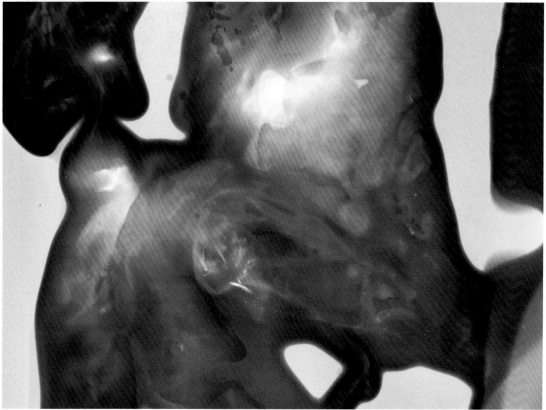

AUTOR*INNEN

Ömer Alkin ist Professor für Angewandte Medien- und Kommunikationswissenschaften an der Hochschule Niederrhein und Leiter des DFG-Forschungsprojekts «Ästhetik des Okzidentalismus» (2020–2024). Neben seinen wissenschaftlichen Tätigkeiten ist er in den Bereichen Filmpraxis sowie kritische Film- und Medienpädagogik tätig. *www.oemeralkin.de.*

Marie-Luise Angerer war seit 2015 Professorin für Medientheorie/Medienwissenschaft im Studiengang Europäische Medienwissenschaft der Universität Potsdam und FH Potsdam. Sie war geschäftsführende Direktorin des Brandenburgischen Zentrums für Medienwissenschaften (ZeM) sowie Sprecherin des Forschungskollegs «Sensing. Zum Wissen sensibler Medien» (2018–2023).

Anne-Sophie Balzer, Universität Augsburg, Rachel Carson Center München, Journalistin und wissenschaftliche Mitarbeiterin am IDK «Rethinking Environment», Forschungsschwerpunkte: nordamerikanische Literatur, zeitgenössische *ecopoetry. www.annesophiebalzer.com.*

Ulrike Bergermann ist Professorin für Medienwissenschaft an der HBK Braunschweig, Schwerpunkte: Gender und Postcolonial Studies; Gründung der ZfM 2008 und Redaktionsmitglied bis ZfM Nr. 20 (1/2019). *www.ulrikebergermann.de.*

Peter Bexte war 2008–2020 Professor für Ästhetik an der Kunsthochschule für Medien Köln. Im SoSe 2016 als Senior Fellow am IFK Wien, im WS 2011/12 als Senior Fellow am IKKM Weimar. Mitantragsteller des GRK 2661 («anschließen–ausschließen»; läuft seit Oktober 2021). *www.pbexte.de.*

Nilanjan Bhattacharya ist ein Dokumentarfilmemacher, Künstler, Autor und Wissensschatzsammler, der in Leipzig und Kolkata lebt. Viele Jahre lang hat er Indigenes Wissen über Biodiversität und Nahrung in Indien erforscht und mehrere Filme und Installationen dazu produziert. Seine Arbeiten wurden in Indien und weltweit ausgestellt. *www.nilanjanbhatta.wordpress.com.*

Noah Bubenhofer, Universität Zürich, Professor für Deutsche Sprachwissenschaft. Er forscht zu Sprache und Gesellschaft, Sprache und Medien, Pragmatik, Künstliche Intelligenz, Korpuslinguistik. Zuletzt erschienen: Corpus Linguistics in Discourse Analysis: No Bodies and no Practices?, in: *Zeitschrift für Diskursforschung*, Nr. 2, 2022, 195–204, *doi.org/10.3262/ZFD2202195. www.bubenhofer.com.*

Ama Josephine Budge Johnstone ist eine britisch-ghanaische Autorin, Künstlerin, Wissenschaftlerin und Pleasure-Aktivistin, deren Praxis sich mit dem beschäftigt, was sie «intime Ökologien» nennt. Ama ist Associate Lecturer am Central Saint Martins (UAL London), MFA Tutor am Sandberg Institut (Amsterdam) und Research Associate am VIAD (Universität Johannesburg).

Lisa Cronjäger ist Postdoc an der Universität Lausanne mit einem Fokus auf das Zusammenwirken von Medien- und Wissensproduktion sowie von geisteswissenschaftlichen und aktivistischen Perspektiven auf die Klimakrise. Ihre Dissertation *Umtriebszeiten* beleuchtet den Zusammenhang zwischen Nachhaltigkeitskonzepten in der Forstwissenschaft und ihren Bildgebungsverfahren.

Jasmin Degeling ist Postdoc am Institut für Medienwissenschaft der Universität Paderborn und hat zu «Medien der Sorge, Techniken des Selbst. Praktiken des Über-sich-selbst-Schreibens bei Christoph Schlingensief und Elfriede Jelinek» promoviert. Weitere Arbeitsschwerpunkte sind Gender und Queer Studies, Biopolitik, politische Affekte sowie digitaler Faschismus.

Lukas Diestel ist Autor, Bühnenkünstler, Comedian, Lyriker, Programmierer. Er schreibt Kurzgeschichten, gibt Workshops, arbeitet als Online-Redakteur und tritt bei Lese- und Comedyshows auf. Nach der Diagnose mit Typ-1-Diabetes hat er eine KI programmiert, die alle 5 Minuten basierend auf seinem Blutzuckerwert ein Gedicht generiert und auf *www.falschegefuehle.de* hochlädt.

Kate Eichhorn ist Professorin für Culture and Media Studies und Dekanin der School of Undergraduate Studies an der New School, New York. Zuvor lehrte sie an der Toronto Metropolitan University. Ihre Forschungsinteressen liegen an der Schnittstelle von Kultur- und Medienwissenschaft und feministischer Theorie.

Kristoffer Gansing ist ein an transversalen Ansätzen in Kunst, Technologie und Kultur interessierter Medienforscher und Kurator. Er war Professor an der Königlich Dänischen Kunstakademie in Kopenhagen (2020–2023), wo er u. a. das International Center for Knowledge in the Arts leitete. Er war künstlerischer Leiter der *transmediale* in Berlin (2011–2020).

Winfried Gerling ist Professor für Konzeption und Ästhetik der Neuen Medien im Kooperationsstudiengang Europäische Medienwissenschaft der Universität Potsdam und der Fachhochschule Potsdam. Aktuelle Forschungsprojekte: «Grenzwerte – Operative Verhältnisse von Klima und Migration» (VW Stiftung) und «Camera Studies» (DFG). *gerling.emw-potsdam.de*.

Sebastian Gießmann ist Akademischer Oberrat für Medientheorie am Medienwissenschaftlichen Seminar der Universität Siegen. Er leitet das Teilprojekt «Digital vernetzte Medien zwischen Spezialisierung und Universalisierung» im SFB «Medien der Kooperation». *www.netzeundnetzwerke.de*.

Vanessa Graf, Critical Media Lab/HGK Basel, Junior Researcher/PhD-Kandidatin. Sie interessiert sich für Wechselwirkungen von (digitaler) Technologie, Kultur und Ökologie, vor allem durch die Vermittlung durch Narrative, Metaphern und soziotechnische Imaginationen. Ihr aktuelles Projekt heißt «Head in the Cloud». *www.vanessagraf.at*.

Henriette Gunkel ist Professorin für Transformationen audiovisueller Medien unter besonderer Berücksichtigung von Gender und Queer Theory am Institut für Medienwissenschaft an der Ruhr-Universität Bochum. Ihre Forschung fokussiert die Politiken von Zeit aus einer dekolonialisierenden, queer-feministischen Perspektive.

Maren Haffke ist Medienwissenschaftlerin, Musikwissenschaftlerin und hat die Juniorprofessur für Sound Studies an der Leuphana Universität Lüneburg inne. Forschungsschwerpunkte sind die Mediengeschichte akustischer Ökologien, die Geschichte digitaler Klangmedien und sonische Medien der Sorge. Maren Haffke ist Redaktionsmitglied der ZfM und Mitglied des Vorstands der GfM.

Philippa Halder studierte Europäische Medienwissenschaft an der Universität und Fachhochschule Potsdam. In ihrer Masterarbeit *Büro-Landschaften. Ein fotografisches Projekt zum Thema Arbeitsplatzbegrünung* beschäftigte sie sich mit der Koexistenz von Mensch und Zimmerpflanze am Arbeitsplatz. (Einen grünen Daumen hat sie selbst mal mehr, mal weniger.)

Christine Hanke iist Professorin für Digitale und Audiovisuelle Medien und PI im Exzellenzcluster «Africa multiple – Reconfiguring African Studies» an der Universität Bayreuth. Sie lehrt und forscht an den Schnittstellen von Medientheorie, Science & Technology Studies und Postcolonial Studies. *medienwissenschaft.uni-bayreuth.de/personen/prof-dr-christine-hanke/*.

Nanna Heidenreich ist seit Herbst 2020 Professorin für Transkulturelle Studien an der Universität für angewandte Kunst Wien. Sie ist Medienkulturwissenschaftlerin und Kuratorin (Film, Video, theoretische/politische Interventionen).

Till A. Heilmann, Ruhr-Universität Bochum, akad. Rat (a. Z.). Forschungsschwerpunkte: digitale Bildbearbeitung; Algorithmen und Computerprogrammierung; nordamerikanische und deutschsprachige Medienwissenschaft.

Maximilian Hepach ist wissenschaftlicher Mitarbeiter und Projektkoordinator des AHRC- und DFG-geförderten Projekts «Weather Reports: Wind as Media, Model, Experience» (Universität Potsdam & Winchester School of Art). Derzeit entwickelt er ein Projekt über die Historische Geografie und Kulturgeographie der Wetterfühligkeit im Zeichen des Klimawandels. *www.hepach.org*.

Sarah Horn ist Medienwissenschaftlerin und derzeit wissenschaftliche Mitarbeiterin in der Filmwissenschaft am Institut für Film-, Theater-, Medien- und Kulturwissenschaft der Johannes Gutenberg-Universität Mainz. Arbeitsschwerpunkte in Trans Studies, Queer Theory, Gender Media Studies, Affektpolitiken und Digitalen Medien.

Susanne Huber arbeitet als Researcher für Kunstwissenschaft/Kunstgeschichte mit Schwerpunkt auf feministischen, queeren, post- und dekolonialen Theorien und Themenbereichen an der Universität Bremen. Sie ist Co-Editorin der Reihe «Oyster. Feminist and Queer Approaches to Arts, Cultures, and Genders» (De Gruyter).

Felix Hüttemann, Dr. phil., Postdoktorand im DFG-Projekt «Einrichtungen des Computers» am Arbeitsbereich Fernsehen und digitale Medien, Universität Paderborn. Forschungsschwerpunkte: Kultur- und Mediengeschichte des Dandyismus, Technik- und Medienphilosophie, Technologien des Umgebens, kulinarische Sensorik und die Digitalisierung von Weinsensorik.

Katrin Köppert ist Juniorprofessor*in für Kunstgeschichte/populäre Kulturen an der HGB Leipzig. Seit April 2024 VW-Forschungsprojekt «Digital Blackface. Rassisierte Affektmuster des Digitalen» (zus. m. Simon Strick). Leitung des DFG-Netzwerk «Gender, Medien, Affekt» (zus. m. Julia Bee), Redaktionsmitglied der ZfM und des *Open Gender Journal*.

Florian Krautkrämer ist Professor an der Hochschule Luzern Design & Kunst, wo er Film- und Medientheorie und -geschichte unterrichtet. Forschungsschwerpunkte sind u. a. Dokumentarfilm und Filmtechnik.

Maren Lehmann, Studium des Designs, der Erziehungs- und Sozialwissenschaften, Promotion und Habilitation in Soziologie, seit 2012 Professorin für soziologische Theorie an der Zeppelin Universität Friedrichshafen (Bodensee); aktuell Mercator Fellow am SFB 1472 der Universität Siegen, Mitherausgeberin der Zeitschrift *Soziale Systeme*.

Natalie Lettenewitsch ist Film- und Medienwissenschaftlerin. Arbeit bei verschiedenen Filminstitutionen und aktuell im Verlag edition text + kritik. Forschung zu aquatischen Themen und naturdokumentarischen Formen, u. a. 2019–2022 im DFG-Forschungsprojekt «Figurationen der Differenz» an der FU Berlin. Lehre außerdem an der Universität Wien, Universität Paderborn und ifs Köln.

Elisa Linseisen ist Juniorprofessorin für digitale, audiovisuelle Medien am Institut für Medien und Kommunikation der Universität Hamburg. Forschungs- und Lehrschwerpunkte: Queer Computing, Medical Humanities, App Studies, Digitale Bilder, Radikale Pädagogik, Kanonkritik.

Petra Löffler ist Professorin für Theorie und Geschichte gegenwärtiger Medien an der Carl von Ossietzky-Universität in Oldenburg und forscht zu Ökologien der Medien, medialen Infrastrukturen und (post-)kolonialen Remediationen und Epistemologien. Sie war 2008–2019 Redaktionsmitglied und ist Beirätin der ZfM.

Christopher Lukman promoviert am Seminar für Film- und Theaterwissenschaft der FU Berlin mit einer Arbeit, die den Titel *Plaything Phenomenology. A Popular Aesthetic of Videogames* trägt. Außerdem ist er seit 2019 im Netzwerk für Gute Arbeit in der Wissenschaft aktiv und bildet seit 2022 einen Teil des Sprecher*innenteams der Kommission für Gute Arbeit. *www.christopher-lukman.com*.

Susanne Lummerding, Dr. habil., Medienwissenschaftlerin, Coach/Supervisorin und Organisationsberaterin. Arbeitsschwerpunkte: Diversität, Diskriminierungs- und Machtkritik; Kritikkompetenz, queer-feministisch-antirassistisch-dekoloniale Protest-, Widerstands- und Bündnismöglichkeiten. *www.lummerding.at*.

Jana Mangold arbeitet als Projektkoordinatorin im Kooperationsprojekt «Kulturtechniken des Sammelns» (Erfurt–Gotha) an der Universität Erfurt. Sie ist Redaktionsmitglied der ZfM. Sie forscht zu Formen des Archivs, Medienwissenschaft und DDR-Geschichte, zu Materialität und Formaten der Popkultur sowie zur Geschichte der Medientheorie.

Giacomo Marinsalta absolviert den Master in Europäischer Medienwissenschaft an der Universität Potsdam, wo er als wissenschaftliche Hilfskraft im Forschungsprojekt «Weather Reports: Wind as Media, Model, Experience» tätig ist. Seine Forschung vereint visuelle Kunst und Medienökologie und befasst sich mit politischer Ästhetik und urbaner Praxis.

Maren Mayer-Schwieger ist wissenschaftliche Mitarbeiterin an der Abteilung Medientheorie der Kunstuniversität Linz. Forschungsschwerpunkte: Geschichte(n) und Praktiken ökologischen Wissens, Umwelttechnologien und Kartoffelkäfer.

Jasmin Meerhoff schreibt und produziert Poesie, Prosa, Essays und anderes – mit besonderem Interesse an den Nutzungs- und Produktionsbedingungen von Technik und Technologie. Sie studierte Medienkultur an der Bauhaus-Universität Weimar und war wissenschaftliche Assistentin am Seminar für Medienwissenschaft an der Universität Basel.

Gloria Meynen ist Professorin für Medientheorie an der Kunstuniversität Linz. Sie promovierte am Institut für Kulturwissenschaft der Humboldt-Universität zu Berlin mit einer Medien- und Wissensgeschichte der Zweidimensionalität und wurde habilitiert mit einem fiktiven Gespräch zwischen Jules Verne und Alexander von Humboldt über das Verhältnis von Science und Fiction.

Shintaro Miyazaki ist Juniorprofessor für digitale Medien und Computation an der Humboldt-Universität zu Berlin. 2014–2021 war er Senior Researcher am Critical Media Lab in Basel. Er promovierte in Medienwissenschaft mit einer Arbeit zur Medienarchäologie des Digitalen. Forschungsschwerpunkte: Kritische Theorien der Digitalität, Commoning und kritische Computermodellierung.

Jan Müggenburg ist Professor für Digitale Kulturen am Institut für Kultur und Ästhetik Digitaler Medien an der Leuphana Universität Lüneburg. Forschungsschwerpunkte: Dis/Ability Media Studies, Mediengeschichte digitaler Kulturen, Geschichte der Kybernetik.

Maja-Lisa Müller ist Lehrkraft für besondere Aufgaben am Arbeitsbereich der Historischen Bildwissenschaft/Kunstgeschichte der Universität Bielefeld. 2022 hat sie ihre Dissertation zur Medialität und Materialität von Renaissance-Intarsien abgeschlossen. Sie ist Redaktionsmitglied der ZfM.

Sybille Neumeyer ist Künstlerin und postdisziplinäre Forscherin, die sich mit Umweltfragen, ökologischen Beziehungen und medialer Übersetzung von Natur beschäftigt. Sie forscht aktuell als Artistic Fellow der Graduiertenschule an der UdK Berlin zu mehr-als-menschlichen Sensorien und Wetterwissen im Klimawandel.

Sam Nightingale ist ein Künstler-Forscher am Royal College of Art sowie am Goldsmiths in London und arbeitet mit und inmitten von ökologischen Medien. Er nutzt kreative Methoden, um die spektral-materiellen Komplexitäten von Siedler-Kolonialismus, Extraktivismus und deren anhaltende Auswirkungen auf menschliche und mehr-als-menschliche Welten abzubilden. *www.samnightingale.com*.

Jonas Parnow ist selbstständiger Designer für Informationen, Daten und Interfaces. Im Kontext des Klimawandels, postdigitaler Medien und technologischer Machtstrukturen arbeitet er gemeinsam mit Institutionen wie dem Potsdam Institut für Klimafolgenforschung, der NGFS und Climate Analytics. Er lehrt Datenvisualisierung an der FH Potsdam und Datenjournalismus an der TU Dortmund.

Kathrin Peters ist Professorin für Geschichte und Theorie der visuellen Kultur an der Universität der Künste Berlin. Forschungsschwerpunkte: Critical University Studies, Geschichte der Gestaltung, Medienästhetik. Beiratsmitglied der ZfM.

Fabian Schmidt ist Forschungsgruppenleiter am Max-Planck-Institut für Astrophysik, Garching. Seine Forschungsschwerpunkte sind die theoretische und numerische Astrophysik, insbesondere Kosmologie. *wwwmpa.mpa-garching.mpg.de/~fabians*.

Birgit Schneider ist Kultur- und Medienwissenschaftlerin und lehrt als Professorin für Wissenskulturen und mediale Umgebungen an der Universität Potsdam. Ihre Arbeitsschwerpunkte sind Bilder und Wahrnehmungsweisen des Klimas zwischen Wissenschaft, Politik, Kunst und Medien, die Kommunikation des Klimawandels, Bilder der Ökologie sowie medien- und naturästhetische Fragen.

Erhard Schüttpelz ist Professor für Medientheorie an der Universität Siegen und derzeit Senior Fellow der Forschungsgruppe «Alternative Rationalitäten und esoterische Praktiken in globaler Perspektive» an der Universität Erlangen-Nürnberg. Zuletzt erschienen: *Deutland*, Berlin (Matthes & Seitz) 2023.

Andrea Seier ist Professorin für Kulturgeschichte audiovisueller Medien an der Universität Wien. Forschungsschwerpunkte: Mikropolitik der Medien, mediale Selbsttechnologien, mediale Produktionen sozialer Differenz, Gender und Medien.

Martin Siegler ist wissenschaftlicher Mitarbeiter (Postdoc) an der Bauhaus-Universität Weimar. Seine Forschungsschwerpunkte sind Medien- und Filmphilosophie, Mediengeologie und -ökologie, Medienanthropologie und Medien als Existenzbedingungen. Zuletzt erschienen: *SOS. Medien des Überlebens*, Berlin (de Gruyter) 2023.

Stephan Trinkaus lebt in Köln und Wien und ist Senior Lecturer am Institut für Theater-, Film- und Medienwissenschaft der Universität Wien. 2015–2023 war er Redaktionsmitglied der ZfM. Zuletzt erschienen: *Ökologien des Prekären*, Wien (transversal) 2022.

Linda Waack ist Oberassistentin am Seminar für Filmwissenschaft (Universität Zürich). Nach dem Studium der Geschichte und Germanistik in Tübingen war sie Junior Fellow am Internationalen Kolleg für Kulturtechnikforschung und Medienphilosophie in Weimar. 2016–2022 arbeitete sie als wissenschaftliche Mitarbeiterin am Seminar für Filmwissenschaft der Freien Universität Berlin.

Thomas Waitz arbeitet am Institut für Theater-, Film- und Medienwissenschaft der Universität Wien und ist Redaktionsmitglied der ZfM. Forschungsschwerpunkte: Ästhetik, Theorie und Politik der Medien, Kapitalismus und Klassengesellschaft, Theorie und Analyse medialer Verfahren.

Gabriele Werner ist Professorin für Kulturwissenschaften an der weißensee kunsthochschule berlin. Schwerpunkte: Theorien und Geschichte visueller Kulturen, Gender Studies, Postkoloniale Theorien, Alltagskulturen.

Matthias Wittmann ist Medientheoretiker, Schriftsteller und wissenschaftlicher Mitarbeiter der Filmwissenschaft an der Johannes Gutenberg-Universität Mainz. 2021 war er Gastprofessor an der Universität Wien (Theater-, Film- und Medienwissenschaft). Forschungsfelder: transkulturelle Medienästhetik, Kino des Iran, 360°/3D, Medien der Zoologie, Martyrografien.

May Ee Wong ist eine interdisziplinäre Wissenschaftlerin mit Forschungsinteressen in den Bereich kritische Konzepte von Infrastruktur, feministische STS Studies (Science, Technology, Society), ökologische Geisteswissenschaften sowie zeitgenössische Medien und visuelle Kultur. Sie ist Postdoc im Projekt «Design and Aesthetics for Environmental Data» an der Universität Aarhus.

Leonie Zilch ist wissenschaftliche Mitarbeiterin (Postdoc) der Filmwissenschaft am Institut für Film-, Theater-, Medien- und Kulturwissenschaft der Johannes Gutenberg-Universität Mainz. Arbeitsschwerpunkte: Porn Studies, Film- und Medienbildung, dokumentarische Formate und Praktiken.

BILDNACHWEISE

S.6, 11 Illustrationen, mit Kratzern bearbeitet, Orig. in s/w, entnommen aus: Fry, Edmund (1799): *Pantographia; containing accurate copies of all the known alphabets in the world* [...], London, archive.org/details/b28757002/page/n7/mode/2up (24.11.2023)

S.13 Fotografie, Orig. in Farbe, aufgenommen von Thomas Waitz: Tasche mit Adaptern am Empfangstresen der Jahrestagung der Gesellschaft für Medienwissenschaft in Bonn, September 2023

S.15 Fotografie, Orig. in Farbe, aufgenommen von Anne-Sophie Balzer: Blick auf den Winthrop- und Russell-Gletscher an den Nordhängen des Mount Rainier, Tacoma/Tahoma in Washington State. Ein Berg mit vielen (Indigenen) Namen, September 2023. Mehr Informationen: annesophiebalzer.com

S.16 Filmstill aus dem Video-Gedicht *Að Jökla – Becoming Glacier*, Konzept/Text/Produktion von Anne-Sophie Balzer, Filmfotografie von Julian Stettler, Juni 2023. Online unter youtube.com/watch?v=hgkFDROolII (17.11.2023)

S.36 Fotografie, Orig. in Farbe: Herzschrittmacher von Medtronic, erstes massenproduziertes elektronisches Implantat mit Batterien, seit den 1960er Jahren auch in Deutschland eingesetzt, sachsen.museum-digital.de/object/25975, CC BY-NC-SA Klinikum Chemnitz gGmbH / Andreas F. Walther

S.41 Illustration, Orig. in s/w: Umgestaltung des Umschlagmotivs der Erstausgabe von *bolo'bolo* (von P. M. = Hans Widmer, 1983, Zürich) durch Kayla Bolsinger (2018), CC-BY-SA 3.0

S.44 Fotografie, Orig. in Farbe: Cover des Romans von Blaise Cendrars (1919): *La fin du monde filmée par l'ange N-D*, Paris, Bildgestaltung von Fernand de Léger. Foto aus der Privatsammlung von Peter Bexte

S.46/47 Grafiken, Orig. in Farbe, erstellt von Fabian Schmidt. Zuvor auf Englisch erschienen in Martin Dresler u. a. (2023): Effective or predatory funding? Evaluating the hidden costs of grant applications, in: *Immunology & Cell Biology*, Bd. 101, Nr. 2, Februar 2023, 104–111, hier 107 und 108, doi.org/10.1111/imcb.12592

S.49 Fotografie, Orig. in Farbe: Gastarbeiter, ca. 1968/1970, aus dem Privatarchiv von Ömer Alkin

S.54 Fotografien, Orig. in Farbe, aufgenommen von Noah Bubenhofer: Roboterkatze CatGPT, 2023

S.58 Drohnenaufnahme, Orig. in Farbe: Sinkhole in der Atacama-Wüste, nahe der Stadt Tierra Amarilla (Chile), aus dem Instagram-Post von gdrone_atacama, 1.8.2022, www.instagram.com/p/CgsZ83mplfV (mit freundlicher Genehmigung des Fotografen)

S.60–63 Illustrationen, Orig. in Farbe, erstellt von Giacomo Marinsalta, 2023

S.73, 75 Pressefotografien von Demonstrationen der Letzten Generation, Orig. in Farbe, aus: letztegeneration.org/presse/pressebilder (30.10.2023). Abb. 1: Nele Fischer, Abb. 4: Fotograf*in unbekannt

S.74 links Plakat *Kleben is not a crime*, Orig. in Farbe, Aufruf zur Kundgebung im Arrivati-Park Hamburg, 31.5.2023, Zeichnung: Christoph Schäfer, Gestaltung/Slogan: Dorothee Wolter **rechts** Werbebild, Orig. in Farbe: Klebeversammlung des Fundus Forschungstheaters Hamburg zum Weltkindertag am 20.9.2023, Fundus/Hannah Kowalski

S.76/77 KI-Bilder, Orig. in Farbe, «Paint a blue and white antique Delft tile with wind turbines in a landscape», generiert von Birgit Schneider mit Adobe Firefly, 2023

S.83 Fotografien, Orig. in Farbe, aufgenommen von Julius Lange, 2021

S.94/95 Illustrationen, Orig. in s/w, entnommen aus: Zahn, Johannes (1685): *Oculus artificialis teledioptricus sive telescopium* [...], Heyl, archive.org/details/gri_c00133125008631372 (24.11.2023). Abb. 1 im Orig. auf S. 102 als Figura XII, Abb. 2 im Orig. auf S. 194 als Figura XXII

S.98 Fotografie, Orig. in s/w: Lernraum der Moderne, Freiluftklasse (Architekt: W. Schütte), Frankfurt/M. 1930, aus: *Der Baumeister*, Jg. 28, Nr. 12, 1930, hier 466. Fotograf unbekannt (vermutlich Roger Poulain, vgl. Poulain: *Ecoles II*, Paris 1932)

S.99 Skizze: Dreidimensionale Ansicht der L.-Richter-Schule mit Freiluftklassenzimmern, Frankfurt/M., 1930, aus: *Der Baumeister*, Jg. 28, Nr. 12, 1930, hier 474

S.100 Skizze: Einzelheiten zum Falttor der Freiluftklasse in Frankfurt/M., 1930, aus: *Der Baumeister*, Jg. 28, Nr. 12, 1930, Beilage Tafel 70/71

S.110 Screenshot, Orig. in Farbe: Videoaufzeichnung des Roundtables am 30.3.2023 zum Austausch zur Höchstbefristungsgrenze im Postdoc-Bereich, www.bmbf.de/SharedDocs/Videos/de/bmbf/5/57/57650.html (15.11.2023). Mit freundlicher Genehmigung des BMBF

S.120 Schematische Darstellung eines Bergwaldes mit Schlageinteilung nach einer Umtriebszeit von 100 Jahren, entnommen aus: Kasthofer, Karl (1829): *Der Lehrer im Walde. Ein Lesebuch für Schweizerische Landschulen, Waldbesitzer und Gemeindeverwalter, welche über die Waldungen zu gebieten haben*, Bd. 2, Bern, Tafel I, im Bildanhang

S.126 Fotografie, Orig. in Farbe, aufgenommen von Klaus Siepmann: Installation «Orchester» des Museums für Fotokopie im Osthaus Museum Hagen, 1992. Mit freundlicher Genehmigung des Museums für Fotokopie/Klaus Urbons

S.127 Fotografie, Orig. in s/w, aufgenommen von Andrea Gil: Klaus Urbons Sammlung von Fotokopierern im Depot des Deutschen Technikmuseums Berlin, Juli 2014. Mit freundlicher Genehmigung von Kate Eichhorn

S.129 Fotografie, Orig. in Farbe, aufgenommen von Christine Hanke, 2023

S.134 Fotografie, Orig. in Farbe, aufgenommen von Henriette Gunkel, 2021

S.137 Fotografien, Orig. in Farbe, aufgenommen von Philippa Halder, 2023

S.145–147 Collage aus Fotografien, Zeichnungen, Notizen: *In den Kanälen. Postkarten von den Infrastrukturen des Anthropozäns*, 2022–2023, erstellt von Vanessa Graf und Maren Mayer-Schwieger. Entstanden im Kontext der Tagung «Situiert im Globalen. Konflikte, Kosten, Atmosphären» des IFK und der Kunstuniversität Linz (19.–21.10.2022). Mit freundlicher Genehmigung von Vanessa Graf und Maren Mayer-Schwieger

S.148, 149 Fotografien, aufgenommen von Sam Nightingale, aus der Reihe *Para-photo-mancy (ocean)*, 2019–2022. Mit freundlicher Genehmigung von Sam Nightingale. Mehr Informationen: www.samnightingale.com

S.150–152 Filmstills, aus *Battle of the Twins* (R: Nilanjan Bhattacharya, IND 2017), Foto von Minarul Mandal, und Filmstill aus *Johar. Welcome To Our World* (R: Nilanjan Bhattacharya, IND 2009), Foto von Biju Toppo. Mit freundlicher Genehmigung von Nilanjan Bhattacharya. Mehr Informationen: https://nilanjanbhatta.wordpress.com

IMPRESSUM

Die **Zeitschrift für Medienwissenschaft** erscheint zweimal im Jahr.

Die digitale Version ist ab Frühjahr 2024 als Open-Access-Version verfügbar.

Weitere Infos (u. a. auch zum Abonnement) finden Sie unter: *www.transcript-verlag.de/zeitschriften/zfm-zeitschrift-fuer-medien wissenschaft/*

Herausgeberin Gesellschaft für Medienwissenschaft e.V. c/o Prof. Dr. Jiré Emine Gözen, University of Europe for Applied Sciences, Campus Hamburg, Museumstraße 39, 22765 Hamburg, info@gfmedienwissenschaft.de, *www.gfmedienwissenschaft.de*

Mitglieder der Gesellschaft für Medienwissenschaft erhalten die *Zeitschrift für Medienwissenschaft* kostenlos.

Redaktion Maja Figge (Wien), Maren Haffke (Lüneburg), Till A. Heilmann (Bochum), Katrin Köppert (Leipzig), Florian Krautkrämer (Luzern), Elisa Linseisen (Hamburg), Jana Mangold (Erfurt), Gloria Meynen (Linz), Maja-Lisa Müller (Bielefeld), Birgit Schneider (Potsdam), Thomas Waitz (Wien)

Redaktionsanschrift: Zeitschrift für Medienwissenschaft c/o Prof. Dr. Birgit Schneider, Institut für Künste und Medien, Europäische Medienwissenschaft, Universität Potsdam, Am Neuen Palais 10, D-14469 Potsdam, info@zfmedienwissenschaft.de, *www.zfmedienwissenschaft.de*

Schwerpunktredaktion Heft 30
Die Redaktion der ZfM

Redaktionsassistenz
Mirjam Kappes, Alicja Schindler, Vanessa Oberin

Lektorat
Ulf Heidel

Beirat Marie-Luise Angerer (Potsdam), Ulrike Bergermann (Braunschweig), Cornelius Borck (Lübeck), Philippe Despoix (Montréal), Mary Ann Doane (Berkeley), Lorenz Engell (Weimar), Vinzenz Hediger (Frankfurt/M.), Ute Holl (Basel), Gertrud Koch (Berlin), Petra Löffler (Oldenburg), Kathrin Peters (Berlin), Antonio Somaini (Paris), Geoffrey Winthrop-Young (Vancouver)

Grafische Konzeption
Lena Appenzeller, Stephan Fiedler

Layout, Bildbearbeitung und Satz
Lena Appenzeller

Druck und buchbinderische Weiterverarbeitung
Friedrich Pustet GmbH & Co. KG, Regensburg

Verlag transcript Verlag, Hermannstraße 26, 33 602 Bielefeld, *www.transcript-verlag.de*

Bestellung: vertrieb@transcript-verlag.de
Telefon: +49 (521) 39 37 97 0

Bibliografische Information der Deutschen National-bibliothek: Die Deutsche Nationalbibliothek verzeichnet diese Publikation in der Deutschen Nationalbibliografie; detaillierte bibliografische Daten sind im Internet über *http://dnb.d-nb.de* abrufbar.

Veröffentlicht **2024** durch den transcript Verlag
℗ bei den Autor*innen

Printed in the Federal Republic of Germany
Gedruckt auf alterungsbeständigem Papier

ISSN 1869-1722
eISSN 2296-4126

Print-ISBN 978-3-8376-6878-0
PDF-ISBN 978-3-8394-6878-4
EPUB-ISBN 978-3-7328-6878-0